Curso de Filosofia Moral

Vladimir Jankélévitch (1903-1985), filósofo francês, nascido em Bourges. Estudou na École Normale Supérieur, foi professor da Sorbonne (cátedra de filosofia moral) de 1951 a 1979. Expulso do corpo docente da universidade de Toulouse por ser judeu, participou ativamente da resistência antinazista. Também foi estudioso da música, essencialmente russa e francesa, que é inseparável do seu pensamento. Além deste livro, escreveu, entre outros: *La Mauvaise conscience, Traité des vertus, Debussy et le mystère de l'instant, O paradoxo da moral* (publicado por esta editora).

Vladimir Jankélévitch
Curso de Filosofia Moral

Notas tomadas na
Universidade livre de Bruxelas
1962-1963

**Texto estabelecido, anotado e prefaciado
por Françoise Schwab**

Tradução
EDUARDO BRANDÃO

SÃO PAULO 2008

Esta obra foi publicada originalmente em francês com o título
COURS DE PHILOSOPHIE MORALE
por Éditions du Seuil, Paris.
Copyright © Éditions du Seuil, 2006.
Copyright © 2008, Editora WMF Martins Fontes Ltda.,
São Paulo, para a presente edição.

1ª edição 2008

Tradução
EDUARDO BRANDÃO

Acompanhamento editorial
Luciana Veit
Preparação do original
Maria Fernanda Alvares
Revisões gráficas
Ivani Aparecida Martins Cazarim
Célia Regina Camargo
Produção gráfica
Geraldo Alves
Paginação/Fotolitos
Studio 3 Desenvolvimento Editorial

Dados Internacionais de Catalogação na Publicação (CIP)
(Câmara Brasileira do Livro, SP, Brasil)

Jankélévitch, Vladimir, 1903-1985.
 Curso de filosofia moral : notas tomadas na Universidade Livre de Bruxelas 1962-1963 / Vladimir Jankélévitch ; texto estabelecido, anotado e prefaciado por Françoise Schwab ; tradução Eduardo Brandão. – São Paulo : Editora WMF Martins Fontes, 2008. – (Tópicos)

Título original: Cours de philosophie morale.
Bibliografia.
ISBN 978-85-7827-025-4

1. Ética 2. Filosofia 3. Moral I. Schwab, Françoise. II. Título. III. Série.

08-02366   CDD-170

Índices para catálogo sistemático:
1. Filosofia moral   170

Todos os direitos desta edição reservados à
Livraria Martins Fontes Editora Ltda.
Rua Conselheiro Ramalho, 330 01325-000 São Paulo SP Brasil
Tel. (11) 3241.3677 Fax (11) 3101.1042
e-mail: info@martinsfontes.com.br http://www.wmfmartinsfontes.com.br

ÍNDICE

O plano de curso anunciado por Vladimir Jankélévitch nem sempre foi respeitado, provavelmente por falta de tempo. Este índice é indicativo e foi estabelecido por nós.

Prefácio de Françoise Schwab VII

PRIMEIRA PARTE DO CURSO

Redução da ética à estética 3
Relações entre a vida moral e a vida religiosa 15
Relações entre a ética e a psicologia 29
Comparação entre a continuidade psicológica, a descontinuidade estética e a descontinuidade moral... 41
Relações entre a vida moral e o dado psicobiológico... 49
Moral do dever em que o dado é considerado um obstáculo... 100

SEGUNDA PARTE DO CURSO

A realidade moral concebida em relação ao futuro.. 131
Atitudes morais referentes ao passado 184

Referências dos livros de Jankélévitch citados neste volume 193
Notas de fim de volume 195
Bibliografia completa das obras de Jankélévitch 271

PREFÁCIO

Este curso, que publicamos mais de vinte anos depois da morte de Vladimir Jankélévitch (1903-1985), foi proferido na Universidade livre de Bruxelas em 1962 e transcrito por uma aluna.

Logo se vai perceber que ele é bem diferente, em sua própria feitura, dos cursos realizados na Sorbonne e publicados em gravações: a escrita não seria capaz de reproduzir seus célebres *crescendos* e seu modo musical. Trata-se aqui de algo bem diferente: primeiro, Jankélévitch mostra-se muito didático. Há títulos de seção, itens *a)* e *b)*, referências precisas e numerosas à história da filosofia. Nem por isso ele abandona seus temas prediletos. A singularidade e o interesse deste curso, em que o professor e o filósofo da moral se encontram, residem precisamente no cruzamento dessas duas "linhas" de pensamento.

O texto não foi revisto nem corrigido por Jankélévitch, e quisemos publicá-lo sem retoques (ortografia à parte). No entanto, um aparato crítico deveria permitir esclarecer a proveniência das citações e incentivar o leitor a se referir constantemente às obras escritas pelo filósofo. Essa perspectiva, que foi a nossa, tem por objeto principal remeter à obra. De fato, ninguém poderia explicitar melhor seu pensamento do que o próprio autor! O grande número de livros de filosofia e de música que Vladimir Jankélévitch nos deixa é, sob esse aspecto, notável.

Professor da Sorbonne de 1951 a 1979, marcou numerosas gerações de alunos por seus cursos de moral e de metafísica, mas também por sua personalidade brilhante, impetuosa, calorosa. Esse encantador, no sentido socrático do termo, fascinava seu auditório não apenas com o brilho da sua eloqüência, mas também com a profundidade da argumentação, ao mesmo tempo modesta e fulgurante.

Foi uma das mais singulares vozes da filosofia francesa do século XX. Professou a moral quando era de bom-tom escarnecê-la.

O tempo que condena a existência ao *quase nada* e lhe confere seu caráter irremediável, irreversível, é o tema fundamental da sua obra. Dessa meditação nasceram seus textos sobre o irreversível e a nostalgia, assim como suas profundas considerações sobre a morte.

Como muitos filósofos da sua geração, Jankélévitch foi influenciado por Bergson, a quem consagrou uma obra importante (*Henri Bergson*, 1931). A aposta de criar uma filosofia da existência a partir do bergsonismo e, o que dá na mesma, de pensar Bergson de uma forma existencial, terá pleno êxito. A partir da nova noção do tempo introduzida por Bergson, Jankélévitch centrou suas análises na moral. Ao afirmar que "não se deve dizer, deve-se fazer", ele lança os fundamentos de um discurso sobre a realidade e constata que a forma eminente do fazer é a causa da nossa admissão neste mundo. Seus mais vivos incentivos se dirigem ao homem de ação.

PREFÁCIO IX

Seu magistral *Traité des vertus* [Tratado das virtudes] alimenta um pensamento ao mesmo tempo irônico e sério. Longe das dosagens, das gradações, dos cálculos mesquinhos, para além do angelismo ou da confusão, ele tem em vista "o instante favorável", que é a exigência de infinito e de absoluto da consciência moral. Foi nesse contexto que ele passou em revista os vícios e as virtudes.

Se Jankélévitch não escreveu obra política propriamente dita, toda a sua obra moral tem, entretanto, uma dimensão política, na medida em que explora incessantemente a ligação com os outros. Seus textos sobre o perdão nos dizem *o que* não devemos esquecer e também nos mostram *por que* não devemos (*Le Pardon* [O perdão] e *Pardonner?* [Perdoar?]).

Jankélévitch nunca considera o mundo como ele é quando o homem não o vê: coloca-se do ponto de vista da consciência humana, porque o sensível significa somente o que ele é! Se o conhecedor percebe nele um freqüentador dos Padres da Igreja, dos místicos, de Bergson, de Pascal (leituras que alimentaram essencialmente seu pensamento antes da guerra), mais raros são os que sabem do seu interesse pelo judaísmo. E no entanto ele exprimiu em belas páginas "sua fidelidade distante, mas nunca esquecida como origem, a seu estado de judeu que comporta tantas dores", conforme a pertinente fórmula do seu amigo Jacques Madaule. O livro *Sources* [Origens] atesta esse interesse profundo pelo judaísmo.

Sua obra mediu-se com todos os temas. Temas dos quais sempre tentava se aproximar o mais possível. Como, para ele, nada nunca estava classificado e arquivado, o inclassificável filósofo edificou assim uma obra inclassificável.

"Meu projeto filosófico é uma maneira de filosofar. Isto é, de procurar pensar, até o momento em que o pensamento se quebra, coisas difíceis de pensar", confiava. Ele intervém nos limites do saber; sob o edifício majestoso deste último, Jankélévitch descobre uma existência subterrânea habitada pelo tempo, pela morte, pelo amor. Isso justifica esta confissão: "Tendo a me situar à beira das coisas."

Ele não nos promete nada – principalmente uma nova filosofia! –, mas nos faz um sinal cúmplice para nos guiar rumo a esse "não sei quê", a esse "quase nada", a essa "ordem outra", presentes, por exemplo, em *Le Je-ne-sais-quoi et le presque-rien* [O não-sei-quê e o quase-nada], *La Mort* [A morte] e *Philosophie première* [Filosofia primeira].

Centrando suas principais análises sobre a moral em suas relações com o tempo, essa obra produz uma nova inteligibilidade da temporalidade. Daí as frutuosas meditações de Jankélévitch sobre o irreversível, a nostalgia, a morte. Daí, igualmente, seus mais vivos incentivos a se engajar na ação.

Lamentando que nossa época se contente cada vez mais com "verdades aproximativas", Jankélévitch propugna ampliar o ensino de uma filosofia viva e vivida, que faria os alunos aprenderem a enfrentar os principais problemas que preocupam o ser humano. Ele considerava que homens formados na "arte e no método de pensar por si mesmos" seriam "uma garantia contra as derrapagens ou cegueiras das ideologias".

Do pensamento de Jankélévitch, como da música, nenhuma análise erudita dirá a essência última, que reside no charme ambíguo que dele emana e com que devemos nos contentar. Ele meditava em voz alta e desenrolava para nós alguns mitos portadores de eternidade.

Seu discurso sobre o indizível responde às inquietudes de uma sociedade em desconcerto. Todos temos a ver com as suas interrogações e podemos compreender sua fala. Testemunha lúcida dos dramas do século XX, essa fala previne contra o retorno do ignóbil, recusa os compromissos, não conjuga com facilidade os verbos "esquecer" e "perdoar", repete que a moral não é apenas tema de dissertação mas também uma teoria prática. Discretamente, com modéstia e humor, Jankélévitch defendeu as idéias que seus cursos ilustravam.

Esse pensamento vigoroso exprime o ímpeto e a angústia de uma época dilacerada mas fecunda. A lição é austera, mas Jankélévitch não tolerava o intolerável e, sem provocação gratuita, não dissimulava seus desgostos – não temendo, se preciso, tomar posições incômodas. Oferecendo-nos esse testemunho vivo de um pensamento contra a corrente, ele tornou mais fácil para nós o exercício da nossa própria liberdade.

Por seu desejo de fazer que reconhecêssemos o primado absoluto da moral sobre toda instância, Jankélévitch travou o combate do século. Eis por que, quaisquer que sejam os climas mutáveis da filosofia, sua obra filosófica tem chances verdadeiras de sobreviver.

Françoise Schwab

PRIMEIRA PARTE DO CURSO

PLANO DO CURSO*

Chama-se reducionismo o fato de reduzir o problema moral a outros problemas: científicos, artísticos, psicológicos.

Estudaremos a redução da moral:
– à estética;
– à religião;
– à psicologia.

---

* O plano do curso anunciado por Vladimir Jankélévitch nem sempre foi respeitado, provavelmente por falta de tempo (ver índice).

REDUÇÃO DA ÉTICA À ESTÉTICA

O problema das relações entre a moral e a arte é um sintoma de modernidade. O fato de que existam relações entre esses valores implica que esses valores não coincidem.

Os modernos criaram tabelas de valores, quiseram classificá-los; se classificamos os valores bem e belo, é porque são distintos. Pensamos que o belo pode existir sem o bem e o bem sem o verdadeiro.

Esses dois valores formam portanto uma dualidade. Por conseguinte, coloca-se uma questão: devemos escolher entre os dois? Essa questão leva a uma alternativa, a uma cisão entre a arte e a moral. Podemos falar de uma arte sem moral e de uma moral sem arte.

Essa teoria foi pregada no século XIX pela escola da "arte pela arte"[1]* que afirmava que a arte não deve ter nenhuma tendência moralizadora.

Histórico do problema:
1. Na Grécia, essa alternativa não existia, a noção de "valor" é alheia ao espírito grego[2].

---

* As notas com numeração arábica encontram-se no fim do volume.

No século V, Xenofonte, que reflete o espírito do seu tempo, tem por ideal o *kalòs kagathós*[3]: o belo e o bem. Há identidade e não disjunção entre o belo e o bem. O homem não está diante de um dilema, de uma opção; ao contrário, ele acumula essas duas noções.

Platão, no *Górgias*[a], propõe a tríade do homem bom, belo e feliz, e a opõe ao homem injusto, feio e infeliz[4].

Para Aristóteles, o *kalón* é o que é belo e louvável, oposto a *aiskhrós*, o que é feio e vergonhoso[5].

Cícero traduz essa noção de *kalón* por *honestum*, o que é ao mesmo tempo belo e bom[b].

Conclusão: pode-se deduzir desses exemplos que há coincidência entre a qualidade moral e a qualidade física. Os gregos não concebem uma alma feia num corpo bonito; para eles, a virtude sempre se apresenta sob forma vantajosa. *Agathós* significa "bom", mas também "nobre, próspero e que provoca admiração".

Para os gregos, a prosperidade acompanha naturalmente os homens virtuosos (o sucesso dos maus é uma idéia que só nasce com o cristianismo). Dessa concepção otimista, resulta que a felicidade – eudemonia – é a consagração da harmonia entre o belo e o bem. Para Aristóteles, o êxito é a coroação natural da virtude.

---

[a] Tríade do homem bom, belo, feliz, no *Górgias*, 497 c-d: "Os bons, de acordo contigo, não são bons pela presença do bem, assim como os belos, pela presença da beleza?" – Teoria da expiação no *Górgias*, 478 c-d: "É que, com efeito, a punição torna comportado e mais justo, e a justiça é como a medicina da maldade" (Platão, *Oeuvres complètes*, Gallimard, col. "Bibliothèque de la Pléiade", org. e trad. fr. L. Robin e J. Moreau, 1977).

[b] Cícero, "As noções morais": "Eu também peço a esse homem honesto, decidido a suportar todas as torturas, que se deixe dilacerar por dores intoleráveis, em vez de trair seu dever ou sua fé" (Cícero, *Premiers académiques*, VII, 23, citado em *Les Stoïciens*, trad. fr. É. Bréhier, Gallimard, col. "Bibliothèque de la Pléiade", 1962, p. 199).

PRIMEIRA PARTE

Em resumo, é impossível ser bom sem parecer bom; portanto, para os gregos, a aparência coincide com a essência; a vida do sábio será uma vida boa e bela, será uma obra de arte.

Portanto a necessidade da escolha, que é a definição do pessimismo moderno segundo o filósofo dinamarquês Kierkegaard[a6], não se apresenta aos gregos. Por conseguinte, seríamos tentados a pensar que os gregos eram otimistas.

Ora, o que é o otimismo? É uma luta e uma vitória sobre a desarmonia, sobre o pessimismo. O otimismo é uma noção moderna.

Leibniz não se deixa abater[7]: por pior que as coisas estejam, elas estão da melhor maneira possível[b]. Mas na Grécia, no século V, o pessimismo ainda não existia, logo não se pode falar de otimismo.

Se escarafuncharmos essa crença do século V na harmonia, encontraremos porém algumas dissonâncias: os gregos se colocam a questão de saber se o bem sempre se identifica com o belo.

No *Banquete*, Platão estabelece uma dialética ascendente que conduz o homem da beleza aparente à beleza invisível[c8]. Ele nos leva da beleza física da matéria à bele-

---

[a] Desde os seus primeiros escritos, Vladimir Jankélévitch se interessa por Søren Kierkegaard (1813-1855). Por seu título, *L'Alternative* de Jankélévitch faz alusão à obra de Kierkegaard intitulada em dinamarquês *Enten-Eller* (1843), que podemos traduzir em francês por *Ou bien... ou bien* [Ou... ou], ou por *L'Alternative* [A alternativa] (que foi a tradução escolhida por Paul-Henri Tisseau nas *Oeuvres Complètes* de Kierkegaard, t. 3, Éd. de l'Orante, 1970), ou ainda, por exemplo, por *De deux choses l'une* [Das duas coisas, uma].

[b] G. W. Leibniz, trad. fr., *Essais de théodicée*, ed. J. Brunschwig, Flammarion, col. "GF".

[c] Platão, *Banquete*, 210b-c e 211b-c.

za espiritual da alma, à beleza das leis, das instituições e das ocupações humanas, daí somos levados para a beleza das ciências do raciocínio e chegamos à idéia da Beleza em si, críptica. Se analisarmos essa sucessão, logo notaremos uma descontinuidade: passa-se do sentido próprio da beleza à metáfora, moraliza-se progressivamente a beleza sem saber em que momento essa passagem de uma ordem à outra se produziu.

A Beleza ideal é sem forma, a-plástica, poderíamos dizer, alegórica, escapa dos sentidos e é totalmente moralizada.

2. O neoplatonismo, herdeiro da *República* de Platão, desenvolverá essa dissonância nascida no século V.

Plotino escreve: "A Beleza é o esplendor do Bem."[a][9] Isso implica que há uma harmonia fundamental entre a beleza e sua essência, a bondade que transparece. Mas que também há uma dualidade entre o patente e o latente, entre o que aparece e o que se oculta.

Plotino diz também: "A arte é o vestíbulo do Bem."[b][10] Para ele, a arte é um começo de iniciação em direção à essência oculta: o Bem. O Bem é portanto como que uma beleza invisível.

---

[a] O Belo é o esplendor do Bem, como diz o *Fedro* e como Plotino dirá por sua vez em *Perì toû kaloû* ("Do Belo"), em que lemos: "O belo é o sacramento do Bem" e "o Bem é mais que o Belo" (Plotino, *Ennéades*, I, 6, § 9; trad. fr. É. Bréhier, Les Belles Lettres, 1924-1938, 7 vols.).

[b] Nas *Ennéades*, I, 6, é dito no § 7 "que é necessário portanto remontar até o Bem, para o qual tendem todas as almas. [...] Quem o vê sabe o que quero dizer e em que sentido é belo [...]. O infeliz é aquele, e somente aquele, que não encontra o Belo [...]. E o que está além da Beleza nós chamamos de natureza do Bem; e o Belo é posto na frente dela". Plotino acrescenta: "O Bem é o além e a fonte do Belo" (*Ennéades*, I, 6, § 9).

É normal que nesse momento tenha se posto uma questão: por que o bem não se manifesta, por que ele não se oferece aos sentidos? A partir dessa inquietação, há somente um passo a dar para chegar ao pessimismo completo.

Esse pessimismo se elaborou em três etapas:

– O belo é um enfraquecimento, uma degradação do bem.

– O belo é o princípio do erro, a aparência é enganosa e não pertence à essência. O homem vai desconfiar dessa aparência. A idéia da aparência enganosa já havia sido desenvolvida por Parmênides, que havia distinguido o mundo da opinião, da aparência, e o da realidade, da ciência[a11].

– A aparência pode querer nos induzir em erro: o homem vai desconfiar dela. O princípio da tentação e do "pecado" aparece no neoplatonismo e no sobrenaturalismo cristão (a descontinuidade entre natureza e sobrenatureza é do domínio de Deus). A desconfiança do homem para com a aparência é contemporânea da descoberta da mentira. Para os gregos do século V, o erro provinha da ignorância, nunca era cometido voluntariamente.

3. O cristianismo vai transformar tudo: a aparência, a imagem sensível tornam-se diabólicas. Kierkegaard dirá que o Deus cristão é um deus que não tem aparência divina[b12]. Os Padres da Igreja afirmam que "as virtudes da Antiguidade são vícios brilhantes", que a arte retém o homem na superfície e o impede de alcançar sua essência[13].

---

[a] Cf. Parmênides, trad. fr. J. Riniéri, *Le Poème*, fr. VII e VIII, ed. Jean Beaufret, PUF, col. "Quadrige", 1996, pp. 83-5.

[b] Ver Søren Kierkegaard, *Miettes philosophiques* (1844) e *L'École du christianisme* (1850), em *Oeuvres complètes*, trad. fr. P.-H. Tisseau e E.-M. Jacquet-Tisseau, Éd. de l'Orante, 1966-1968. Ver também nota 189 no fim deste volume.

Sua teoria dará nascimento a uma moral iconoclástica, que nega e odeia o sensível; e a uma desconfiança não mais racional, e sim passional.

Distinções entre algumas características particulares que opõem os valores estéticos e éticos:
1. O significado da palavra "obra" não é o mesmo nos dois casos.

No domínio estético, a obra designa algo material, físico. O estilo estético é caracterizado pelo palpável, o concreto. A obra sobrevive ao criador, pode ser conservada.

No domínio moral, a obra é invisível; o que importa não é mais a realização concreta, mas a intenção e a boa vontade.

Poder-se-ia colocar o problema de outro modo e estudar as diferenças entre a imaginação e a boa vontade.

A imaginação cria imagens, cria um mundo, formas. Os românticos associam a imaginação a uma magia que emancipa as formas do criador: as obras criadas se tornam patrimônio da humanidade.

A boa vontade decide sobre a maneira, sobre a intenção essencialmente. O gesto tem menos importância do que o espírito em que é feito. A única coisa que importa é a questão qualificativa: como?

Em conclusão, pode-se dizer que a obra estética é concreta, palpável, enquanto a obra moral não tem existência em si, é subordinada à intenção e, com isso, pode, em certos casos, parecer equívoca.

2. Distinção entre a natureza e a categoria dos agentes.

O mundo estético é um mundo de desigualdades. O gênio e o talento são privilégios concedidos aos que já realizaram uma obra de arte. Criar uma obra-prima é privilégio de uma elite aristocrática. Esse parentesco entre o estetismo e a aristocracia existe desde a Antiguidade, na filosofia grega, por exemplo.

Platão escreve na *República* que a cidade dos artistas é uma cidade de privilegiados, onde as classes sociais não são niveladas[a][14].

Aristóteles diz: "Os sábios são homens fora do comum."[b][15] Para ele, a virtude dos sábios é a excelência, a perfeição alcançada num domínio.

No domínio moral, em compensação, o que importa, como vimos, é a boa vontade. Ora, todo o mundo é capaz de boa vontade. Esta é universal e inerente à essência do homem. A boa vontade tem portanto um caráter democrático e ecumênico; resulta daí que todo herói, todo super-homem está excluído da vida moral.

Kant afirmava que a lei moral deve suscitar o respeito e não a admiração, qualidade que pertence ao domínio estético[c][16].

Em conclusão, o estilo estético tem um caráter aristocrático, impregnado de virtuosismo. No domínio moral, a boa vontade é universal, democrática e inerente a todos os homens.

3. Dupla circunscrição, temporal e local.

O ato estético é temporário e intermitente, é circunscrito a um mundo fechado, "no mundo da evasão na arte"

---

[a] Platão, *República*, parte 2, "A cidade justa", 415 d, e livro IV, 427 b.

[b] Aristóteles, *Métaphysique* (trad. fr. J. Tricot, Vrin, 1986, reed. 2004, A, 1, 982 a): "Concebemos o sábio [como] aquele que é capaz de conhecer as coisas difíceis e arduamente acessíveis ao conhecimento humano [...] porque o conhecimento sensível, sendo comum a todos os homens, é fácil e não tem nada a ver com a Sabedoria."

[c] Immanuel Kant, *Métaphysique des moeurs* (trad. fr. A. Renaut, t. 1, p. 70, nota, e p. 117, nota 23, Flammarion, col. GF, 1994). *Critique de la raison pratique* (trad. fr. F. Picavet, pp. 183, 185 e principalmente 186, mas também 187 e 188, PUF, 2000).

(Schopenhauer)[17], que quer permanecer à parte da vida ativa, da práxis.

O piano de Maurice Ravel era coberto de poeira, como se ele nunca o usasse. Ravel achava que a vida artística era temporária e não devia intervir na vida real.

Quanto à vida moral ideal, ela deveria ser, ao contrário, contínua. De fato, devemos reconhecer que nossa vida moral é igualmente temporária, só pensamos no outro de forma intermitente, mas isso se deve às nossas fraquezas humanas. O pensamento moral, para ser sincero, não deveria fixar nenhum limite para si e deveria se irradiar pela existência inteira. A mesma idéia se encontra em santo Agostinho, que afirmava que "a medida do amor é não ter medida"[a][18].

Concluindo, a vida estética não é mais que um momento da existência. A vida moral ideal ocupa toda a existência.

4. Englobamento do sujeito.

Na vida estética, o sujeito não é englobado, não é engajado: não é necessário que ele próprio seja criador para julgar lucidamente uma obra de arte.

No teatro, atores e espectadores não têm a mesma atitude: os primeiros criam, os outros contemplam. Existe portanto uma certa perspectiva, uma certa ótica que permite julgar à distância. Essa duplicidade se observa na dis-

---

[a] Ver santo Agostinho, *Épîtres*, 109-2, "*In quo amor Dei...*": "Quando se trata do amor a Deus, não se prescreve nenhuma medida, porque a medida que faz lei é amar sem medida." Bernardo de Clairvaux utilizou com freqüência essa frase de santo Agostinho (cf. *Traité sur l'amour de Dieu*, I, 1): "A causa do nosso amor a Deus é Deus mesmo, a medida é amá-lo sem medida."

tinção que os gregos faziam entre os verbos *poieîn* e *práttein*. *Poieîn* = fazer uma obra técnica, artística. *Práttein* = agir, o que nem sempre implica a realização de uma obra concreta.

Na vida moral, ao contrário, essa ótica não existe, não há distinção entre o sujeito e o agente. A vida moral é séria na medida em que o "sério" implica o englobamento, o engajamento do sujeito.

O sujeito é projetado num mundo informe em que "o centro está em toda parte e a circunferência em parte alguma" (Pascal)[a19]. A própria presença da ótica em moral é perigosa: para que o agente seja sincero, ele não deve pensar nos aplausos dos que o observam. Pode-se dizer que uma vida moral "pura" requer uma grande dose de inocência, quase de inconsciência.

Costuma-se, no entanto, confundir esses dois estilos de vida.

Leibniz acreditava estabelecer uma moral baseada na contemplação do mundo. Na verdade, ele vê o mundo como um "belo afresco", não se engaja nele[b20]. É interessante comparar, a esse respeito, a atitude de Leibniz e a de Pascal.

Leibniz contempla a imagem de um mundo harmonioso, no qual as misérias humanas são aparentadas a sombras num belo quadro. Pascal escreve: "Estamos embarcados, estamos englobados num mundo amorfo, indeterminado."[c21]

---

[a] Blaise Pascal, *Pensées*, fr. 69 (ed. Léon Brunschvicg, Hachette Littératures, 1967, 1.ª ed., 1897) [A referência será sempre essa edição. (N. do T.)]

[b] G. W. Leibniz, *Essais de théodicée, op. cit.*, e *Nouveaux essais sur l'entendement humain*, Flammarion, col. "GF", ed. J. Brunschwig, 1990.

[c] Blaise Pascal, *Pensées*, fr. 233.

Em conclusão, o domínio estético é circunscrito, limitado pela forma e pela estilização (paginação, encenação, transmissão...). Podemos julgar o domínio estético de fora dele.

O mundo moral é amorfo, sem limites, o sujeito está englobado nele.

5. Ponto de vista do ideal.

O ideal artístico a) está ligado a uma aparência sensível; b) deve progressivamente transfigurar, embelezar essa aparência sensível.

a) O ponto de partida da arte é a aparência visual ou auditiva. Até a pintura abstrata, que se pretende desprendida da realidade, toma no entanto emprestadas suas formas e suas cores dessa mesma realidade.

A finalidade essencial da arte é agradar. Poderiam objetar que a arte às vezes representa monstros, mas as formas grotescas também agradam, na medida em que o homem se compraz com a feiúra. A regra fundamental da arte se apresenta portanto como um hedonismo.

O ideal moral é, ao contrário, o dolorismo: o prazer não é objeto da moral, ele é até suspeito, porque vicia a intenção moral.

Kant dizia: "Assim que sinto prazer fazendo o bem, meu sentimento se corrompe."[22] E Pascal: "É melhor não jejuar e sentir-se mortificado por não fazê-lo do que jejuar e sentir comprazimento em fazê-lo."[a23]

b) A obra de arte se forma por etapas progressivas, graduais. Na vida moral, não há progresso: ninguém se exercita em fazer o bem como pode se exercitar em de-

---

[a] Blaise Pascal, *Pensées*, VII, fr. 499. Ver Lucas 18, 9-14.

senhar. A vida moral exige uma conversão, uma mutação total e súbita. A boa vontade dura um átimo apenas, e talvez seja essa uma das razões que a tornam tão difícil de adquirir.

Conclusão: o ideal estético é hedonista e capaz de progresso. O ideal moral é dolorista e não é objeto de aprendizado.

6. Oposição entre o normativo e o imperativo.

No domínio estético reinam mandamentos hipotéticos: se se quiser realizar uma obra de arte, é preciso observar tais e tais regras; mas ninguém é obrigado a criar uma obra-prima, o talento não é exigível de ninguém. No domínio moral, a regra é imperativa, absoluta: as qualidades morais são exigidas de todo o mundo.

Sêneca disse: "Não se aprende a querer."[a24] A vontade é inerente à natureza de cada homem.

7. Síntese desse exame.

A vida estética e a vida moral parecem disjuntas, portanto, e o homem moderno se compraz fazendo a distinção entre uma vida moral e o fracasso social; entre um êxito social e a ausência de vida moral.

O homem do dever moral aparece hoje como infeliz e feio. Em *Life and Habit* [A vida e o hábito][b], o filósofo inglês Samuel Butler opõe o homem nascido sob o signo

---

[a] *Velle non discitur*: cf. Sêneca, *Lettres à Lucilius*, Livro X, c. 81, § 13: "O progresso é a vontade de progredir" (*Oeuvres*, R. Laffont, col. "Bouquins", prefácio de Paul Veyne, 1993). Ver também nota 82 no fim deste volume.

[b] Samuel Butler, *La Vie et l'habitude*, trad. fr. V. Larbaud, Gallimard, 1922, TDV 1, p. 127: "Le règne de la grâce que Butler prophétise" [O reino da graça que Butler profetiza].

da graça, que faz o bem naturalmente, sem pensar, ao homem cotidiano, nascido sob o signo da feiúra[25]. O homem moderno está convencido do divórcio entre o bom e o belo; ele afirma de bom grado que nem sempre são os mais belos sentimentos que fazem uma bela literatura.

Solução de reconciliação entre a pureza do coração e a pureza das obras: os "grandes" sentimentos que fazem más obras talvez não sejam tão belos quanto parecem; serão talvez hipócritas?

Em compensação, uma bela obra, que parece à primeira vista escrita fora da moral, talvez seja conforme a uma "lei não escrita", extraída dos cânones morais da burguesia. É o problema que Sófocles tratou em *Antígona*[a][26].

Do mesmo modo, julgamos moralmente as qualidades estéticas de um autor: um livro pode ser brilhantíssimo sem que, no entanto, nos envolva, pois o brio do autor não esconde uma falta de sinceridade, uma falta de honestidade? Já uma obra escrita de forma mais descosida pode nos comover por revelar generosidade, probidade.

De tudo isso resulta que existe uma ponte entre a vida estética e a vida moral: alguns autores quiseram, com sua arte, alcançar a própria vida.

---

[a] *Les Tragiques grecs*, Gallimard, col. "Bibliothèque de la Pléiade", org. e trad. fr. J. Grosjean e R. Dreyfus, 1967.

RELAÇÕES ENTRE A VIDA MORAL E A VIDA RELIGIOSA

Vimos que a vida moral é permanente e quer dominar todas as atividades do homem. Ora, a vida religiosa tem as mesmas pretensões da vida moral, o que torna as relações entre a moral e a religião embaraçosas: uma torna a outra inútil, porque ambas se querem imperialistas.

Na vida cotidiana, de fato, a vida religiosa se compõe de atos, de cerimônias que não têm ressonância na vida interior: é a vida religiosa dos "cristãos das manhãs de domingo" (Kierkegaard)[a27]. Esses atos religiosos durante os quais o fervor do cristão é maior são descontínuos e pontuam o tempo. Mas nós sabemos que a vida cotidiana também é descontínua e espasmódica; existem na vida moral pontos luminosos, momentos importantes: "O instante da coragem, o momento do remorso." O homem é herói de vez em quando, uma virtude cotidiana se torna uma mistificação.

---

[a] Ver Søren Kierkegaard, *Post-scriptum définitif et non scientifique aux "Miettes philosophiques"* (1846) e *L'instant* (1855), in *Oeuvres complètes*, op. cit., t. 10-11 e 19.

Há uma concepção estetizante da vida religiosa, bem como da vida moral, uma concepção religiosa da vida religiosa e uma concepção moral da vida moral.

Tolstói queria viver o cristianismo todas as horas do dia[28]. Pascal repreendia Descartes por seu Deus indiferente ao mundo que criou. Opunha a ele o "Deus de Abraão", que invade a existência inteira do cristão[a][29].

É necessário portanto distinguir a concepção ideal da vida religiosa absoluta da concepção real da vida religiosa intermitente.

Distinções preliminares:
A atitude moral, que dá mais importância à intenção do que aos gestos, é comum a todos os homens. Por outro lado, constatamos a existência de uma pluralidade de religiões, que se diferenciam pelos ritos, pela liturgia, "pelo invólucro externo". Essa diversidade de religiões torna o paralelo entre a moral e a religião difícil e factício.

Há religiões em que o sentimento religioso está presente, há outras que não têm sentimento religioso e, por isso, não se distinguem da moral.

Na Grécia, a moral se constitui por oposição à religião nacional, cujos deuses são perfeitamente imorais.

Sócrates de Atenas, moralista, é condenado por impiedade religiosa. Xenófanes de Eléia se afirmava inimigo da religião nacional[b]. A Antígona de Sófocles respeita as leis não escritas (*ágraphoi nómoi*), as leis morais, laicas,

---

[a] Blaise Pascal, *Pensées*, fr. 335.
[b] Xenófanes, pensador grego nascido em Colofão, na Ásia Menor (séc. VI - primeiro quartel do séc. V a.C.). Xenófanes se estabelece em Eléia, na Magna Grécia (Itália meridional). Teria sido, ao que se diz, mestre de Parmênides (mas certas fontes o apresentam, ao contrário, como um dos eleatas).

poderíamos dizer, mas viola as leis escritas, cerimoniais, da religião do Estado. Para Sócrates, um homem pode ser moral sem ser religioso[30]. A consciência moral se dá conta da vanidade e da futilidade dos ritos tradicionais.

Em certas atitudes religiosas moralizantes, a moral toma a dianteira da religião. O protestantismo e o confucionismo são mais uma ética do que uma religião: o histórico do dogma e a importância dos ritos são consideravelmente diminuídos.

Paralelo entre a moral e as religiões:
Em aparência, uma característica comum une a atitude moral e a atitude religiosa: a noção de ligação.

Lucrécio, em *De natura rerum*, observa que a palavra "religião" vem do verbo *ligare* = ligar[a]. A consciência religiosa é portanto ligada, assim como a consciência moral é "obrigada" (do verbo *ob-ligare*).

Há no entanto diferenças profundas entre essas formas de "ligadura". A expressão dessas diferenças pode se resumir na distinção entre os deveres e o Dever. Em moral, o Dever domina amplamente os deveres (*officia*)

---

[a] Essa etimologia está implícita em Lucrécio (cf. *De natura rerum*, I, 930: "Acabo de desatar os nós com que a religião nos amarra" [*artis religionum animum nodis exsoluere pergo*], trad. fr. H. Clouard, Flammarion, col. "GF", 1990).

Ela é explícita em Lactâncio, *Divinae institutiones*, VI, 28, 12: "O termo *religio* é tirado do vínculo de piedade, porque Deus se liga ao homem e o amarra pela piedade" (trad. fr. P. Morat, Le Cerf, vários volumes, 1973-1992).

Ela difere da etimologia de Cícero, *De natura deorum*, II, 28, 72: "Os que retinham diligentemente e *relegerent* (respeitavam escrupulosamente) todas as coisas que se relacionam ao culto dos deuses foram chamados *religiosi*" (Cf. Jean Salem, "Comment traduire *religio* chez Lucrèce?", em *Traduire les philosophes*, org. O. Bloch e J. Moutaux, Publications de la Sorbonne, 2000, pp. 257-70).

impostos pela vida e pelas funções sociais. Já, em religião, os deveres (assistir à missa etc.) apresentam uma importância maior que o Dever religioso, na medida em que este último não se distingue daqueles: de fato, se tomarmos o Dever religioso como o "amor a Deus", é evidente que ele é sancionado, no essencial, no conjunto das prestações positivas impostas pela Igreja.

De fato, essa cisão da importância respectiva do Dever em dois pólos distintos – de um lado a unicidade de princípio da Moral, de outro, a multiplicidade das regras da Religião – exprime bem as múltiplas diferenças que a continuação do curso tentará definir.

Diferença entre as obrigações:
No domínio moral, a obrigação é dada de início, é essencial e ocupa o primeiro plano.

No domínio religioso, a obrigação é dada depois e decorre da idéia de Deus, de Absoluto. Ela ocupa o segundo plano. Mesmo no caso em que a vida religiosa invade todos os instantes da vida (por exemplo, para os monges), a obrigação é sempre subordinada a uma essência ontológica. As obrigações religiosas muitas vezes apresentam um caráter proibitivo, são virtudes de disciplina; as sanções ou o veto são estabelecidos em função do temor a Deus ou aos castigos.

O imperativo religioso é portanto ontológico, enquanto a obrigação moral é inteiramente fundada em si mesma e na consciência de quem a sente: é um momento irredutível. É indemonstrável que o egoísmo é ruim; mas a evidência maléfica é apoiada pela consciência universal e sancionada pelo remorso. Por isso, Kant reconhece que não há justificativa extrínseca para a evidência moral[31].

PRIMEIRA PARTE

O mandamento diz: amar ao próximo. Na religião, ele se funda na existência de Deus, que fez o homem à sua imagem. Na moral, ele se funda em si mesmo.

Certos teólogos objetaram que a moral não tinha valor pois não repousava em nada. Eles ignoram que a essência e a dignidade da moral são precisamente não ter raiz externa. Se ela tivesse um fundamento, seria metafísica talvez, mas não ética. De fato, para uma metafísica, a obrigação se funda no Bem. Então o Bem é primordial, a obrigação, secundária. Assim, em Platão, a moral está inserida numa metafísica e dela extrai todas as suas características e obrigações. Inversamente, numa ética, o Bem é o Bem porque há que fazê-lo: não há nada fora da imperatividade do imperativo.

Em *Eutífron*, Platão se faz esta pergunta: as coisas são santas porque eu as venero ou, ao contrário, é porque elas são santas que eu as venero?[a32]. Para Platão, a resposta é simples: a santidade das coisas é inata, eu as venero porque são santas.

Em conclusão, a obrigação religiosa decorre de um absoluto; a obrigação moral se funda em si mesma.

Características da obrigação no que concerne ao respectivo fundamento que lhe oferecem a moral e a religião:

A obrigação moral supõe a existência da liberdade. Esse paradoxo é de fácil explicação: se o homem não fosse livre, seria forçado a obedecer, em conseqüência de pressões externas; não teria mais a faculdade da escolha. O modo de ligadura de uma liberdade é que é a essência do Dever. A quintessência do ato moral aparece no máximo de liberdade; por exemplo, numa situação em que

---

[a] Platão, *Eutífron*, 10a e 11a.

a impunidade é garantida, porque nesse caso a obediência à lei moral atesta a pureza moral do ato.

A obrigação religiosa não admite o livre-arbítrio: Deus vê tudo e sabe tudo, ele sempre verá o crime que foi cometido, mesmo que o assassino usufrua da impunidade terrestre. O homem depende de uma lei que ele não inventou e sofre pressões: medo do Inferno, medo das punições sobrenaturais.

Fénelon chamou de "mercenarismo" a dependência do homem para com o Absoluto[a33]. O estóico Epicteto quer se dar a independência do sábio, mas, paradoxalmente, permanece apegado a certos conceitos da religião tradicional. O sábio era uma centelha destacada de Zeus[b34].

É um problema insolúvel relacionar a liberdade do homem e a onisciência de Deus: se a criatura é livre, Deus não é onipotente, porque não pôde impedir o pecado; se a criatura não é livre, Deus não é infinitamente bom, porque não quis impedir o pecado.

Para resolver o problema, certos teólogos falam de "culpabilidade inocente"[35], o que suprime toda noção de mérito e demérito.

Na verdade, a história do pensamento religioso atesta semelhante tensão através da evolução da interpretação do problema. Assim, por exemplo, com a Renascença, o jesuíta Molina[c] modificou a teoria da predestinação em

---

[a] Fénelon, *Oeuvres spirituelles*, em *Oeuvres*, t. 1, ed. J. Le Brun, Gallimard, col. "Bibliothèque de la Pléiade", 1983.

[b] Epicteto, *Entretiens* em *Les Stoïciens*, *op. cit.*, livro I (I, 10), p. 809; livro I (III, 1), p. 815; livro I (XIV), p. 842; livro II (VIII, 10); e principalmente "Tout homme porte Dieu en lui", livro II (VIII, 10), p. 899.

[c] O jesuíta espanhol Luis de Molina (1536-1600) celebrizou-se pela querela que deflagrou a propósito da liberdade e da graça. Espírito curioso, áspero na disputa escolástica, com seu livro *Concórdia do livre-arbítrio*

benefício de um aumento da liberdade e, correlativamente, de uma valorização da noção de mérito.

Essa contradição não existe para o moralista: a obrigação só tem sentido se é livre; uma vontade que só pode querer o bem não seria livre, ela tem de poder optar entre o bem e o mal.

Em conclusão, a obrigação religiosa é submissa; a obrigação moral admite o livre-arbítrio.

O modo de relação da religião se diferencia qualitativamente do modo de relação da moral.

Distinção preliminar: a relação religiosa se diferencia, conforme o Absoluto seja distante ou próximo.

Se o Absoluto não tem nenhuma relação com o homem, se ele é "absolutamente outro" (como o Deus de Pascal, Deus criador das verdades, mas Deus obscuro para o homem), a atitude do homem é a humildade, a aniquilação. O próprio objeto do Absoluto é visado na transcendência.

Se o Absoluto é próximo, familiar (como no panteísmo e em certos modos do cristianismo), o próprio objeto do Absoluto é visado na imanência.

O Absoluto presente pode ser invocado, chamado, suplicado; o modo de relacionamento é a prece, que é uma relação, uma comunicação. Essa relação tem uma

---

com os dons da graça, provocou as objeções dos teólogos dominicanos de Salamanca. Publicou em 1589 um apêndice de 44 páginas para se defender. O conflito sobre a graça e a liberdade humana animou as controvérsias teológicas do século XVII. Sua doutrina, o molinismo, defendida pelos jesuítas contra a escola tomista, consiste em fazer a liberdade humana passar para o primeiro plano. O homem colabora para o ato sobrenatural, o que favorece seu livre-arbítrio e reduz a parte da predestinação. Molina lutou contra o determinismo dos nominalistas e dos luteranos.

história às vezes trágica; pode-se amar a Deus em certos dias mais que em outros. O uso familiar da segunda pessoa do singular tem um grande papel nessas relações.

Já com a lei moral não podemos ter nenhuma relação. Ela nunca é invocada, a não ser numa prosopopéia de retórica.

O padre saboiano de *Émile* [*Emílio*] faz uma invocação à consciência[36]. A lei moral nunca é uma segunda pessoa, como Deus, não a chamamos de tu[a].

As relações com a lei moral são impessoais, abstratas, o que dá à existência moral um caráter sério, pouco atraente.

Nas relações religiosas, são transpostos o *páthos* humano e toda a vida sentimental e afetiva, o que explica a facilidade com que a religião faz vibrar as cordas do coração. Fala-se de "embriaguez mística"[37].

Goethe falava da "dor numa cruz de madeira", símbolo do cristianismo[b][38].

São Francisco de Sales, em sua *Introduction à la vie dévote* [*Introdução à vida devota*], explica essa rica psicologia da religião[c][39].

O *páthos* religioso inspirou numerosas obras de arte.

---

[a] A *Profissão de fé do vigário saboiano* faz uma longa interpelação à consciência, que sempre zela pelo homem. Em *Émile* (livro IV), Rousseau prenuncia a querela de Kant e Benjamin Constant (*Oeuvres complètes*, Gallimard, col. "Bibliothèque de la Pléiade", ed. B. Gagnebin e M. Raymond, 1959-1969). Trad. bras.: *Emílio ou da educação*, São Paulo, Martins Fontes, 2004. Sobre Kant e Constant, ver nota 102 no fim deste volume.

[b] Goethe: "Você construiu solidamente uma cruz de madeira? Um corpo vivo nela se ajeitará naturalmente para o suplício" (*Épigrammes*, LXXX, Veneza, 1790, em *Romans et théâtre complet*, Gallimard, col. "Bibliothèque de la Pléiade", ed. romances: B. Groethuysen, P. du Colombier e B. Briod, 1954, e teatro: P. Grappin, 1988).

[c] São Francisco de Sales, *Introduction à la vie dévote*, em *Oeuvres*, org. A. Ravier, Gallimard, 1969.

PRIMEIRA PARTE 23

O único sentimento admitido por Kant entre a lei moral e o homem é o respeito[40]. Toda relação afetiva repugna a Kant, porque o fervor é suspeito em si, é patológico.

O respeito é o sentimento menos sentido pelo homem, ele exclui o amor e implica a distância entre o sujeito e o objeto, a ausência de participação e de intimidade.

Kant se pergunta se existe um só homem que respeitaria a lei moral por si mesma, sem sentir nenhum prazer, nem calor pessoal[a].

Fénelon, pregando o amor puro a Deus, busca um ideal impossível, fora do humano, e se aproxima do ideal de Kant[41].

Kant repudia até mesmo a piedade, que não considera um sentimento moral por ser demasiado emocional e por provocar um deleite moroso em quem a pratica.

A atitude religiosa implica coordenadas de tempo e de espaço que são alheias à atitude moral.

Atitude religiosa:

a) Coordenadas espaciais. A atitude religiosa é ligada a um local de prece coletiva, a um santuário (comum a todas as religiões) que os romanos já chamavam de *sacrum*; esse lugar é privilegiado; pouco importa se Deus está presente (igreja dos católicos) ou não: neste último caso, é um simples local de reunião (sinagoga dos judeus).

Resulta daí que nem todos os lugares do espaço são homogêneos. Existe uma toponimia litúrgica: lugares santos, lugares de peregrinação e cruzadas.

b) Coordenadas temporais. Nem todos os movimentos da vida são equivalentes; existem também movimentos

---

[a] Immanuel Kant, *Métaphysique des moeurs* t. 2, cap. "Du respect", p. 247. Ver igualmente o capítulo "Du devoir de l'amour envers les autres hommes": "É exatamente a mesma coisa que se deve dizer do respeito..." (p. 315) e "Todo respeito pelo qual sou por natureza obrigado..." (p. 339).

privilegiados, feriados: festas místicas, aniversários, comemorações de um martírio ou do drama divino. Esses atos cerimoniais e místicos ritmam a vida humana.

c) A vida religiosa é condensada em certos atos eclesiásticos essenciais: as missas, as orações. Esses momentos privilegiados se subdividem por sua vez em instantes mais privilegiados ainda, em solenidades nas quais o fervor do cristão é maior: a Elevação é a parte privilegiada da missa.

Como explicar essas ocasiões privilegiadas? É que as relações entre Deus e homem são intermitentes: Deus só visita o coração do homem em certos momentos determinados.

Observação: as religiões moralizantes suprimem esses momentos privilegiados. Assim, Tolstói professava uma filosofia moral, não dogmática; para ele, a Natureza era o templo de Deus, logo devia-se festejá-la o ano todo.

Desses três pontos de vista, o ritmo da vida religiosa se aproxima mais da estética do que da moral. A estética comporta igualmente uma condensação de "ocasiões" temporais e locais. Apesar de um museu se distinguir de um santuário pelo fato de nele não se exigirem ritos particulares, ele também goza de uma certa extraterritorialidade em relação à vida real: nele, celebra-se a beleza, abandonam-se as preocupações da vida cotidiana.

Essa idéia de uma circunscrição no tempo e no espaço é estranha à vida moral.

A vida moral tem caráter difuso: ela não é limitada no tempo (fazer moral em certas horas determinadas não tem nenhum sentido); ela não é localizada (não há lugares determinados para praticar a moral).

A moral pretende penetrar no conjunto da vida, pelo menos no plano ideal; ela tem uma característica atmosférica, universal, cosmopolita, que não distingue nem raças nem povos, mas engloba o conjunto dos homens. Os estóicos já tinham preconizado essa idéia do cidadão universal[42].

A moral coloca problemas em todos os momentos, em todas as circunstâncias, ela é de essência deontológica (= ciência do que é preciso fazer ou não) e alcança tudo o que tem uma relação com o humano. A multiplicidade das deontologias deu nascimento, no início dos tempos modernos, à casuística, que resolve os conflitos entre os deveres na vida cotidiana.

Conclusão: a vida moral é "aberta" (Bergson)[a43], não é limitada, não aceita nem grupos restritos nem ocasiões privilegiadas; ela é amorfa e nebulosa.

A vida moral e a vida religiosa se diferenciam ainda por características secundárias, conseqüências das primeiras.

A vida religiosa se enquadra num aparelho institucional que varia de uma religião a outra. Esse aparelho é mais aparente para os católicos do que para os protestantes. A vida moral ignora esse aparelho institucional.

A vida religiosa está ligada a *res gestae*, dramas divinos ou antigos relatos históricos reais em que se tem de acreditar. As cerimônias religiosas muitas vezes são mimos, resumos de dramas divinos. A vida religiosa comporta uma cronologia histórica que o fiel reproduz e compartilha. O cristão se regozija no Natal, comemoração do nascimento de Deus.

A vida moral é externa a qualquer drama histórico. Os estóicos foram os primeiros a contar a vida de homens

---

[a] Ver Henri Bergson, *Les Deux Sources de la morale et de la religion* (1932) (PUF, col. "Quadrige", 2003, p. 56 a 63), em que trata da moral fechada e da moral aberta.

ilustres como exemplos de noções morais (Plutarco, *Vida dos homens ilustres*).

Kant repudia todo exemplo histórico porque este é empírico, limitado no tempo e no espaço e não representa o ideal puro do imperativo incondicional. Kant também condena a hagiografia cristã e as vidas de santos: o recurso aos exemplos históricos tem um caráter estetizante e substitui o respeito pela admiração ao super-homem.

Desde já, compreendemos que o que é essencial na vida religiosa é suspeito na vida moral: é a idéia da mediação, do intermediário que possibilita uma relação mais fácil entre o coração humano e Deus. Esse intermediário muitas vezes é o padre. A presença deste não se justifica na vida moral, nem mesmo nas religiões mais liberais, mais moralizantes (o protestantismo).

Quais são as razões da ausência do intermediário?

A moral e as religiões liberais têm um caráter democrático: o próprio fiel é o sacerdote. Já vimos que a vida estética diferenciava o agente moral do ator.

Na vida religiosa, encontramos a categoria dos espectadores (assembléia dos fiéis) e a dos atores (padres).

Na vida moral, todos nós estamos envolvidos, cada um de nós é ao mesmo tempo criador e espectador, não representamos nenhum papel específico.

Epicteto, na linguagem das arenas e do teatro, falava de "teatro do mundo"[a44]; essa metáfora é absurda, pois todo o mundo é ator na grande comédia humana.

---

[a] "Lembra que és ator de um drama que o autor assim quer: curto, se ele quiser curto; longo, se ele quiser longo; [...] porque tua função é representar corretamente o personagem que te foi confiado; quanto a escolhê-lo, é função de outro" (Epicteto, *Manuel*, XVII, em *Les Stoïciens, op. cit.*, p. 1116).

Tolstói preferia, à religião ortodoxa nacional, a religião dos "dissidentes", isto é, uma religião sem popes, sem intermediários[45].

Aproximações entre a vida religiosa e a vida moral:
A religião pretende unir-se a todos os imperativos da ética, ela tem uma vocação moral, apela para os sentimentos morais: justiça, amor, caridade...
A religião e a moral se preocupam, ambas, com o destino do homem e com seu aspecto sobrenatural: a morte. No entanto, aqui também, notam-se diferenças no próprio seio das semelhanças.

a) Na vida religiosa, o destino do homem é considerado em relação à vida futura, à salvação ou às penas eternas. É o que Fénelon chamava de "mercenarismo da religião"[46].

Essa preocupação mercenária também se encontra na aposta de Pascal: "Deus existe ou não existe. Para que lado pendemos? A razão não pode determiná-lo, porque há um caos infinito a nos separar. Temos de apostar. Pesemos o ganho e a perda. Se você ganhar, ganha tudo; se perder, não perde nada. Aposte portanto sem hesitar."[a][47] O destino do homem torna-se objeto de uma aposta com finalidade utilitária. Podemos qualificar essa aposta de pragmatismo religioso.

Conclusão: a escatologia ou preocupação com o fim último é posta como ponto de partida de toda religião. Na vida moral, a escatologia não passa de um postulado, senão haveria confusão entre os atos desinteressados e os atos hipócritas, utilitários.

Kant só trata da existência de Deus e da vida sobrenatural no fim da sua obra, para bem indicar que não passam de postulados.

---

[a] Blaise Pascal, *Pensées*, fr. 233.

b) Moral e religião coincidem ao dizer que a vida humana é intermitente e termina com a morte, mas diferenciam-se por sua ótica sobre a morte, que é o sobrenatural no homem.

Na vida religiosa, o homem está concernido até a sua morte, inclusive. O santo se sacrifica até na morte, leva em consideração a vida póstuma.

A vida moral concerne ao homem até a sua morte, exclusive. O sábio tem uma máxima válida para o conjunto da sua vida, sem considerar nem o sobrenatural nem o absurdo.

Conclusão: levando-se em conta essas diferenças, vemos que, em moral como em religião, existe um ideal de gratuidade: as leis morais e religiosas não têm nenhuma existência em si, mas existem pela vontade do homem, implicam que se leve em consideração a felicidade do outro, um ideal que completa o homem.

Podemos dizer que "a vida religiosa é o conservatório do valor" (Harald Höffding), ela salvaguarda o essencial do homem[48], isto é, o que é independente da utilidade imediata[a].

Os valores religiosos e morais não são concretos e podem ser equívocos, ambíguos.

---

[a] Harald Höffding, *Philosophie de la religion*, trad. fr. J. Schlegel, Alcan, 1908; *Histoire de la philosophie moderne*, trad. fr. P. Bordier, Alcan, 1924; *La Relativité philosophique*, trad. fr. J. de Coussange, Alcan, 1924.

RELAÇÕES ENTRE A ÉTICA E A PSICOLOGIA

Sentimo-nos tentados a dizer que a vida psicológica é o fundamento da vida ética. Mas em que sentido se deve entender a palavra "fundamento"?

Um primeiro sentido seria o de fundamento lógico ou ideal, compreendido como "razão" do fenômeno. Nesse caso, o psicológico não pode fundar a ética, porque é o contrário que se produz: a vida ética é que propõe "normas", "razões", "regras" para a vida psicológica.

Um segundo sentido seria o de fundamento causal. A vida psicológica precederia a vida moral e apresentaria a sua base material. É a palavra "fundação" em sua dupla metáfora, espacial e temporal.

Um terceiro sentido seria o de fundamento axiológico. No sentido em que podemos dizer que o "fundamento" é inferior às formações superiores que ele torna possíveis. É o sentido precedente, mas hierarquizado qualitativamente e não mais medido causalmente.

Na verdade, se a psicologia não legitima de direito a ética (primeiro sentido), não se pode dizer que ela a explica de fato? Ela seria ao mesmo tempo anterioridade e infra-estrutura (segundo sentido).

Aristóteles já distinguia uma anterioridade cronológica e uma anterioridade lógica. Se, no caso do problema que nos concerne, nos interrogamos sobre a primeira, o que pode ela significar?

O homem tem evidentemente uma vida natural antes de ter uma vida moral: é preciso ser, antes de se interrogar moralmente. O ser não interroga. Mas não é disso que se trata no problema levantado; é da vida psicológica e não da vida natural; na verdade, a moral poderá entrar em concorrência com a vida psicológica na medida em que esta última se ocupa das modalidades da vida e não do ser da vida.

Quanto ao ser, a vida ética se define de maneira dialética em relação a ele. O verbo fundamental da moral não é o verbo "ser", mas o verbo "querer". Mas para querer é preciso ser, embora a recíproca não seja necessariamente verdadeira: podemos ser sem querer. A vontade remete portanto a um sujeito existente como "psique", isto é, um ser que pode querer. Assim, Kant dirá que o homem, ao nascer, possui uma dignidade que extrai da substancialidade do seu ser: o ser do homem tem uma vocação para querer[a][49].

Inversamente, pela vontade transforma-se o ser; nós nos tornamos, por exemplo, o que queríamos ser; a vontade gera um ser que não existia tal qual antes.

Por conseguinte, há reciprocidade das perspectivas, isto é, dialética do ser e do querer. Ou ainda, podemos dizer que o ser ao mesmo tempo é e quer: que, nesse sentido, é o ser que torna possível o querer, mas que, inversamente, o querer transforma o ser de que é oriundo. Tudo

---

[a] Immanuel Kant, *Métaphisique des moeurs* [*op. cit.*, t. 1, p. 153 e p. 68, nota 21, e t. 2, p. 215].

PRIMEIRA PARTE 31

como se o ser se concedesse, no seio de si mesmo, o instrumento que torna possível a sua transformação e o seu devir. Assim, quando Nietzsche declara "Torna-te o que és!"[a50], ele enfrenta a dupla dimensão, substancialista e criativista, do ser.

Precisamos portanto retomar a questão das relações entre a psicologia e a ética num nível menos ontológico e começar indagando se a compreensão psicológica do homem realmente precedeu a compreensão moral do seu ser.

Na Antiguidade:

As sentenças gnômicas, as exortações morais precedem em muito as curiosidades psicológicas (estas são sintomas de modernidade e só aparecem no século XVII). A interrogação psicológica é ignorada por Hesíodo, que dá conselhos para viver bem[b51]; por Sólon e pelos sete sábios, que são legistas e moralistas; por Xenófanes de Eléia, que é um moralista autônomo; pelos poetas líricos e cômicos; pelos historiadores (Heródoto e Tucídides).

Poderiam objetar que a máxima de Delfos "Conhece a ti mesmo!" prova que Sócrates se ocupava da psicolo-

---

[a] Ver a epígrafe de *Ecce homo*: "Como um se torna o que é" (*L'Antéchrist*, seguido de *Ecce homo*, trad. fr. J.-C. Hémery, Gallimard, 2004, p. 91). A origem dessa fórmula é atestada na obra de Píndaro (518-446), poeta grego que escreveu odes *Olímpicas*, *Píticas*, *Neméias* e *Ístmicas*. Essa asserção é encontrada com freqüência em Nietzsche, ver por exemplo *Ainsi parlait Zarathoustra* [*Assim falava Zaratustra*], "Des vertueux", p. 124, "Le sacrifice du miel", p. 291 (tr. fr. G. Bianquis, Flammarion, col. "GF", 1996, p. 137) e *La Gai Savoir*, pp. 99, 141, 155, 216 (trad. fr. P. Wotling, Flammarion, col. "GF", 1997). Há uma edição das *Oeuvres* de Nietzsche pela Flammarion, col. "Mille et une pages", 2003, à qual é cômodo remeter (os tradutores dos dois livros citados são os mesmos).

[b] Ver Hesíodo, *Les Travaux et les jours*, trad. do grego por P. Waltz, col. "Mille et une nuits", 1999. Sobre Hesíodo, ver também nota 139 no fim deste volume.

gia[52]. Na realidade, o oráculo é dado no modo imperativo, que é o modo dos moralistas. Além do mais, esse oráculo é um preceito moral: o primeiro dos deveres do homem é ser clarividente em relação a si mesmo, mas esse conhecimento de si está longe de ser uma análise interior da alma, uma introspecção proustiana. Para Sócrates, esse imperativo é uma regra de vida interior: é mais virtuoso conhecer a si mesmo do que especular sobre os outros.

A introspecção foi considerada malsã por Platão[53]: ele define as virtudes morais – a coragem, a justiça – sem nenhum matiz psicológico.

Os Padres da Igreja e Fénelon condenam severamente a mania de se interrogar sobre as dúvidas e os escrúpulos religiosos.

Para os estóicos, o conhecimento psicológico está vinculado a uma arte de viver bem. Quando Epicteto, escravo emancipado, procura a maneira de ser feliz na solidão, ele trata de um problema concreto.

Na época clássica (século XVII):
Os representantes da psicologia da época – La Bruyère, La Rochefoucauld, Vauvenargues – não fazem uma psicologia pura; suas observações sempre têm uma intenção moral didática.

No século XVII, um moralista é aquele que descreve os costumes. No século XX, um moralista é aquele que pronuncia juízos de valor.

La Bruyère, La Rochefoucauld são moralistas, em ambos os sentidos da palavra; da descrição da sociedade eles extraem um ideal: a "honestidade".

A hierarquia moral é, portanto, mais antiga do que a psicologia. Essa diferença de cronologia se explica pela urgência de viver bem: ser feliz e agir convenientemente.

A moral tem portanto um caráter pragmático e urgente. Esse caráter é, por um lado, útil, porque se trata de viver bem, por outro, inútil, porque a moral não pode estar inteiramente submetida a imperativos utilitários.

Descartes, tão exigente em filosofia, a ponto de só aceitar a evidência matemática, mostra-se aproximativo em moral, porque "ela não espera". Enquanto procura definir a verdade, ele tem de agir. Descartes se contenta com máximas provisórias.

Elas são fundadas na obediência às leis nacionais: ele não se interroga nem sobre o valor nem sobre a origem dessas leis, mas coloca um ato de conformismo prático.

Essas máximas aconselham a perseverar quando se empreende uma ação: deve-se agir de maneira coerente. Descartes não se coloca a questão de saber se se deve perseverar numa atitude ruim.

Na realidade, se a exigência da apodicidade das evidências para Descartes é levantada no domínio da moral em benefício de evidências simplesmente prováveis, é porque a situação moral levanta problemas urgentes, notadamente o problema do "Que fazer?".

Os russos, no século XIX, muitas vezes começam suas obras com o título *Que fazer?* Exemplo: Tolstói[54].

Do mesmo modo, os publicanos, no Evangelho de são Lucas, perguntam a João Batista: "Que devemos fazer?"[a][55]. João aconselha-os a agir contrariamente ao egoísmo pessoal deles, isto é, moralmente.

---

[a] Ver Lucas 3, 10-13: "E a multidão o interrogava, dizendo: Que faremos, pois? E, respondendo, ele lhes disse: Quem tiver duas túnicas, reparta com aquele que não tem, e quem tiver alimentos, faça da mesma maneira. E chegaram também alguns publicanos, para serem batizados, e disseram-lhe: Mestre, que devemos fazer? E ele lhes disse: Não peçais mais do que o que vos está ordenado" (as perguntas são dirigidas a João Batista, e não a Jesus).

Por que essa questão parece mais natural e mais fundamental do que a questão do "Que sou?". Primeiro, deve-se ver que essa questão coloca um problema de conhecimento. Nesse sentido, ela pode se referir ao mesmo tempo ao outro e a mim.

O conhecimento do outro é um problema antropológico, que parece puramente especulativo. No entanto, essa própria questão é motivada por uma preocupação prática. De fato, enquanto o conhecimento do outro parece uma busca objetiva, o que dela se conclui sempre vai além da simples objetividade, quando mais não fosse por uma "perspectivação" particular, valorizadora ou desvalorizadora. Em suma, sendo o homem um "ser dos futuros", a maior ou menor consideração dos seus fins já estabelecerá uma opção que responde a um pressuposto moral. Sob esse aspecto, é necessário elucidar previamente o sentido do ato de conhecimento antes de operar esse conhecimento: o "Que fazer?" precede o "O que ele é?"

O conhecimento de si é igualmente precedido pela questão "Que devo fazer?". Com efeito, já que meu ser será definido dialeticamente pela ação, meu ser me espera no futuro. De sorte que, se o conhecimento de si precede a prática de si, ele nunca poderá ter por objeto o "pré-ser" presente.

Goethe dizia: "Nunca tive consciência de mim: fui esperto."[a][56] É uma maneira de considerar a existência.

Platão, no *Cármides*, define a sabedoria como o conhecimento de si[b][57], mas Sócrates refuta essa definição; o co-

---

[a] Goethe, *Oeuvres, Romans et théâtre, op. cit.*
[b] Platão, *Cármides*, 168 e. Sócrates refuta essa definição. Ver também *Cármides*, 166 a e 164 d. E cf. Plotino, *Ennéades*, V, 3, § 8-10.

nhecimento de si seria então o conhecimento do conhecimento, sem mais distinção entre o sujeito cognoscente e o objeto conhecido. Esse conhecimento é, para Sócrates, um narcisismo, um retorno a si mesmo, uma retroversão da consciência. O ser é dado para ser, para existir, e não para estudar o ser. Essa retroversão psicológica poderia se tornar uma perversão. Aliás, o conhecimento de si é difícil. "Não sei o que sou e não sou o que sei."[a58]

Rousseau, em *Confissões*, quer conhecer a si mesmo e, no desejo de não embelezar a sua imagem, deforma a verdade[59], quer se impor por sua mediocridade a fim de provocar um desmentido no leitor.

Em conclusão, o objeto conhecido – o eu – transforma-se pelo ato do conhecimento.

Por que a questão "Que fazer?" é de uma importância vital? É a questão natural por excelência, que engloba o futuro. O auxiliar do futuro, "dever", tem ao mesmo tempo um sentido temporal e um sentido de obrigação.

Os atos que devo colocar se realizarão no futuro e dependem da minha vontade, da minha liberdade. Um exame das características da vontade nos justificará plenamente sobre esse papel primordial concedido à vontade moral. Em resumo, sendo o homem um ser problemático, é impossível eludir o caráter originário da questão moral "Que fazer?".

1. O ser depende do que faz. Seus atos se tornam um elemento da sua vida: a liberdade transforma o homem e ajuda-o a se tornar o que ele queria ser.

Essa liberdade não é uma substância mas um dinamismo que tem um caráter problemático e impalpável.

---

[a] Ver Angelus Silesius, *Le Pèlerin chérubinique*, trad. fr. C. Jordens, Le Cerf, 1994: "Não sei o que sou, não sou o que sei."

Sabemos portanto que somos livres; como empregar essa liberdade nesta ou naquela circunstância, num caso de consciência, isto é, no nó do problema que nos torna perplexos?

O Héracles de Pródicos hesita num cruzamento: que caminho vai seguir[60], *"Quid elegimus?"* Que vamos escolher: o bem, o mal, o justo, o injusto?

Devemos escolher entre duas eventualidades: a hesitação moral repousa na alternativa "um ou outro" e recusa a solução média, neutra (*ne-uter* = nem um nem outro), na qual o homem não deve se pronunciar.

Essa alternativa tem portanto um sentido disjuntivo chamado "bi-querer": se escolhemos uma solução, temos de renunciar à outra. Alguns crêem poder se abster de qualquer escolha; na verdade, não escolher continua sendo uma maneira de escolher, muitas vezes hipócrita. A escolha engaja todo o mundo.

A conseqüência imediata da vontade universal, que escolhe entre várias possibilidades, é a questão *Quid?*: "O quê?" O homem é senhor da sua escolha; mas, ao escolher, ele perde a onipotência que tinha antes de tomar uma decisão. Ele deve portanto ser exortado em sua vida moral, o que justifica suas interrogações.

Em resumo, a alternativa é a situação originária da vontade: escolhe-se escolher ou não escolher. O querer é sempre um bi-querer. Em contrapartida, uma vez que se escolheu escolher, abre-se então a multiplicidade dos possíveis no seio dos quais, operando a escolha, a ação é "engajada", "engrenada" e radicalmente comprometida pela dialética do ser e do querer. Mas essa distinção é lógica, e não cronológica.

O bi-querer pode ser compreendido de maneira análoga a esse poder discricionário que o homem possui sobre a linguagem. Ele se acha diante dessa alternativa de dizer a verdade ou a mentira. Nesse sentido, a verdade está sempre em questão no seio da linguagem, como poderíamos dizer que a opção moral está em questão no seio da vontade.

2. De resto o ser não se opõe absolutamente à vontade. Entre a vontade e o ser, há o devir. Mesmo que o homem não tome decisões morais, ele se transforma progressivamente. "O destino conduz quem se deixa arrastar e quem não se deixa arrastar" (*nolens-volens*)[a61].

O envelhecimento implica uma escolha, uma escolha não conduzida, um certo modo de deixar-se levar ao sabor seja das horas, seja dos destroços. Essa evolução rumo ao devir é uma degradação da opção moral. O tempo opta em nosso lugar; é uma opção anárquica. Se temos de qualquer modo de escolher, é melhor escolher bem e com conhecimento de causa.

A descrição do ser psicológico, tal como existe na natureza, é impossível, ela é sempre acompanhada de juízos de valor. Essa descrição mesma implica a minúcia dos detalhes: perguntando-nos o que somos, procuramos características íntimas da nossa alma, os móveis ocultos dos nossos atos... Essa descrição também implica, portanto, a diferenciação entre a essência e os acidentes, entre a substância e seus atributos, entre o ser e as maneiras de ser. Ou seja, uma hierarquização pela importância dada mais a um aspecto do indivíduo do que a outro.

---

[a] Plutarco: "O destino conduz quem se deixa arrastar por ele" (*Des contradictions*, XLVII, em *Les Stoïciens, op. cit.*, p. 131). Ver Sêneca: "Nossos destinos nos conduzem e a primeira hora do nosso nascimento regeu todo o tempo que nos resta" (*De la providence*, V, 7, *ibid.*, p. 769).

A decisão moral implica a idéia de uma escolha que corta o nó górdio da questão.

A escolha é urgente; muitas vezes, não temos tempo para refletir; uma deliberação interminável muitas vezes é uma solução maquiavélica para não escolher. Não se pode separar a decisão moral de um gesto mais ou menos irracional, que implica a passagem a uma nova ordem.

A aposta de Pascal é uma escolha cega[a][62], irracional, entre Deus, de um lado, e os vícios do mundo terrestre, de outro.

O filósofo Renouvier pensa que a ação está sempre pendente de uma escolha mais ou menos ambígua[b][63].

O *Filebo* de Platão hesita entre o prazer e a ciência[c][64].

É necessário optar por um ou outro, gratuitamente, cegamente.

A escolha adquire portanto o caráter de um verdadeiro engajamento aventuroso, um pouco simplista, que implica a evidência das antinomias.

Sobre esse ponto, nota-se uma grande diferença entre Descartes e Pascal. Para Descartes, a evidência é unívoca. Há uma só e única evidência[65]. Para Pascal, as duas contradições são evidentes; o homem só pode escolher entre elas pela aposta[d][66].

Os teólogos racionais propuseram uma conciliação que evita toda e qualquer opção. Assim, Filebo escolhe uma ciência adicionada de prazer[67]. Essa solução parece pouco

---

[a] Blaise Pascal, *Pensées*, fr. 233.

[b] Charles Renouvier, *Les Dilemmes de la métaphysique*, Alcan, 1927, pp. 126 ss.

[c] Platão, *Filebo*, 53b e 58c.

[d] Blaise Pascal, *Pensées*, fr. 233.

convincente, miserável, bastarda, inspirada pela preocupação de não escolher.

Quanto mais a opção moral é irracional, mais é imperativa, incondicional. Podemos dizer portanto que o imperativo moral é naturalmente categórico, sem nenhuma restrição, e que ele negligencia todo elemento circunstancial, todo limite.

Não há nada de analítico no mandamento moral, a moral estóica é a ética do "ou tudo, ou nada"; ela se insurge contra a distinção entre grandes e pequenos pecados: todas as faltas são iguais, sem hierarquia quantitativa.

A verdadeira moral não comporta nuances (a nuance é uma noção psicológica). Um moralista nem sempre é um excelente psicólogo. A indulgência geralmente é psicológica, ela apela para as nuances e multiplica portanto as circunstâncias atenuantes. A severidade geralmente é moral: a intenção moral é boa *ou* ruim em absoluto.

Os mandamentos são morais na medida em que não são acompanhados de considerandos circunstanciais, na medida em que valem para todos os tempos e são aplicados até o limite das forças.

A moral kantiana tem por máxima: "Age de tal sorte que a regra da tua ação possa ser elevada ao grau de lei universal." Essa máxima é categórica.

Aristóteles dizia: "Envergonha-te de ti mesmo" e "Exerce a justiça". Essas duas máximas têm um caráter incondicional e imperioso[a68]. Elas têm uma forma incisiva e lapidar, porque querem obter a transferência de uma vontade a outra. Elas querem obter um resultado de ou-

---

[a] Aristóteles cita o provérbio (fr. 147) de Teógnis de Mégara (poeta gnômico do séc. VI a.C.) (cf. ed. crítica dos fragmentos e o comentário de T. Hudson-Williams, Londres, 1910): "Na justiça está em suma toda virtude" (*Éthique à Nicomaque*, livro V, § 3, trad. fr. J. Tricot, Vrin, 1990, p. 219).

trem, antes de dar uma explicação. A filosofia está portanto em estado de apotegma.

Epicteto, em seu *Manual*, multiplica as fórmulas curtas e incisivas, os aforismos. Ele dá regras de conduta morais, categóricas, sem se atardar em demonstrações psicológicas.

Devemos saber que, se a vida psicológica não é anterior à vida ética, é no entanto seu suporte. De fato, a vida moral talvez só floresça uma vez no decorrer de uma vida humana.

A noção de vida moral é ambígua, portanto: comparada à vida estética, a vida moral é contínua; comparada à vida psicológica, a vida moral é descontínua.

COMPARAÇÃO ENTRE A CONTINUIDADE PSICOLÓGICA, A DESCONTINUIDADE ESTÉTICA E A DESCONTINUIDADE MORAL

A vida psicológica tem um caráter contínuo, que podemos analisar indefinidamente em momentos e em instantes como, por exemplo, a psicologia de Proust ou de Joyce.

A vida moral é interrompida.

Pode-se dizer: "ter uma vida moral", mas a palavra "vida" tem dois sentidos: um sentido biológico (*bíos*) = vida orgânica ininterrupta; um sentido biográfico (*zoé*) = vida espiritual intermitente.

A vida biográfica é pontuada por acontecimentos morais e é intermitente.

No entanto, deve-se notar que a descontinuidade ética é diferente da descontinuidade estética. Bergson e Schopenhauer propõem a intermitência como a própria essência da arte[69]. Eles consideram a vida estética um oásis, uma evasão da vida cotidiana e séria. Esse encrave goza portanto de um privilégio de extraterritorialidade.

A vida séria também comporta fragmentações, mas estas são rupturas e não criam oásis, isolamento. São aberturas para agir, para alavancar, mas não são circunscrições estéticas.

Pode-se compreender essa diferença entre continuidade moral e psicológica pelo símbolo do estado poético, que é um parêntese e uma interrupção da prosa da vida cotidiana.

A arte pode ter a intenção de se irradiar pela vida inteira e transformá-la: ela perde então seu caráter estético e torna-se mais filosófica, mais moral.

O estetismo (a vida inteira é concebida como uma arte) e o realismo (a arte é impregnada pela vida real) são duas concepções que destroem a própria noção de arte.

Tudo o que existe é psicológico.
1. A vida psicológica é contínua.

Ela é a aceitação de uma certa ligação que torna solidários e põe em comunicação os diferentes momentos da existência. É portanto uma vida séria.

Quem concebe os diferentes momentos da vida sem relações entre eles tem uma concepção estetizante, epicuriana da vida (*Carpe diem!*). O representante perfeito dessa vida não séria é Don Juan: ele considera cada aventura amorosa independentemente das outras, desconhece a solidariedade entre o passado e o futuro, solidariedade que cria um estilo de vida ligado (*legato*)[70].

Leibniz se pretendia essencialmente moral. De fato, seu estilo de vida é igualmente o *legato*: Deus escolheu um mundo que temos de pegar ou largar globalmente[71]. Deve-se considerar a vida um bloco, sem se preocupar com o acontecimento destacado do seu contexto.

Descartes dizia: "A alma sempre pensa."[72] Mesmo quando não se produz nenhum acontecimento notável, o homem sempre pensa, sonha, devaneia... A vida psicológica preenche portanto toda a vida, durante os momentos em que um fato notável ocorre e durante os intervalos em que, aparentemente, nada acontece; na verdade, um intervalo se compõe de instantes, infinitamente.

Em conclusão, a vida psicológica possui uma grande faculdade de assimilação. Tudo se integra na vida psicológica. A mentira, o crime fazem parte da verdade psicológica, eles são ingredientes da realidade, da história vivida.

A beleza estética, a religião, a própria moral podem ser estudadas de um ponto de vista psicológico, o que conduz a um psicologismo ético mais cômodo do que a ética. Em vez do imperativo categórico, emprega-se o modo do indicativo na descrição dos costumes, que se torna uma ciência humana.

2. Vida moral.

Enquanto a vida psicológica é contínua, a consciência dessa vida é descontínua.

O tempo é contínuo, mas só tomamos consciência dessa continuidade de tempo em tempo. A consciência do tempo contínuo é um ato espasmódico que precisa ser recomeçado incessantemente.

Do mesmo modo, a vida moral é uma tomada de consciência intermitente que repõe em questão o que há de mais natural na vida biológica.

A vida biológica exige que comamos quando temos fome. A vida moral exige que nos privemos de comer em benefício de outrem em certas circunstâncias.

Assim, pois, a vida ética é intermediária entre a insularidade, a intermitência da vida estética e a continuidade da vida psicológica.

A vida moral é não apenas intermitente, mas pode até não existir. Os casos de consciência são raros na vida cotidiana. Uma existência moral é uma abstração ideal. Na verdade, existem naturezas aéticas, que não possuem nenhuma sensibilidade moral.

Cumpre notar no entanto que essas naturezas são excepcionais na sociedade. Mesmo nas camadas do submundo, nota-se certa hierarquia de valores morais, notadamente a presença de um código de honra.

Para certos teólogos otimistas e ingênuos, a consciência é contínua, infalível e sempre zela por nós; ela constitui nossa guardiã = sindérese.

Todo homem, ainda que corrompido pelo pecado, conserva em si uma centelha moral sagrada. Esse princípio de conservação da consciência moral se encontra em muitos autores. Sócrates acreditava na infalibilidade do seu "demônio" familiar, que o aconselhava nas ocasiões embaraçosas. Esse demônio é uma personificação da consciência[73]. O "vigário saboiano" (Rousseau) faz uma longa interpelação à consciência que sempre zela pelo homem[a][74].

Hoje, a infalibilidade da consciência moral, assim como a infalibilidade do instinto, tornaram-se uma noção muito suspeita. Notou-se que o instinto apresenta várias aberrações, logo não é de espantar que a consciência moral também se contradiga mais de uma vez.

A continuidade da consciência moral é, portanto, uma reconstrução livresca e *a posteriori*, uma "ilusão retrospectiva" (Bachelard)[b]. O que caracteriza precisamente o momento moral é seu aspecto fugidio e frágil.

O remorso é uma crise, um momento moral privilegiado que poucos homens conhecem e que só dura um instante. A caridade é um movimento pronto que se an-

---

[a] Ver nota 36, no fim deste volume (sobre o *Emílio* de Rousseau).

[b] Ver por exemplo Gaston Bachelard: "O tempo limitado ao instante nos isola não apenas dos outros mas também de nós mesmos" (*L'Intuition de l'instant*, Stock, 1935, reed. 1993, p. 13). Ou ainda Bachelard: "O instante presente nunca é mais que o fenômeno do passado" (*Dialectique de la durée*, PUF, col. "Quadrige", 1936, reed. 2001, p. 2).

tecipa ao pensamento calculista; o primeiro movimento é raríssimo e dura apenas um instante.

Sob certos aspectos, a vida ética é ainda mais intermitente do que a vida estética, mas é muito mais ambiciosa.

a) Descontinuidade temporal da moral.

A arte se caracteriza por uma insularidade, um fechamento espacial, mas também por uma permanência temporal. A obra é isolada da vida cotidiana, mas subsiste no tempo e possibilita a renovação constante das sensações que ela proporciona.

Mas na existência moral não há nem insularidade espacial nem permanência temporal. O ato ético é instantâneo e semelfactivo (= só ocorre uma vez). É um acontecimento isolado no tempo e que dura apenas um instante. Exemplo: "o segundo da coragem". Se a virtude moral se torna cotidiana, fica suspeita de farisaísmo, porque presta atenção nos aplausos da galeria.

A existência moral tem portanto um caráter espasmódico. O dever moral é contínuo em teoria, mas na verdade só tomamos consciência dele por ocasião de conflitos entre os deveres[75]; a conjunção de vários deveres é o próprio fundamento da casuística moral (*casus* = acontecimento). A vida moral é um questionamento arbitrário de uma evidência natural. O homem que se interroga cria dificuldades não naturais, faz nascer escrúpulos que perturbam o desenrolar contínuo do futuro. O escrúpulo tem um caráter espasmódico, que é a manifestação negativa de uma exigência não satisfeita no plano de fundo da vida contínua.

b) Descontinuidade mundana da moral.

A obra de arte é um oásis, um parêntese no mundo cotidiano; ela o representa embelezado, mas não o desmente. Já o parêntese ético contesta a realidade e a desmente.

A arte sempre mantém uma relação com o prazer e o deleite. O músico Scarlatti escrevia: "A música é feita para o prazer dos ouvidos."[76] A atitude moral tem um caráter austero que contesta o prazer e a volúpia.

A arte cria um mundo formal idealizado que coexiste com o mundo cotidiano. Esse mundo "existe" na mesma medida em que existir significa subsistir, viver mais tempo que um instante.

Nesse sentido, toda existência é estética, não há existência moral. Mas, se existir significa aparecer, surgir, há uma existência moral. O mundo moral é um mundo de aparições instantâneas, de luzes equívocas que aparecem e desaparecem.

A vida ética tem uma ambição totalitária e natural:

A ambição moral não é uma impostura gratuita e artificial, ela é a própria essência da ética. Vimos que tudo o que existe, inclusive a moral, é um aspecto psicológico do homem. Agora vamos ver que tudo o que é, inclusive a psicologia, põe diretamente um problema moral.

A moral é contínua por suas ambições, é totalitária e tende a invadir a existência toda: ela tem a mesma vocação da religião.

O "ponto de vista" moral é a maneira mais humana de encarar a existência. Em cada problema humano há uma estimação moral. Terêncio dizia: "Nada que é humano me é alheio."[a] Poderíamos dizer mais: "Não há nada humano que não seja moral." Logo tudo é ético, inclusi-

---

[a] Ver Terêncio: "Sou homem, e nada do que é humano me é alheio!" (*Homo sum: humani nihil a me alienum puto*), ato I, cena 1, 1.77, de *Heautontimoroumenos ou le Bourreau de soi-même* (trad. fr. de M. Nisard, Flammarion, col. "GF", 1991, p. 52).

ve a psicologia e a sociologia. Poderíamos facilmente mostrar como a descrição dos costumes obedece a tabelas de valores mais ou menos ocultas.

Análise da questão moral "O que é preciso fazer?".

"Fazer" = esse verbo já não tem nenhum sentido tecnológico que implique uma atividade particular. O "fazer" moral se relaciona à dimensão mais geral da ação.

"Ser preciso (ter de, haver que, dever...)" = a locução já não tem nenhum caráter hipotético, que deva submeter-se a condições ou a usos. O "ser preciso" moral é um mandamento absoluto e categórico, que agrupa à sua volta todos os interesses secundários e particulares da existência, sem distinção de país, de época. Nesse sentido, a decisão moral tem um aspecto passional, como o amor.

No tempo, o modo da psicologia é o indicativo presente, mesmo que se trate do futuro ou do passado. Santo Agostinho escrevia: "O passado e o futuro são modos do presente."[a][77] Exemplo: o objeto da esperança está no futuro, mas o sentimento da esperança está no presente.

Em moral, tudo está no futuro. É preciso distinguir o porvir (futuro distante) do futuro imediato. O futuro da moral não é um porvir utópico e distante, mas um futuro próximo, imediato, em instância, aquém do qual só há o presente.

Salvo para um espírito messiânico que trata o porvir como um futuro imediato, para o homem comum o "porvir" não é um futuro moral sério. O homem só é sério e moral em suas decisões iminentes. Exemplo: o Bem deve ser feito já, fazê-lo no ano 2000 é uma utopia estetizante.

---

[a] Ver santo Agostinho, *Les Confessions*, livro XI, cap. 14 ("L'Être, le temps") e seguintes, in *Oeuvres complètes*, Gallimard, col. "Bibliothèque de la Pléiade", ed. L. Jerphagnon, 1998). Ver também nota 114 no fim deste volume.

Para que se possa falar de uma ação moral, é preciso portanto um mínimo de futuridade, é preciso um futuro quase permanente. O futuro ético representa a vocação do presente psicológico, a imperatividade do futuro ético representa o impulso e a consistência do presente psicológico: exigência de ser feito e não de advir.

O futuro não apenas é iminente, mas também não advirá sem esforço: é a vontade humana que lhe dá seu aspecto, ele será tal qual o queremos.

Em conclusão, a vida psíquica é indescontínua. Para um psicólogo, sempre acontece alguma coisa na vida, mesmo quando nenhum acontecimento notável ocorre; poderíamos dizer inclusive que os acontecimentos são descontinuidades que interrompem a trama contínua da cotidianidade.

A vida moral é intermitente, mas possui uma vontade de continuidade.

Ao contrário da vida psicológica, a descontinuidade moral parece de regra, a ausência de acontecimentos significa a ausência de vida moral, a "morte" moral.

RELAÇÕES ENTRE A VIDA MORAL E O DADO PSICOBIOLÓGICO

A vida moral seria uma superestrutura da vida biológica e psicológica? Assim sendo, substitui-se a distinção de natureza entre o dado e o mandamento por uma diferença de valores, de gradação. Não se deve considerar o dado como uma infra-estrutura da vida moral. E, por conseguinte, deve-se abandonar a imagem que representa a vida do homem como uma pirâmide cuja base é a vida natural, que ocupa todo o espaço; e o vértice, os instantes descontínuos da moral. Essa metáfora da pirâmide, empregada constantemente por Bergson, reproduz as estruturas espaciais do "infra" e do "super".

Mas, implicitamente, encontraremos aí, além disso, a idéia da hierarquia dos valores morais: o "super" é melhor que o "infra".

A ordem axiológica ou qualitativa dos valores decorre portanto do espaço. Mas o próprio espaço é, talvez, de origem axiológica. Seria necessária alguma perversão para preferir estar por baixo a estar por cima.

Examinaremos essa relação de vários pontos de vista: o dado é uma matéria a ser trabalhada? O dado é um obstáculo à vida moral? Contraditoriamente, o dado é ao mesmo tempo obstáculo e condição da vida moral?

O dado é uma matéria a ser trabalhada?

Esse ponto de vista é o mais cômodo e o mais inteligível: o dado é considerado uma matéria-prima que deve ser aprimorada pela vida moral, a fim de obter um produto elaborado.

É a relação entre a matéria-prima, o mármore, e a mão do escultor que fornece a estátua.

Os gregos usavam a palavra *hýle* para significar a madeira não trabalhada, a matéria bruta que já não era árvore, mas que ainda não era objeto. Na *Metafísica* de Aristóteles, essa metáfora tem um papel importante: o espírito impõe a forma à matéria amorfa[78]. Esse ponto de vista é uma concepção estetizante da vida moral.

A vida moral consiste em aprimorar, em embelezar a vida natural, ela não a rejeita, ela se opõe à ação passional que rejeita em bloco a existência desse dado.

Na Antiguidade, a relação entre a beleza e a determinação consiste na relação entre a beleza e a forma harmoniosa. O cúmulo da feiúra para o grego não é o disforme, mas o amorfo.

Se a vida moral dá determinação ao que é indeterminado, o espírito não deve criar a matéria, mas determiná-la, elaborá-la (do latim *elaborare* = extrair pelo trabalho).

Em conclusão: essa concepção estetizante pode ser qualificada de naturalista no sentido de que o sensível é o ponto de partida obrigatório da ciência e da moral.

Não há diferença metafísica entre a substância (psicológica) e a sobrenatureza (moral). Os elementos da vida moral não são supernaturais mas sobrenaturais, eles constituem uma segunda natureza, que tem elementos em comum com a vida natural.

Aristóteles escrevia na *Ética nicomaquéia*: "O hábito é uma segunda natureza do homem."[a][79] Ora, o hábito, para ele, é a virtude.

As virtudes são portanto uma segunda natureza, natureza escolhida, excelente. Os poderes e a dignidade do homem moral, do *homo additus naturae*, se exercem para escolher essa vida moral. A diferença entre sobrenatureza e natureza ainda poderia ser expressa pela relação natureza-cultura. Natureza = ser não trabalhado, tal como é ao nascer. Cultura = ser civilizado.

A reivindicação de uma cultura é a reivindicação essencial do eudemonismo grego (uma das formas do racionalismo grego), que tem por doutrina a busca da felicidade, a idéia de que a existência moral e feliz repousa na idéia de virtude. O eudemonismo não é, portanto, uma filosofia naturista (filosofia da primeira natureza, do instinto) mas naturalista (filosofia da segunda natureza).

O ponto de partida de todas as éticas antigas é que todos os homens procuram ser felizes.

Aristóteles é o filósofo da segunda natureza, da sabedoria, da prudência. Esta desabrocha na primeira natureza quando é desbravada pela razão do homem.

Platão cita o *noûs* de Anaxágoras que dava uma ordem ao caos, à mistura de todas as qualidades[80]. O espírito da providência também traz proporções, simetria à natureza selvagem não trabalhada.

---

[a] "No que concerne às nossas ações, elas estão sob a nossa dependência do começo ao fim, quando sabemos suas circunstâncias singulares; mas, no que concerne às nossas disposições, elas dependem de nós no início [...] mas, como dependia de nós fazer determinado uso delas, por essa razão nossas disposições são voluntárias" (*Éthique à Nicomaque*, 1114b, 1115a, *op. cit.*, p. 146).

No *Fedro*, Platão usa a metáfora do cocheiro que conduz um carro puxado por uma parelha de cavalos[a81]. Um dos cavalos é domado, simboliza a moderação, a temperança. O outro é manhoso, é o símbolo da imprudência, da ausência de toda e qualquer medida.

O poeta impõe o número, a medida às palavras cotidianas da prosa. O verso é portanto uma segunda natureza da prosa, não trabalhada. A poesia não é, pois, uma criação *ex nihilo*, porque ela não inventa as palavras mas as embeleza, as elabora. Nesse sentido, a poesia é em tudo semelhante à atividade moral.

Dessa concepção estetizante da moral, podemos tirar duas conseqüências características: a importância da pedagogia; a existência de graus intermediários na hierarquia dos valores.

Importância da pedagogia:
Na Grécia, o problema moral está ligado ao problema da educação. Platão teria sido um educador, que formulou novos métodos de educação para uma melhor vida moral. No entanto, surgem dúvidas sobre a possibilidade de ensinar a virtude.

Sêneca, numa carta a Lucílio, escreve: "*Velle non discitur*", não se aprende a querer[b82].

Para Platão, no *Mênon*, a virtude é um dom dos deuses[c83], e é rebelde ao aprendizado. (Nisso ele se opõe aos sofistas.)

Na moral clássica, antes do aparecimento do pessimismo de Platão e de Sêneca, nota-se a estreita ligação

---

[a] Ver Platão, *Fedro*, 246b, sobre o mito da parelha alada.
[b] Sêneca, *Cartas a Lucílio*, livro X, epístola 81, § 13.
[c] Ver Platão, *Mênon*, 90a-92c.

entre a *máthesis* (o fato de aprender) e a vida moral. Há portanto um tema didático fundamental nas idéias gregas.

Essa idéia de educação implica:
– que o homem, munido da sua vontade e da sua liberdade, não aceita o dado tal como é, mas tem o poder de transformar o dado. Exemplo: o caráter de uma criança – que é um dado por excelência – pode ser transformado pelo educador;
– que ele não cria a natureza.

Existência de graus intermediários:

Desde que há estilização pelo trabalho contínuo e transformador, todos os graus intermediários são concebíveis até o ponto de acabamento. No processo de aquisição da virtude, todos os graus podem ser considerados. É uma grandeza escalar, capaz de fragmentações e que se opõe ao radicalismo filosófico do tudo ou do nada, em que o querer não se fraciona.

"A igualdade de todas as faltas" na doutrina estóica parecia um paradoxo na época da educação moral progressiva.

Quanto mais o homem faz esforços sucessivos, mais progride em virtude: é a idéia ingênua de um aperfeiçoamento moral, que é concebido como uma dialética contínua. Essa dialética do progresso se encontra no *Banquete* de Platão: Diotima de Mantinéia hierarquiza os diferentes tipos de beleza para alcançar o Bem invisível[a84].

A idéia da escada moral se encontra também em são João Clímaco[85], que contava trinta degraus na perfeição[b],

---

[a] Ver Platão, *Banquete*, 211c, e *República*, VI, 511b.

[b] São João Clímaco, monge do Sinai, falecido entre 650 e 680, redigiu uma *Escada* espiritual composta de 30 *lógoi* (chamados mais tarde pelos editores de "degraus"). Ver, por exemplo, a tradução dessa *Échelle sainte* [Escada santa] pelo padre Placide Deseille, abade de Bellefontaine, Bégrolles-en-Mauges (Maine-et-Loire), 1987.

nos Padres de Igreja, são Bento e são Bernardo. Ela se encontra, além deles, nos manuais da vida espiritual. Essa idéia da hierarquização dos valores, inclusive num asceta como são Bento, revela uma concepção estetizante da vida moral[a86].

Em conclusão, a idéia do progresso em moral assinala um comprazimento diabólico com a idéia de que o que está adquirido, adquirido está. Nada é menos verdade no domínio moral: o que foi feito tem de ser refeito indefinidamente, e um progresso pode até se tornar uma regressão, quando se está satisfeito com esse progresso.

Nessa perspectiva, o trabalho moral é um trabalho de elaboração que deve ser considerado uma opção e uma seleção. Nem tudo o que é natural está destinado a se tornar moral. Aqui, portanto, renega-se a natureza não em si mesma mas sob certas formas apenas. Se a natureza inteira fosse admitida, não haveria mais vida moral, porque ela se confundiria com a vida biológica; já não se faria nenhuma distinção entre o imperativo e o indicativo. O imperativo só tem sentido pela presença de um vazio, de uma hesitação entre o indicativo e a exigência. Sem essa hesitação, não haveria mais nada a exigir, mais nada a fazer.

Toda filosofia já é, em certa medida, ideal e até idealista. No epicurismo e na escola cirenaica, que são duas escolas filosóficas do prazer, o prazer aparece como uma construção, um objetivo a buscar e consumar. *"Carpe diem!"* indica que é preciso escolher seus prazeres e que essa es-

---

[a] São Bento: Bento de Núrsia (480-553), fundador da ordem beneditina. São Bernardo: Bernardo de Clairvaux (1090-1153), fundador da abadia beneditina de Clairvaux. Em *De Diligendo Deo* (*Traité sur l'amour de Dieu*, Le Cerf, col. "Sources chrétiennes", 1995-1996).

PRIMEIRA PARTE

colha é racional e difícil[a87]. Para alcançar o prazer, é preciso trabalhar. O prazer está compreendido num contexto do qual é preciso tirá-lo, ele é objeto de uma exigência: o imperativo reaparece.

Bergson recomenda a busca da percepção no estado puro, despido de todo e qualquer preconceito[88]. Essa percepção requer um esforço dificílimo. O dado inicial não é o prazer mas o desejo do prazer: o prazer é uma busca no futuro; o desejo é uma exigência presente.

A moral compreendida como melhoramento ou enformação da natureza é portanto uma elaboração, uma seleção de certas formas da vida natural. No entanto, a vida moral ou enformada não se diferencia metafisicamente da vida natural ou biológica, mas é uma hierarquização desta, da qual se diferencia por graus sucessivos.

Por outro lado, está posto que a vida moral não recusa e não nega o dado da vida natural: poderíamos portanto conceber a natureza como já um pouco sobrenatural.

Assim, sabemos que o prazer é sempre objeto de um desejo e nunca constitui um dado. Por conseguinte, quando acreditamos apreender o prazer, já apreendemos uma natureza segunda. Essa noção de prazer é portanto uma noção pouco simples, o que explica que a doutrina do prazer ou o epicurismo só nascem após uma longa tradição filosófica: podemos concluir daí que os homens foram austeros antes de serem voluptuosos.

Gide mostrou como essa idéia do prazer era complexa em sua fugacidade, em sua instantaneidade. *Les Nourritures terrestres* [Os alimentos terrestres]: "Então você não

---

[a] Em suas *Odes* (I, 11, 8 e III, 29, 42), Horácio, poeta latino (65-8 a.C.), escreve: "*Carpe diem*, colha o dia de hoje" (*Oeuvres*, trad. fr. F. Richard, Flammarion, col. "GF", reed. 2002).

compreendeu que toda felicidade é casual e se apresenta a você a cada instante... O sonho de amanhã é uma alegria, mas a alegria de amanhã é outra alegria, e nada felizmente se parece com o sonho que dela tivemos, porque é diferentemente que cada coisa vale."[a]

O prazer não é portanto um dado, mas uma exigência, ele exige ser saboreado. Porém, no mais das vezes, o prazer é uma lembrança agradável, que só é sentida na cabeça. Um prazer puro, que não seja misturado com raciocínios nem com lembranças, é raríssimo. Podemos nos perguntar em que medida o prazer não é uma convenção social que reza que, em certas circunstâncias, o homem deve sentir prazer.

Em conclusão, o prazer é de fato uma promessa de prazer, uma ilusão no futuro; no presente, a evidência do prazer se evapora, o prazer é inconsistente, sem bases estáveis, e certos filósofos até pretendem que ele é, nesse caso, inexistente.

Consideremos:

– primeiro, o ponto de vista do fato científico; desde Poincaré, sabemos que tudo deve ser estabelecido, deve ser construído[b][89];

– o ponto de vista do fato psíquico; por nosso estudo do prazer, podemos ver que um fato psíquico é ainda mais inconsistente, por ser arrastado num fluxo temporal perpétuo, por evoluir no momento mesmo em que o estudamos;

– o ponto de vista do fato moral, o que mais nos interessa. O fato moral é o mais delicado, porque implica

---

[a] André Gide, *Les Nourritures terrestres*, Gallimard, col. "Folio", pp. 44-5.

[b] Henri Poincaré, *La Science et l'hypothèse*, Flammarion, col. "Champs", 1968.

uma nuance suplementar: o interesse passional que o homem tem em travesti-lo de comprazimento; com efeito, o fato moral é vivido qualitativamente e pode aumentar ou diminuir a qualidade da nossa vida moral. A noção de mérito ou de demérito desempenha portanto um papel importante: o homem não confessa ter agido segundo um motivo interessado, ele o desfigura e o traveste a ponto de fazer dele um motivo desinteressado.

Conclusão: nesse sentido, a consciência se "realiza" mirando-se, é o mistério da existência inexistente. Essa característica particular do fato moral é apenas o resultado máximo do necessário "construtivismo" de toda determinação do dado. Seja em ciência, em psicologia ou em moral, toda determinação do real vai de par com uma aparelhagem que "revela" o dado. Resulta daí que o fato que cremos mais natural é o menos justificado. É um ser ideal, uma abstração, um direito. Se o prazer não é racional, a abstração pela qual eu o estabeleço é racional.

A mesma demonstração pode ser feita no caso da felicidade. A felicidade é o objeto do eudemonismo, que se baseia numa arte de viver e que supõe um remanejamento da existência. Para o eudemonismo, não há diferença essencial entre a primeira e a segunda natureza; o que importa são as modalidades de existência, mas não a própria existência. Todo o mundo concorda em dizer que a vida é melhor que a morte, que a saúde é melhor que a dor. O eudemonismo não problematiza de forma alguma as verdades de ser ou de não-ser, mas faz uma retificação na vida natural e caótica, na vida não racional e inquietante em que se misturam o melhor e o pior. Assim, percebemos mais uma vez que não há nenhuma diferença metafísica entre uma vida moral feliz e uma vida psicológica bruta, mas que a vida moral é uma estilização, uma estetização da vida natural: a vida feliz é formada pelos melhores elementos escolhidos na vida comum.

A felicidade, mais ainda que o prazer, nunca é um dado, mas sim uma construção realizável no futuro, nunca existe no tempo presente. Enquanto o prazer ainda pode ser localizado no tempo, a felicidade, ao contrário, é difusa, constitui muito mais um certo clima, uma atmosfera geral da vida, do que uma coisa (*res*) pontual.

A felicidade não é uma experiência psicológica determinada, que pode ser localizada; ela é, antes, uma certa maneira de ser, um certo modo de viver todas as experiências da vida. Essa noção de felicidade se torna mais clara quando transpomos o substantivo no advérbio de modo "felizmente", advérbio que implica certo estado de vida.

Para cada homem existem diferentes espécies de felicidade. O exemplo mais representativo é o de Ulisses: Ulisses, burguês no seu reino, perto de Penélope é feliz.

Mas Ulisses aventureiro, quando de seus encontros com o Cíclope ou com as sereias, também é feliz.

Síntese. Do que foi dito resulta que:

a) A felicidade nunca é no tempo presente, mas tem um caráter suspensivo, pode-se esperá-la no futuro e deplorar sua falta no passado, quando se tem a ilusão de ter sido feliz. A felicidade é portanto um gosto antecipado do futuro, um resíduo de gosto do passado, mas nunca tem consistência real no momento presente. O fato de a felicidade nunca poder ser provada plenamente no momento presente pode ser comparado à juventude, que parecerá retrospectivamente feliz para um homem maduro, mas cuja felicidade não pode ser apreendida no momento em que se tem vinte anos.

b) A felicidade não é um ponto mental preciso, como a lembrança, mas é uma transposição para o futuro do conjunto da vida cotidiana. Ela é uma maneira de se sentir viver, de se gratificar, de se realizar.

Essas características da felicidade – o fato de não ser uma "coisa" apreensível e o fato de ser a construir no futuro – reúnem muitas condições da normatividade da existência moral. O dado é a esperança da felicidade; assim como o desejo de prazer, essa esperança pode ser vivaz no momento presente, mas não é a própria felicidade. A felicidade é um conjunto de representações quiméricas, um conjunto de imagens de uma vida diferente da nossa. A doutrina da felicidade permite encontrar uma certa idéia do valor que orienta os esforços dos homens, que é um guia, uma fonte de atividade e de exaltação. Mesmo que a felicidade não exista e que os homens confundam a felicidade com as condições da felicidade, ela corresponde à necessidade de uma outra vida e se torna, nesse caso, uma exigência moral.

Aristóteles, na *Ética nicomaquéia*, crê que o único imperativo categórico de cada homem é o desejo de ser feliz[a]90.

De protelação em protelação, a felicidade parece finalmente tão distante que chegamos à concepção de uma outra vida, de uma vida supranatural ou supraterrestre, por exemplo. Nessa "outra vida", o ser se afirmaria plenamente em seu ser e o prazer seria crônico e contínuo. O ideal da felicidade ou da bem-aventurança seria fazer coincidir o instante com o intervalo, quando, na vida que vivemos habitualmente, a felicidade é limitada a um só instante. A bem-aventurança seria uma felicidade tão vi-

---

[a] Ver Aristóteles, *Éthique à Nicomaque*, livro I, 5, 1097b, livro X, 6, 1176b (*op. cit.*, pp. 504 ss.).

vaz, tão intensa, quanto a nossa felicidade de um momento, mas além do mais ela seria perpétua, sem nunca se debilitar.

Observação: poderíamos nos indagar em que medida essa perenidade da felicidade não se tornaria um tédio e a própria negação da felicidade.

No entanto, essa necessidade metaempírica de uma vida mais que humana, que os místicos chamam de beatitude, não é metafísica e é contrária a uma verdadeira vida moral.

a) Ela é contrária à vida moral.

O fato de esse modo de existência mais que humana estar no futuro não é uma condição suficiente para afirmar que se trata de uma vida moral. Do mesmo modo, o fato de que essa felicidade não existirá nunca tampouco é suficiente para que se torne moral.

b) No entanto esse estado metaempírico não é metafísico.

Essa beatitude é sempre concebida como o prolongamento da nossa vida atual; o homem representa metaforicamente a beatitude numa forma empírica; a sobrevida é uma ampliação da existência presente.

Se os gregos muitas vezes se debruçaram sobre o conceito de sobrevida, não fizeram no entanto dele uma metafísica: os deuses gregos são felizes, eles experimentam as mesmas felicidades que os mortais, mas não se elevam acima da felicidade humana.

A beatitude alcança apenas o "eu". As dimensões e a duração dessa felicidade podem ser infinitamente alongadas, a própria felicidade é egoísta, sem nenhuma intenção altruísta. Pensar na sua "beatitude futura" é egoísta, mesquinho e caracteriza o homem da vida natural. A verdadeira sobrenatureza é a "conversão" do si a outrem, é a predominância concedida a outrem sobre si mesmo.

No *Banquete* de Platão, Aristófanes declara num discurso que o Amor comporta em si uma necessidade não formulada de altruísmo. Essa tendência ao altruísmo era personificada, para Platão, pelo próprio tipo do andrógino[a][91].

A busca da felicidade não permite sair de mim mesmo e de passar para outra ordem. Na *Ética nicomaquéia*, Aristóteles comparou esse problema à amizade: o amigo, diz ele, é um outro eu mesmo; logo, se eu o amo, é que amo a mim mesmo[b][92].

Operações da sublimação moral do dado:
No prazer e na felicidade, a elaboração do dado tinha por objeto a natureza, a substância, mas não a intenção.

Ora, nós sabemos que somente a intenção conta em moral. Por conseguinte, em moral, não lidaremos mais com uma transformação, e sim com uma transubstanciação.

Onde haveria apenas *lógos*, haveria tendência a eliminar a afetividade. O estoicismo parece oscilar entre um radicalismo lógico mas impossível e a posição de Aristóteles. Fala-se de um monismo ou de um dualismo. Se se afirma uma ligação originária entre a afetividade e a razão, há como fazer uma filosofia coerente de uma e de outra.

A *apátheia* não consiste na renúncia à ação. Essa *apátheia* condiciona a atividade correta do *lógos*. O estóico

---

[a] Ver nota 158 no fim deste volume.

[b] "Análise da amizade. Altruísmo e egoísmo", livro IX, § 4, início. "Os sentimentos afetivos que experimentamos por nossos amigos e as características que servem para definir as diversas amizades parecem derivar das relações do indivíduo consigo mesmo. De fato, define-se um amigo como aquele que deseja e faz o que é bom na realidade, ou assim parece, tendo em vista seu amigo" (*Éthique à Nicomaque*, 1166a, *op. cit.*, p. 441). Ver também o livro IX, 5, 9 e 10.

condena a piedade, mas há que ajudar o outro, tentar libertá-lo da sua pena esclarecendo-o. Compadecer seria acrescentar sua desrazão à desrazão do outro. Há que sair da paixão.

Do mesmo modo, o sábio não pode se arrepender. Se ele é sábio, não tem por que se arrepender, de qualquer maneira. Não há que se apiedar, porque é a paixão.

Pohlenz diz: essa *apátheia* respira muito pouco a alegria de viver. Principalmente em Crisipo, há uma desconfiança de princípio em relação à sensibilidade, donde a desconfiança da Grécia clássica [a][93].

O tratado das virtudes:

Os estóicos falam muito de *phrónesis*. Possuir a *phrónesis* é possuir a arte de viver. Não é um conjunto de receitas, é um conhecimento que permite viver em conformidade com o bem: é a marca da sabedoria. A virtude é a *phrónesis*, é um conhecimento concreto.

Essa virtude consumada é a plenitude da natureza humana. É a retidão do *lógos*; é uma disposição reta em relação a tudo e a todos.

Tem-se a impressão de que os estóicos falam da virtude e não das virtudes, mas não é essa a doutrina dos estóicos. Aristo dizia isso, mas Crisipo o atacou, e foi a doutrina de Crisipo que prevaleceu[b].

Há o ápice de virtude: a *phrónesis*, mas ela se diversifica de quatro maneiras fundamentais. *Phrónesis*: no

---

[a] Max Pohlenz: "Essa apatia respira muito pouco a alegria de viver. Principalmente em Crisipo, há uma desconfiança de princípio em relação à sensibilidade, donde a desconfiança da Grécia clássica" (*Die Stoa, Geschichte eines geistigen Bewegung*, Göttingen, Vandenhoeck & Ruprecht, 2 vols., 1970). Ver também *La Liberté grecque. Nature et évolution d'un idéal de vie*, tr. fr. F. Goffinet, Payot, 1956.

[b] Ver o prefácio de P.-M. Schuhl, em *Les Stoïciens, op. cit.*, p. XXXIV.

sentido estrito, uma lucidez que dirige nosso agir tendo em vista o bem. É a prudência. Ela se torna coragem, resistência, para suportar as dificuldades. Essa *phrónesis* torna-se temperança, domínio das pulsões tendo em vista orientá-las para objetos convenientes. O *lógos* se lança na direção de objetos dignos dele. Ela se torna a justiça, quando pende no sentido de dar a todo homem o que lhe cabe.

Que diferença há entre as duas?

– Uma transformação é uma mudança da forma, da aparência exterior da coisa, mas a própria substância permanece inalterada. Por exemplo, se uma revolução quer mudar a sociedade e tornar o pobre rico e o rico pobre, ela só terá transformado o aspecto da sociedade, mas o princípio de riqueza e de pobreza permanecerá semelhante.

– Uma transubstanciação é uma mudança de forma e de substância. Na teologia católica, o pão e o vinho foram transformados em corpo e sangue de Cristo.

A verdadeira e única conversão moral é a da intenção, que vai do eu ao outro.

Formas que essa transubstanciação reveste:

Uma vida feliz é composta de elementos selecionados, escolhidos, expurgados da vida natural. O *Filebo* de Platão tenta uma dosagem dos diversos elementos da vida: ciência e prazer, a fim de obter uma vida feliz[a][94]. As regras que presidem essa dosagem, essa posologia, são portanto regras de escolha que passam ao crivo os sentimentos psicológicos: alguns deles são julgados inúteis e até prejudiciais à felicidade moral.

Os estóicos consideravam as paixões e as emoções prejudiciais à felicidade.

---

[a] Platão, *Filebo*, dosagem dos elementos da vida, cf. 53b e 58c.

Espinosa estimava que a ambição e a versatilidade eram princípios de inquietude e de infelicidade[a].

Nos espirituais, como são João da Cruz, o princípio da escolha permanece bem visível: ele manda repelir o sensível, que constitui um obstáculo à felicidade[95].

Os prazeres são selecionados, portanto, mas o próprio fundamento do prazer não é posto em dúvida. Nesse sentido, não há diferença entre a sublimação moral e a crítica científica do conhecimento. Ela permite determinar por meio de que restrições um elemento será tido como "preferível", digno de ser escolhido para entrar na vida moral.

A única diferença entre a teoria do conhecimento e a sublimação moral é que a teoria do conhecimento tem por objeto a verdade; há que responder à questão: "Verdadeiro ou falso?" Enquanto a moral dos prazeres tem por objeto a própria felicidade, que é uma das esferas mais profundas do ser. A sublimação moral não interpreta dados sensíveis, mas constitui um trabalho ativo que concerne à humanidade e à existência em geral; trata-se de responder à questão: "Bom ou ruim?"

Se é preciso rejeitar certos prazeres, não é por princípio, porque são prazeres, mas porque são superficiais ou falsos.

Pode-se dizer portanto que a doutrina eudemônica estima que, no sensível, sempre há o bom. Esse bom, em-

---

[a] Ver Espinosa, *Éthique*: "A ambição é o desejo imoderado de glória" (proposição XLIV) (trad. fr. R. Caillois, M. Francès e R. Misrahi, Gallimard, col. "Bibliothèque de la Pléiade", 1955, p. 483). E "o ambicioso não deseja nada tanto quanto a glória e, ao contrário, não teme nada tanto quanto a vergonha" (*ibid*, p. 448, escólio da proposição XXXIX). "Por ambição", escreve ainda Espinosa, "entendemos o amor ou o Desejo imoderado da boa mesa..." (*ibid*, p. 464, escólio da proposição LVI).

bora não constitua o Bem abstrato, pode todavia ser retido para a elaboração moral.

São as quatro virtudes cardeais. A filosofia ocidental retomou essa divisão, notadamente a moral cristã. O problema clássico será compreender a relação entre essa quadripartição e a tríade das três virtudes teologais.

Por volta do século XII, estabeleceu-se uma equivalência. A esperança é a coragem e a temperança. A fé é a verdadeira prudência cristã. A caridade é a justiça. São Tomás colocará as três virtudes teologais acima das quatro virtudes cardeais.

Embora rejeitando a unidade absoluta da virtude, Crisipo insiste no parentesco existente entre as quatro virtudes (uma certa solidariedade que vai de par com uma certa diversidade)[96]. Por exemplo, a temperança regula a impetuosidade das pulsões e, com isso, torna possível a força, porque no intemperante a coragem vai se atenuar. Em cada virtude, há também um elemento teórico, um certo conhecimento do bem e do mal, e isso é frisado pelo termo geral *phrónesis* (o triunfo do *lógos*).

A relação entre o indivíduo e a sociedade:
1. O vínculo natural entre a pessoa e a comunidade humana.

O ponto de partida da moral: o sentimento de si e a pulsão de se conservar. Tem-se a impressão de um egocentrismo. É falsear a visão estóica da vida. O problema é descobrir a verdade do eu. Como? Os estóicos não resolvem esse problema, mas prescrevem o reconhecimento do que é verdadeiramente meu: o eu racional, autêntico. Por isso devo necessariamente me voltar para outro.

Por ser racional, o homem sente-se finalmente ligado a todos os homens, ninguém lhe parece estranho. Cada um lhe aparece como fazendo parte da sua casa. E, de fato, em qualquer indivíduo humano, ele encontra outra morada do *lógos*, donde uma solidariedade natural. Na medida em que o homem progride no conhecimento de si, ele progride na vinda em direção a outrem. Por natureza, o homem é um ser comunitário. Dessa maneira, pode ter acesso a uma moralidade autêntica. Os estóicos falam com predileção de comunidade humana (e não local). Está-se diretamente situado no plano da universalidade.

2. Moralidade e legalidade.

Muitos fragmentos apresentam a moralidade no âmbito da sociedade como fidelidade à lei. Teremos aqui uma regressão, talvez? Aristóteles dizia que a justiça não esgota a moralidade[97]. De fato, a questão que se põe não é uma questão metafísica, mas consiste em saber que uso e que partido podemos tirar dos prazeres e das partes sadias do sensível.

Em seu manual *Finesse et art du bel esprit* [Fineza e arte da distinção], Baltasar Gracián, jesuíta e escritor espanhol do século XVII, fala da exploração dos defeitos do homem: a mentira, diz ele, pode ser transformada em bem[a][98].

Aristóteles, na *Ética nicomaquéia*, desenvolve a mesma idéia: a cólera e a ostentação perdulária não são condenadas sem reservas. Aristóteles nunca faz condenações de princípio, ele examina cada caso separadamente, a ética de Aristóteles não é uma ética do tudo ou nada como a moral estóica ou evangélica. Enquanto Kant nega em bloco o sensível, o que ele chama de "patolo-

---

[a] Baltasar Gracián, *Traités politiques, esthétiques, éthiques*, org. e trad. fr. B. Pelegrin, Seuil, 2005.

gia"[a99], Aristóteles faz distinções, o que implica um mandamento moral condicional, e não categórico, radical[b100].

A teoria aristotélica do justo meio implica que a excelência se situa num certo ponto intermediário entre o excesso e a falta. Aristóteles se preocupa com uma questão de quantidade, de posologia e não com uma questão de metafísica. O que lhe importa não é a falta intencional, mas a quantidade, a regulagem de uma paixão. Assim, para ele, a temeridade pode ser moral em certa medida.

A teoria aristotélica do justo meio não é sublime, ela traduz claramente que a elaboração moral não é uma conversão a outra ordem, mas uma dosagem da realidade. A deontologia de Aristóteles, isto é, a ciência do que há que fazer em cada caso levando em conta as realidades circunstanciais, indica em que medida uma emoção ou um estado de espírito pode ser utilizado. Assim, a cólera pode se justificar em certas circunstâncias.

Ele matiza os casos em que seria permitido mentir, quando a mentira não seria contrária à caridade e ao amor a outrem. A deontologia de Aristóteles é portanto uma deontologia circunstancial, à qual se opõem os filósofos do "tudo ou nada".

Assim, Sêneca, em seu tratado *De ira*, condena a mentira, em todos os tempos e de todas as maneiras[c]. Santo

---

[a] Ver Immanuel Kant, *Fondements de la métaphysique des moeurs* trad. fr. V. Delbos, Delagrave, 1907, p. 98. E também *Métaphysique des moeurs* (trad. fr., *op. cit.*, t. 1, p. 153, p. 68, nota 21, e t. 2, p. 215) (citado também por Jankélévitch no *Traité des vertus*, t. 3, p. 316).

[b] Aristóteles, *Éthique à Nicomaque*, III, 5, 17. "São possíveis as coisas que podem ser realizadas por nós [...], pois o princípio da sua ação está em nós. [...] Resulta assim, como dissemos, que o homem é princípio das suas ações e que a deliberação concerne às coisas que são realizáveis pelo próprio agente" (1112b e 1113a, *op. cit.*, pp. 134-5).

[c] O tratado V, *"Da cólera"*, primeiro tratado que faz parte dos três escritos em prosa designados como *ethologiae*, foi escrito em 41 d.C.

Agostinho, no *De mendacio* [Da mentira], diz que nunca é permitido mentir: *"Numquam licet."*[d101]. Kant, respondendo a Benjamin Constant, declara que a verdade é sempre preferível à mentira e que nunca se deve mentir[e102]. Podemos no entanto observar que Kant esquece aqui as mais elementares noções de caridade: diria ele a verdade a um doente incurável que ignorasse a gravidade do seu estado?

Em resumo, pode-se notar a diferença profunda que existe entre dois tipos de moral: a obrigação kantiana, que condena ou aprova em bloco; o "é preciso" hipotético que matiza e depende das circunstâncias.

O justo meio implica portanto uma meia licitude, uma permissão graduada ou uma proibição condicional; não há diferença metafísica entre o vício e a virtude, ambos são graus diferentes ou escalares do justo meio, da excelência; um peca por falta, a outra por excesso.

Em conclusão, a moral aristotélica é uma questão de posologia, de dosagem.

---

e dirigido ao irmão mais velho de Sêneca, Novatus. Ver o livro II, cap. 7, p. 54: "O próprio perjúrio é proscrito na mentira", (*Oeuvres*, trad. fr. R. Waltz, F. Préchac e A. Bourgery, "Collection des Universités de France", 1929-1972). No contexto do curso, trata-se mais seguramente aqui de uma alusão ao tratado *De mendacio* de santo Agostinho. Ver também nota seguinte.

[d] Santo Agostinho, *De mendacio*, IX, 16; X, 17; XVIII, 38; XXI, 42 (in *Oeuvres complètes*, org. L. Jerphagnon, Gallimard, col. "Bibliothèque de la Pléiade", 1998).

[e] Ver Immanuel Kant, *Métaphysique des moeurs* (trad. fr., *op. cit.*, t. 1, p. 189, nota 24). Trata-se do debate entre Benjamin Constant e Kant. Em maio de 1796, Benjamin Constant escreveu no capítulo 7 das suas *Réactions politiques* (Flammarion, 1988): "O princípio moral de que dizer a verdade é um dever, se fosse tomado de maneira absoluta e isolada, tornaria qualquer sociedade impossível." Kant respondeu em 1797, em *Sur un prétendu droit de mentir par humanité* (AK VIII, 423-430; Gallimard, col. "Bibliothèque de la Pléiade", III, pp. 433 e 441); ele volta a essa questão numa nota da *Doctrine du droit* e no capítulo 9 da *Doctrine de la vertu*, pp. 72 e 40.

No entanto, apesar do caráter aparentemente mesquinho da posologia, a teoria do justo meio também comporta elementos propriamente éticos.

Esse elemento ético é determinado pelo caráter pontual e delicado do justo meio, que requer o que Pascal chama de "espírito de finura", isto é, "penetrar viva e profundamente nas conseqüências dos princípios [...] que estão diante dos olhos de todo o mundo", mas "que são tão sutis e em tão grande número que é quase impossível que não escape algum... E é isso o espírito de finura... força e retidão do espírito"[a103].

De fato o justo meio não se determina geometricamente: ele é mais qualitativo do que quantitativo. Só o compreendemos com auxílio do senso moral, da intuição, do senso da pluralidade das circunstâncias e dos homens. Assim, o justo meio pode às vezes estar mais perto do excesso que da falta.

A coragem, que é o justo meio entre a covardia e a temeridade, está mais próxima da temeridade do que da covardia.

O justo meio é impalpável e basta uma coisa à-toa para que desapareça. Aristóteles determina-o pela "razão", a lógica, o que corresponde ao espírito de finura de Pascal.

Na verdade, bem antes de Pascal ou Leibniz, Aristóteles já se vale de uma psicologia infinitesimal e sutilíssima. De fato, diz Aristóteles, estamos mergulhados num oceano de erros em que a verdade emerge como uma fina ponta; portanto há somente uma maneira de estar

---

[a] Aristóteles, *Éthique à Nicomaque*, II, 5. "É portanto assim que o homem versado numa disciplina qualquer evita o excesso e a falta; é o meio que ele busca e escolhe, mas esse meio não é o da coisa, e sim o que é relativo a nós" (1106 b, *op. cit.*, p. 104).

na verdade, ao passo que os erros são legião. Para distinguir a verdade única nessa infinidade de falsos indeterminados, é necessário servir-se do seu espírito de finura e de um feliz concurso de circunstâncias. Mas a descoberta da verdade tem um caráter frágil e fugaz, que se esvai mal dele tomamos consciência.

Assim que o homem de bem toma consciência de fazer o bem e sente prazer nisso, ele deixa de ser um homem de bem e se torna diabólico. Talvez seja essa a razão pela qual as morais antigas concediam à moderação tanta importância quanto às mais sublimes virtudes. Nós nos perguntamos hoje o que a moderação pode ter de exaltante. É que essa arte da medida aparecia como a conservação mais segura de uma verdade moral precária, inapreensível, evanescente.

O exame das características evanescentes da intenção moral mostrou claramente que seu caráter posológico não excluía porém seu caráter ético.

É o que uma observação sobre o prazer justificará: ele é um dado, uma realidade psicológica; ele é uma exigência, um convite à ação, ele indica o que se tem de fazer.

O eudemonismo, ou filosofia da felicidade, nada mais é que uma reflexão prudente e comparativa sobre o prazer: ele avalia os prazeres e cria em nós uma segunda matéria.

O prazer é a matéria-prima da felicidade, ele seria constituído pelos próprios bens materiais, que são intercambiáveis e formam, assim, a razão de ser, o desejo profundo de todo homem. O prazer é portanto uma realidade primeira.

No entanto essa matéria-prima não passa de uma suposta evidência; na realidade, ela é equívoca. O prazer que cremos apreender no presente é um fato sempre em instância: nós só apreendemos o desejo do prazer.

O prazer é uma evidência inevidente, é um ponto luminoso que desaparece assim que tentamos capturá-lo. Essa evidência imediata é portanto uma abstração derivada e moderna: o epicurismo é uma moral tardia e decadente, que só aparece depois de uma longa tradição filosófica.

O epicurismo moderno de Gide é um refinamento civilizadíssimo, elaboradíssimo do homem que já bebeu de todos os cálices e que conheceu todas as embriaguezes. O *Carpe diem*[a] de Horácio reflete um poeta *blasé* que experimentou todas as volúpias e para quem a felicidade só existe no instante. Ora, viver ao sabor dos dias e professá-lo é uma atitude abstrata e muito mais filosófica do que muitos pensam.

Além do mais, é difícil ater-se a um ponto de vista naturalista quando se considera o prazer: o prazer não é apenas uma realidade psicológica, como a memória ou a lembrança, por exemplo, ele é de outra ordem e somos apaixonadamente interessados por ele.

O prazer é um fato atraente, ele exige que se vá a seu encontro para saboreá-lo, ele solicita a ação.

O prazer não corresponde a uma tendência, que é uma inclinação passiva – como o hábito, por exemplo –, mas é uma tentação de caráter positivo: é o motivo pelo qual somos todos parciais quando discutimos sobre a volúpia e é igualmente o motivo pelo qual taxamos de hipocrisia a austeridade: esta pretende suprimir nossos prazeres e, com isso, suprimir nossa razão de viver.

Em sua "dialética natural"[104], Kant ressalta que o prazer, objeto da tentação, também pode ser objeto de mentira: para alcançar seu prazer, o homem é levado a enganar, a

---

[a] *Carpe diem*: ver nota de rodapé p. 55, e nota 87 no fim deste volume.

fraudar em certos casos, mas ele dissimula seu desejo detrás de sofismas, de nobres pretextos, de motivações gloriosas. Além disso, soma-se à tentação do prazer a atração pela coisa proibida. Por conseguinte, temos escrúpulos em gozar o nosso prazer, simplesmente porque é um prazer, mesmo que seja inocente e que não prejudique outrem: é uma proibição gratuita que anuncia em certa medida o veto moral.

Desde a Antiguidade, o homem sentiu um secreto desejo de se privar voluntariamente de prazer: ele motiva *a posteriori* essa proibição moral pretextando que esses prazeres faziam sombra a Deus, por exemplo. O prazer se torna, nesse caso, uma ação vergonhosa e tudo leva o homem a dizer "não" àquilo que dentro de si mesmo diz "sim" à promessa de gozo. Esse "não" é um "não" contrário à natureza, é uma vontade contida, antinatural e que talvez seja a origem da vontade moral: é a possibilidade, a liberdade que tem o *homo ethicus* de desafiar a evidência. O prazer é portanto o primeiro tabu moral do homem.

O homem afirma a sua liberdade renegando o prazer; mas essa renegação não deve ser confundida com a negação do prazer.

Se o homem renega a volúpia, não por isso nega a evidência mesma do prazer, ou pelo menos a evidência do desejo de prazer, a evidência do *conatus* espinosiano, que é a confluência de todos os desejos num só: a energia de intensificar sua existência, de existir plenamente em seu ser. Espinosa chama esse desejo fundamental de "tautosia"* e os teólogos de "concupiscência"[105].

---

* O termo tautosia não existe na obra de Espinosa e nem em grego. É um neologismo criado no princípio do século XIX pelo filósofo alemão Schelling a partir de dois termos gregos: *tautótes* (identidade) e *ousia* (substância). Schelling foi muito influenciado por Espinosa, a tal ponto que, no século XIX, quando se falava em espinosismo era em Schelling que se estava a pensar. Talvez por isso Jankélévitch se equivo-

PRIMEIRA PARTE

a) Renegar o prazer implica recusar-se a alinhar-se entre os que o recusam. Renegar não é negar. É recusar-se a unir o gesto à palavra. O que pode ser compreendido num duplo sentido, conforme o maior ou menor rigor que se mantém diante dessa contradição viva que é a dimensão "tabu" do desejo:

– recusar-se a unir o gesto do desejo à palavra que o reprova, logo sucumbir;

– recusar-se a unir a palavra relativa à evidência do desejo ao gesto que seria a sua atualização, logo recusar.

Mas em ambos os casos há reconhecimento da ambivalência do desejo.

Por conseguinte, essa renegação do prazer implica uma ambigüidade, uma ambivalência: a tendência ao prazer é contrabalançada por uma contratendência. A renegação exige que a pessoa se violente a si mesma. Tomemos o exemplo do renegado: ele abjurou sua primeira convicção religiosa, mas no fundo de si talvez continue profundamente apegado a ela. Ele quer sufocar essa predileção secreta que sente em si, o que justificará sua atitude implacável para com os que permaneceram fiéis à fé que ele renegou.

b) Renegar também é "negar" a despeito do absurdo[a] (Kierkegaard)[106], é negar, com uma "maravilhosa má-fé", o mundo racional das aparências.

c) A fuga do homem diante do prazer é uma retronegação, isto é, uma negação contra a corrente: ela con-

---

que ao atribuir a Espinosa um conceito que é de Schelling. Para dizer concupiscência, Espinosa usa o termo libido. (Nota de Diogo Pires Aurélio para esta edição)

[a] Ver Søren Kierkegaard, *Crainte et tremblement* (1843; sobre Abraão) e *La Répétition* (1843; sobre Jó), em *Oeuvres complètes*, trad. fr. P. H. Tisseau e E.-M. Jacquet-Tisseau, Éd. de l'Orante, 1966-1968.

voca o homem a lutar contra a sua inclinação natural, que é seguir a gravitação e a atração que o prazer exerce sobre ele.

Relação entre a renegação e a renúncia:
O prazer suscita a idéia de renunciar a ele; esse sacrifício, que nos é custoso, vai nos permitir nos prevalecer do nosso mérito.

Quem renega o prazer não tem a possibilidade de mudar de lado, como um perjuro pode fazer; mas permanece ao mesmo tempo do lado da razão e do lado do prazer, o que provoca nele um dilaceramento sempre atual, e um pouco trágico: de fato, o prazer, mesmo que seja renegado, é uma tentação permanente e sempre conserva sua atração.

Em conclusão, a renegação, que é uma profissão de fé, e a renúncia, que é um gesto efetivo e pode levar ao ascetismo, têm portanto o mesmo sentido: elas não diminuem em nada a atração do prazer.

Pode acontecer que o homem renegue a própria renegação e, com isso, retorne ao prazer: é o que Pascal chamava de "inversão *do pró ao contra*"[a][107]; é nessa atitude ambivalente que se manifesta a liberdade do homem. O eudemonismo, que admite o primado da evidência do prazer, leva porém em conta, em certa medida, sua ambigüidade. Ele justifica relativamente o descrédito do prazer.

Aristipo de Cirene[b] diz admitir um elemento de má consciência no primado do prazer[108].

Em Platão, os defensores do prazer, como Filebo, aparecem numa posição fraca, prudente: eles ficam na defensiva[c][109].

---

[a] Blaise Pascal, *Pensées*, fr. 328 e 304.
[b] Aristipo de Cirene (435-350 a.C.), discípulo de Sócrates e fundador da escola cirenaica.
[c] Platão, *Filebo*, 22e e 28a.

Para o hedonismo, o prazer é o princípio de toda ação. À primeira vista, essa opinião parece paradoxal. De fato, podemos considerar a razão um princípio moral, mas o prazer não.

No entanto, o hedonismo escolhe entre os prazeres: ele decide que prazeres são morais e que prazeres são condenáveis. Nessa escolha axiológica dos prazeres está expressa uma idéia moral: ela implica que nem todos os prazeres têm a mesma importância nem a mesma urgência; há prazeres duradouros, efêmeros, bons...

A escolha axiológica permite portanto classificar, hierarquizar os prazeres. Essa hierarquização supõe que o hedonista superou o estágio da simples descrição psicológica, estágio em que não há distinção entre um prazer bom ou ruim, justo ou injusto. O prazer não carrega consigo o caráter de justo ou injusto; ele é produto de um certo critério moral. Todos os homens sabem instintivamente que tem de se evitar a dor, mas eles necessitam de filósofos para aprender de quais prazeres deve fugir.

O hedonismo é portanto um proibitivo moral, um veto gratuito.

Por outro lado, a questão "Que prazeres?" é uma questão empírica estática, que não apresenta nenhum caráter metafísico: trata-se de saber "a partir de que grau um prazer se torna perigoso"; é uma simples questão de posologia.

Essa distinção entre bom e ruim, Kant vai substituir pela distinção entre prazer e dever[110]: o prazer é ruim porque é o prazer; o dever é bom porque nos priva do prazer. O ponto de vista racionalista de Kant ou de santo Agostinho é um ponto de vista do "tudo ou nada": a atitude radical deles suprime toda casuística.

O hedonismo, ao contrário, adota uma atitude circunstanciada, posológica, que conduz à deontologia aristotélica e que implica o emprego da casuística. Ao escolher entre os prazeres, o hedonismo não questiona o próprio princípio do prazer. Se a escolha dos prazeres implica um começo de atitude moral, esta no entanto não tem nenhum caráter metafísico, pois não nega a origem nem a possibilidade do prazer.

Em conclusão, há duas maneiras diferentes de não se colocar a questão da escolha:

a) O criticismo de Kant não admite nenhum prazer e condena inclusive a complacência em ter prazer. Kant é alheio a qualquer espírito de transação ou de negociação, porque, diz ele, qualquer possibilidade de comunicação reconhece no prazer a qualidade de interlocutor válido. O criticismo supõe portanto uma atitude tensa, ele recusa constantemente a realidade do prazer que nos envolve e nos habita, de tal sorte que continua a tentar quem o renegou.

b) O hedonismo ingênuo aceita a vida do prazer sem contestar sua legitimidade, sem se interrogar de forma alguma sobre o próprio princípio do prazer. Esse hedonismo inocente está aquém de qualquer problemática, está num estágio anterior à reflexão filosófica.

A *Escolha* se coloca a meio caminho entre esses dois extremos, ela se coloca numa consciência atormentada, que conhece a negociação e que é dilacerada entre o *Querer* e a *Ação*.

Portanto Kant opõe ao prazer uma recusa categórica. Essa recusa se estende não apenas aos prazeres da carne, mas também, e mais especialmente ainda, aos prazeres da inteligência que podem ser uma tentação demoníaca. Kant questiona inclusive o princípio do prazer, o que chamamos de prazer do prazer ou "comprazimento" do prazer. Não é pois a matéria do prazer, mas sua forma e seu fundamento que são postos em causa.

Esse formalismo rigoroso nega toda possibilidade de escolher entre os prazeres e toda possibilidade de distinguir as partes nobres dos prazeres, toda possibilidade de distinguir o que é espírito do que é carne.

O prazer tem "um caráter oceânico"; ele está em nós e em torno de nós, num fluxo perpétuo. Por conseguinte, a luta da vontade contra o prazer é uma luta desigual: de fato, a vontade tem um caráter espasmódico, crispado, convulsivo, "pulsátil", como dizia o filósofo Renouvier a propósito da liberdade[a][111]. A vontade é portanto essencialmente descontínua e se opõe à presença permanente da tentação do prazer.

Nessas condições, não é de espantar que o rigorista tome precauções excessivas contra o prazer; para ele, o único meio de não ceder à tentação da volúpia é se recusar a entrar em relação com ela, é não a considerar uma interlocutora válida.

Examinemos agora os princípios da escolha.

A interrogação "Que prazeres?" já anuncia uma problemática. Essa questão contém em si o princípio de escolha, da preferência ou da "preferibilidade".

É preciso saber portanto segundo que princípios de escolha vamos selecionar e distinguir os prazeres em prazeres bons e prazeres ruins. Essa distinção pode ser comparada à distinção entre qualidades primárias e qualidades secundárias.

No fim do século XVII, os filósofos, que não são criticistas e não põem sistematicamente em dúvida nem a sensação nem a experiência, se perguntam porém, com certa desconfiança, que qualidades sensíveis seriam primárias ou secundárias: ou seja, que qualidades seriam qualidades de base.

---

[a] Charles Renouvier, *La Nouvelle Monadologie*, Fayard, 2004.

O quente e o frio não são qualidades primárias, porque dependem da temperatura, das circunstâncias; são secundárias. Já as qualidades geométricas fornecidas por nosso sentido da visão são primárias.

Talvez o mesmo se aplique aos prazeres: poderíamos distinguir os prazeres em bons ou ruins, dividindo-os como primários ou secundários.

Esse problema da escolha não tem nada em comum com a atitude científica: esta descreve o conjunto do dado e não tem nenhuma preferência; sua única preocupação é ser exata e não omitir nada. Para o psicólogo, tudo é documento, inclusive as formas aberrantes do comportamento humano. Essa atitude descritiva se opõe ao princípio da escolha que hierarquiza e que exclui.

A escolha:
Podemos dizer que a escolha nunca é filosófica. Ela pode ser:
— decidida arbitrária ou livremente;
— determinada por critérios transcendentes ou racionais;
— determinada pela necessidade física, por um cálculo das forças;
— sorteada, determinada pelo acaso.

Mas, mesmo que não tivéssemos nenhum critério fora de toda vocação moral, a escolha já nos seria imposta pela impossibilidade de satisfazer a todos os nossos prazeres. Há uma profusão, uma pletora de tendências naturais que nos impede de acolher todas elas.

A partir do instante em que a massa dos prazeres nos impõe de qualquer modo uma escolha, é melhor escolher racionalmente e tentar tornar essa escolha a melhor possível.

O fato de que uma profusão de prazeres venha nos tentar se deve à nossa naturalidade, que diz um "sim" universal a tudo o que se apresenta a nós. Mas, de tanto afirmar tudo, esse "sim" universal se torna um "sim" que não afirma mais nada e que não contenta mais ninguém, torna-se por conseguinte uma negação universal. Assim, amar todo o mundo é, na verdade, não amar ninguém. Para amar alguém, é preciso ser relativamente indiferente a todos os outros.

Assim, a preferência dada a um valor implica a indiferença relativa a outros valores. Já o respeito e a admiração de todos os valores levam à negação desses mesmos valores, entre os quais não há mais nenhuma diferença possível.

Podemos falar portanto, nesse sentido, de uma situação "didática": para que o "sim" seja real, deve haver certo relevo, isto é, ele deve ser acompanhado por uma recusa. Do ponto de vista das possibilidades de volúpia, nossa natureza é riquíssima: ela compreende mais prazeres do que podemos acolher.

Ademais, nenhum princípio natural decide que prazeres devemos aceitar ou rejeitar.

De fato, o princípio da escolha entre os diversos prazeres está paradoxalmente implicado nos próprios prazeres, a opção está contida no afluxo dos prazeres, em sua concorrência e na "rivalidade" entre eles. Mesmo o mais hedonista dos hedonistas, por exemplo Aristipo de Cirene, já conhece certa ordem, certa hierarquia dos prazeres. Poder-se-ia pensar que nessa situação, não metafísica mas sim empírica, o homem acolhe o prazer que se apresenta primeiro, o prazer que lhe afirma uma promessa imediata.

Há no entanto um princípio (bastante confuso, para dizer a verdade) que impede que o naturalismo seja amargo e decepcionante.

Esse princípio é o tempo.

O tempo é, por um lado, uma variável psicológica: é uma experiência vivida. Mas, por outro, também é uma variável metapsicológica ou metaempírica: de fato, embora seja vivido psicologicamente, ele não constitui um dado nem um estado de consciência.

O tempo nunca é atual no momento em que falamos dele, é fugaz, impalpável. Essa característica de instabilidade do tempo forma uma boa base de critério de escolha.

O ser natural ou o ser do prazer está todo ele no tempo, ele faz o princípio de identidade mentir; com efeito, um ser humano nunca é o que é no momento presente. Seu passado e suas esperanças para o futuro o influenciam de tal sorte, que podemos dizer que o ser humano nunca é um ser do instante.

A não ser que adote a atitude "de uma medusa na praia" (Platão)[a][112], o hedonista, mesmo o mais instantaneísta, deve levar em conta os prazeres ulteriores, deve levar em conta o amanhã dos prazeres, as doenças que deles podem resultar ou um eventual remorso, uma "má consciência" que estragam seu prazer presente.

O homem especula sobre seus prazeres e se faz a pergunta: "Por que me precipitar no prazer de hoje, se tenho um prazer melhor amanhã?" Essa especulação sobre o futuro, bem mesquinha sem dúvida, que os gregos teriam qualificado de "prudência", já implica um princípio de racionalidade.

De fato, gradativamente, isto é, por extrapolação racional, o homem não se preocupará mais com o prazer de amanhã, mas com o prazer do ano seguinte, com o pra-

---

[a] Platão, *Filebo*, 60d-e.

zer num futuro cada vez mais distante, com o prazer da sua descendência, do seu país, da humanidade e, finalmente, com o prazer da eternidade temporal.

O homem que aplica o adágio "mais vale um pássaro na mão que dois voando", que vive um dia após o outro, é um ser de razão, que é consciente da sua consciência, é um ser de precaução que leva em consideração os eventuais perigos do futuro.

De modo geral, o homem prefere um futuro hipotético ao presente. Essa preferência torna possível uma arrumação, uma economia do tempo.

Essa economia é comparável à economia divina concebida por Leibniz[113]: Deus, ao criar nosso mundo, levava em conta uma série de fatores (duração, futuro...). Deus, que era uma superconsciência, contemplava a totalidade da história e era capaz de dominá-la. Mas nós, que não possuímos essa superconsciência, vemos apenas um aspecto do nosso mundo e com freqüência estimamos que esse mundo é um fracasso.

Em conclusão, a economia consiste em preferir a perenidade ao instante, ela introduz portanto certa hierarquia nos prazeres.

Sabe-se que o tempo é um dado equívoco. O homem, que prefere um grande prazer futuro a um pequeno prazer presente, se afasta do dado pontual e imediato, mas não se afasta do dado psicológico e fugidio do tempo.

Pode-se dizer que a própria natureza do homem se orienta para o futuro, isto é, num certo sentido, para o não-ser. De fato, os substancialistas consideram o passado (*jam non*) e o futuro (*nondum*) como o não-ser; para eles, o ser é algo compacto e palpável.

Se quisermos matizar mais nossa opinião, podemos dizer que o futuro e o passado são "seres", materialmente inexistentes, ao mesmo título que as lembranças, por exemplo. Para os antigos, o porvir era uma mistura de ser e de não-ser, mas essa representação metafísica do futuro não passava de uma metáfora, de uma maneira de dizer. Na verdade, o porvir está fora das categorias do ser e do não-ser.

Poder-se-ia dizer o mesmo a propósito do homem. O homem é ao mesmo tempo um ser e um não-ser, e ao mesmo tempo não é nem ser nem não-ser.

Como dizia santo Agostinho, o passado e o futuro são psicologicamente modalidades do presente[a]. Donde se pode concluir que tudo é presente[114].

Do mesmo modo, a ausência pode ser considerada uma modalidade da presença. A ausência aparece como uma das formas mais fervorosas e mais líricas da presença em muitos poetas. *A princesa distante*, por exemplo, é amada precisamente por estar distante.

Em conclusão, se a presença temporal ou espacial é necessária para "sentir" uma sensação, o distanciamento da ausência no tempo e no espaço é a condição necessária para "re-sentir" (sentir uma segunda vez) a sensação. Ora, o "re-sentimento" desempenha na vida e na arte um papel muito maior do que o "sentimento". Assim, o distanciamento absoluto que é a morte é um dos temas essenciais na poesia.

Augusto Comte apaixonou-se por Clotilde de Vaux depois da morte desta[115].

Podemos portanto dizer que um prazer direto ou primário, experimentado no contato imediato de uma coisa agradável, é de qualidade inferior ao prazer "re-sentido"

---

[a] Santo Agostinho, *As confissões*, *op. cit.*, livro XI, cap. 14. Ver também nota 77 no final deste volume.

ou ao prazer da esperança. Portanto o passado e o futuro embelezam a vida do homem: a esperança do prazer pode se tornar o prazer de esperar. Note-se aliás que, se o objeto da esperança acaba se realizando um dia, essa realização muitas vezes é acompanhada de uma amarga decepção: a realidade se mostra menos bela do que havíamos imaginado.

Na "passadidade" e na "futuridade", a plenitude vivida exclui qualquer existência do vazio: é uma plenitude indefectível.

A consciência que compara um prazer breve a um prazer duradouro é uma reflexão que sobrevoa necessariamente a duração. A partir do instante em que tomamos o tempo em consideração, escolhemos conforme um princípio de comparação independente do tempo: com efeito, nada nos diz que um prazer duradouro vale o sacrifício de um prazer instantâneo presente. Se julgamos uma felicidade duradoura mais importante do que um prazer efêmero, é que nossa consciência já comporta em si um princípio metafísico, um critério racional.

A escolha entre diferentes prazeres implica portanto a existência de um *lógos* mediador.

Assim, na *Ética nicomaquéia*, Aristóteles justifica a existência do juiz: ele representa a razão imparcial, que não toma partido, e é o mediador entre as duas partes adversas[a].

Do mesmo modo, a instância transcendente em nós que escolhe entre os prazeres não deve se comprometer com nenhuma das partes, ela deve ter o caráter de um

---

[a] Ver Aristóteles, *Éthique à Nicomaque*, livro V, 7: "Assim, o justo é uma espécie de meio, se é verdade que o juiz também o é. O juiz restaura a igualdade. É como no caso de uma linha dividida em dois segmentos desiguais" (1132 a; trad. fr., *op. cit.*, p. 235).

terceiro racional, que não seja englobado no campo do prazer, da volúpia.

Um segundo critério é a plenitude, a maior quantidade de ser possível. Essa instância que nos impele a escolher os prazeres se inspira num postulado metafísico que não depende da experiência. Esse postulado pode ser enunciado do seguinte modo: ele é uma certa concepção da perfeição como quantidade de ser ou quantidade de existência, em função da temporalidade. Esse postulado é ditado pela razão.

Daí decorre necessariamente que a duração mais preciosa é a duração mais longa, porque ela atualiza o máximo de ser e o máximo de existência possível. Assim, uma felicidade prolongada é perfeita, enquanto um prazer efêmero é imperfeito, porque não dura. Ora, nosso ser é imperfeito. Ele é perpassado de não-ser. É a razão pela qual "nós devimos", isto é, adquirimos mais ser pela experiência.

O *devir* é portanto uma realização de si, é um advento do não-ser ao ser. Todo o mundo admitirá que um homem se realiza mais em dez anos do que numa tarde, por exemplo. Uma felicidade duradoura pode ser comparada a um longo rio tranqüilo, ao passo que um prazer passageiro seria apenas um riacho.

Os homens sempre imaginaram a beatitude como uma perfeição ideal e impossível. Beatitude seria o máximo de plenitude, o superlativo da realização, do devir.

Mas, na falta dessa beatitude, o tempo nos oferece a ocasião de nos realizar parcialmente. Ele nos permite que nos aperfeiçoemos relativamente, prolongando nossa vida além do instante.

Observação: o tempo é ao mesmo tempo o critério mais elementar do fracasso ou do êxito.

Ora, o que é o fracasso ou o sucesso? O fracasso é uma criação natimorta que não sobrevive ao instante. O sucesso é uma substância real e consistente, que existe além da pontualidade do instante.

A existência, portanto, é como que a propriedade de algo viável além do instante. O verdadeiro modo de existência se diferencia do momentâneo, se apresenta como um prazer prolongado. Ao contrário, o prazer passageiro é um aborto, um fracasso: ele não sobrevive ao instante e, por conseguinte, não apresenta nenhum interesse.

Em conclusão, na busca da felicidade, resulta que se dá uma grande importância ao máximo de quantidade de ser possível considerado sob o ângulo da temporalidade.

No entanto, no oposto dessa concepção quantitativa e aritmética da felicidade, há outra concepção que é o instantaneísmo de certos poetas: estes afirmam que um só instante de intenso fervor é preferível a uma eternidade de felicidade burguesa.

Esses poetas têm uma concepção qualitativa da felicidade. Na verdade, essa concepção nada mais é que uma representação metafórica, independente da experiência vivida e da realidade humana. Além do mais, esse ideal metafísico de um fervor intensivo no instante não infirma o que dissemos a propósito da plenitude extensiva numa felicidade de longa duração.

Um terceiro critério é a consciência.

Todo pensamento moral, seja ele hedonista, fruidor ou instantaneísta, deve admitir o seguinte postulado: a consciência que está em nós quer tomar consciência.

A tomada de consciência permite pensar o objeto em todas as suas dimensões e ir até o fim das suas possibilidades. O homem não pode permanecer muito tempo como espectador sem querer tocar, apalpar o objeto que vê. Ele quer completar seus sentidos uns com os outros e, desse modo, reconstituir o objeto em todas as suas dimensões. Por esse conjunto de operações, o homem toma consciência da plenitude do objeto. A consciência "engloba" o objeto.

Aliás, existe uma relação entre a consciência envolvente, englobante, e o princípio do tempo. Freqüentemente, é o tempo que nos permite tomar consciência. Assim, um homem maduro tem uma consciência mais englobante da vida do que um jovem, que viveu menos tempo que ele.

O tempo constitui uma experiência enriquecedora.

Maeterlinck, em sua peça de teatro *Intérieur* [Interior], tratou precisamente desse problema[a][116]. Uma família está reunida certa noite à luz do lampião. Reina no ambiente uma felicidade tranqüila e silenciosa. No jardim, aparecem um ancião e um estrangeiro, os "mensageiros da preocupação": eles sabem que uma moça se afogou e devem anunciar essa notícia aos que ainda a ignoram. O ancião resolve entrar e conta a novidade, enquanto trazem o cadáver.

Na medida em que a consciência engloba o prazer, ela é mais forte que ele. Há mais consciência no eudemonismo do que no hedonismo; com efeito, a consciência eudemonista já engloba mais o prazer e realiza com isso uma maior quantidade de ser.

Há, por essa mesma razão, mais consciência no adulto do que na criança, porque o adulto também realiza uma maior quantidade de ser.

Resumindo: estudamos três critérios que intervêm na escolha do prazer: o princípio de temporalidade, o prin-

---

[a] Maurice Maeterlinck, *Théâtre complet*, Genebra, Slatkine, 1979.

cípio de quantidade de ser e o princípio de consciência que se toma dessa quantidade de ser. Esses três critérios concorrem para o mesmo fim racional, a saber, a superação da coisa instantânea.

Vimos que é próprio do englobamento da consciência ser unilateral e irreversível. Quem engloba alguma coisa não pode ser englobado pelo que engloba. Assim, a felicidade é consciente do prazer, mas não é verdade que o prazer engloba a felicidade. O homem feliz conhece alegrias que o homem voluptuoso ignora. Esse postulado justifica portanto o fato de preferir certos prazeres a outros.

O ato de preferir é uma decisão, um gesto pelo qual se escolhe. É um ato fora dos motivos racionais da escolha e não está contido na tabela de valores.

Assim, podemos sentir-nos tentados por uma coisa que nos agrada, mas, enquanto não fazemos o gesto de pegar essa coisa, não podemos falar de uma verdadeira tentação.

Se preferirmos, por exemplo, um prazer no ano que vem a um prazer imediato, a escolha recai sobre um prazer que é invisível; por conseguinte, um elemento metafísico intervém em nossa decisão que segue necessariamente um juízo de valor. Essa decisão, essa opção se tornam elementos efetivos no ato da escolha.

No próprio princípio da preferência ou da preferibilidade, principalmente quando ela se exerce sobre o porvir, já existe algo de outra ordem que não o juízo, existe um certo *"Fiat"* que implica uma certa ordem moral.

Com efeito, podemos dizer que nossa decisão tem um caráter moral, pois ela dá preferência ao porvir, ao que é invisível e até inexistente, para certos filósofos, e se abstém do que é presente.

Ora, a natureza humana é uma natureza equívoca, ambígua:

– por causa do seu caráter temporal: a natureza humana "devém", ela dura, nunca está inteira no momento atual;

– por causa da duplicidade: a natureza voluptuosa e a sobrenatureza são, ambas, necessárias para constituir um ser perfeito. Nesse sentido, pode-se dizer, como Plotino, que a natureza humana é uma natureza "anfíbia", que vive duas vezes ao mesmo tempo.

Os gregos possuíam duas palavras para designar a vida: eles distinguiam a *bíos*, ou vida biológica do organismo, vida que é comum ao homem e ao animal; e a *zoé*, ou vida espiritual e intelectual, própria da espécie humana. O ser psicossomático vive nesses dois planos ao mesmo tempo: não é de espantar que ele possa sentir simultaneamente prazeres inerentes ao corpo e prazeres do espírito.

Ao nosso saber correspondem portanto apetites, fruições naturais. Podemos concluir daí que os prazeres intelectuais são um ingrediente da nossa naturalidade e são mais duradouros, se são menos intensos.

Assim, o *Filebo* de Platão é consagrado a uma análise minuciosa e dialética da hierarquia dos prazeres[a117]. Platão acredita que os prazeres do espírito são os mais puros, os mais estáveis e os mais duradouros e são, por isso, os materiais mais sólidos para edificar a felicidade.

Nessa hierarquia dos prazeres, os critérios da escolha que definimos mais acima se justificam plenamente.

O critério da quantidade de ser é observado no sentido em que os prazeres do espírito dão lugar a uma realização mais completa do homem que os prazeres do corpo; os prazeres intelectuais são mais duradouros, sem deixar no entanto de ser prazeres.

---

[a] Platão, *Filebo*, 40a ss., 44a e c, 46a, 62b, 66a.

PRIMEIRA PARTE

Sabemos que Kant desconfiava mais dos prazeres intelectuais do que das volúpias carnais. Essa suspeição prova que os prazeres intelectuais são verdadeiros prazeres, mas podem se manifestar sob uma forma enganadora, enquanto um prazer do corpo não engana ninguém sobre a sua verdadeira natureza.

Essa suspeição prova também que os prazeres intelectuais realizam uma quantidade de ser maior do que os prazeres corporais.

O segundo critério, o do englobamento pela consciência, é mais bem observado ainda. Da mesma maneira que a felicidade engloba o prazer, os prazeres do espírito englobam a felicidade e têm consciência disso.

Do mesmo modo, o pensamento pensa o corpo e o corpo não pode pensar o pensamento. O pensamento avalia o corpo, conhece os limites dos seus prazeres, é superior a ele portanto. De novo aparece o caráter não reversível e não recíproco do englobamento em benefício do pensamento.

Mas esse critério negligencia as ressurgências do prazer, que acabam até arrastando o pensamento. O pensamento tem consciência do prazer, mas, a despeito desse pensamento, o prazer continua sendo uma tentação perpétua e muitas vezes acabamos por ceder a ele.

Pascal escrevia: "O homem não passa de um caniço, o mais frágil da natureza, mas é um caniço pensante. Não é preciso que o universo inteiro se arme para esmagá-lo: um vapor, uma gota d'água basta para matá-lo. Mas, mesmo que o universo o esmagasse, o homem seria mais nobre ainda do que aquilo que o mata, pois sabe que morre, e o universo não tem a menor idéia da vantagem que possui sobre ele."[a][118] Do mesmo modo, no *Fédon* de

---

[a] Blaise Pascal, *Pensées*, fr. 347.

Platão, Sócrates medita e especula sobre a morte[119], promete grandes júbilos aos que morrem[a]. Nos dois exemplos, o pensamento parece mais forte que a morte, mas a morte sempre leva a melhor, sempre diz a última palavra.

O homem é equívoco não apenas por causa do seu caráter temporal, mas também por causa da sua duplicidade. A vida do espírito e a vida do corpo são duplas, são hierarquizadas mas também independentes uma da outra, não se desmentem mutuamente. Acontece com freqüência um homem maduro renegar seu ideal de juventude. Pode-se julgar essa evolução escandalosa, mas não é contraditória. De fato, o homem dispõe da dimensão temporal para "evoluir", para mudar de opinião. Mas é impensável que possa se contradizer no mesmo momento, o que seria um absurdo. O tempo é portanto um princípio equívoco, que impele o homem a evoluir. É um derivativo graças ao qual as tendências opostas, que não podem coincidir, podem pelo menos se suceder.

Mas há no homem um segundo equívoco que decorre da sua própria naturalidade: esse equívoco é produzido pelas tendências altruístas. Trata-se de tendências naturais que se combatem umas às outras no mesmo momento e que levam a natureza a se renegar.

É certo que nós não nos renegamos pelo prazer de nos renegar. Esse prazer seria um comprazimento suspeito e maquiavélico.

Pode-se dizer que o altruísmo é a característica comum de diferentes tendências cujo único objetivo é tornar o outro feliz.

Mas, levando o altruísmo aos seus limites, nós nos damos conta de que a felicidade alheia muitas vezes tem

---

[a] Platão, *Fédon*, 67b.

por conseqüência nossa própria infelicidade. Por conseguinte, mesmo que não tenhamos a intenção primitiva de nos renegar, esse renegamento torna-se muitas vezes a conseqüência do altruísmo. Nesse sentido, o altruísmo é diferente do ascetismo ou do masoquismo.

O ascetismo é um exercício de solidão, que não comporta a preocupação com outrem. O masoquismo é uma volúpia às avessas. É o prazer que a pessoa sente com seu próprio sofrimento. É um egoísmo puro e simples.

O que distingue o altruísmo do ascetismo ou do masoquismo é a intenção "alterocêntrica" ou "heterocêntrica".

Mas ignora-se em que limites o altruísmo deve deter-se. Levado ao extremo, o altruísmo pode chegar à negação da própria existência. "Viver para o outro" é querer viver no lugar do outro. Mas há um fato inegável: que meus órgãos continuam a funcionar para mim mesmo e não para outrem. O limite derradeiro do "viver para o outro" é portanto, logicamente, a morte.

É necessário portanto um mínimo de egoísmo no altruísmo para conservar seu próprio ser, para manter o "sujeito" necessário à ação altruísta. Um médico dedicado aos seus pacientes tem de pensar, afinal, na sua saúde e se manter em vida para não privar seus pacientes dos seus serviços.

Assim, o pensamento, que em si mesmo é impessoal, objetivo e que não se deixa influenciar nem pelo lugar nem pelo tempo, supõe evidentemente na sua base um ser pensante, um homem submetido às contingências históricas.

O limite do altruísmo leva a um absurdo, que é a morte. "Morrer para o outro" é, portanto, o limite de "viver para o outro".

Esse limite já era percebido pelos gregos, os místicos e outros filósofos. Assim, Fénelon defendia opiniões quietistas perigosas para a ordem estabelecida. Ele pregava o "puro amor", isto é, o amor a Deus levado a seus limites extremos, em detrimento inclusive da felicidade terrestre e, se necessário, em detrimento até da beatitude eterna[a120].

A questão era saber se uma pessoa podia se danar por amor a Deus. Fénelon respondia afirmativamente, opondo-se assim ao catolicismo oficial. Isso mostra que, quando se vive inteiramente, morre-se desse viver.

Viver para outrem implica portanto um certo "morrer para outrem", no mesmo sentido que os espirituais afirmam que é preciso "estar morto para o sensível", isto é, não viver inteiramente para outrem e poder negligenciar o outro um pouco. A questão de saber quanto tempo há que consagrar a outrem, conservando-se porém a si mesmo, é evidentemente uma questão insolúvel.

As tendências altruístas que nos levam a nos devotar a outrem são naturais e, paradoxalmente, esse elã natural se ergue contra a própria natureza.

---

[a] Fénelon, *Oeuvres*, org. Jacques Lebrun, Gallimard, col. "Bibliothèque de la Pléiade", t. 1, 1983, t. 2, 1997. Na advertência preliminar ao seu *Explication des maximes des saints sur la vie intérieure* [Explicação das máximas dos santos sobre a vida interior], Fénelon, em fevereiro de 1697, enumerava cinco modalidades do amor a Deus. A quinta é esse amor puro do quietismo feneloniano, cuja explicitação constitui a primeira das 23 citações da obra, que valeram ao autor a condenação pontifical pela breve *Cum alias ad apostolatus*, de 12 de março de 1699, para grande prazer de Bossuet. Eis um extrato do corpo de delito: "Nem o temor aos castigos nem o desejo das recompensas têm mais lugar nesse amor (a Deus). Não se ama mais a Deus, nem pelo mérito, nem pela perfeição, nem pela felicidade que devemos encontrar ao amá-lo. [...] Ama-se a Deus todavia como soberana e infalível beatitude dos que lhe são fiéis; ama-se a Ele como nosso bem pessoal, como nossa recompensa prometida, como nosso todo" (*op. cit.*). A suposição impossível, manifestação do desinteresse do amor puro, encontra seu título de nobreza em são Paulo e em são Francisco de Sales. Fénelon aprova a doutrina da santa indiferença exposta pelo bispo de Genebra.

PRIMEIRA PARTE

Pelo fato de ser uma tendência natural, o altruísmo proporciona certo prazer, certo comprazimento com a devoção. Todos conhecem a doçura e o prazer equívoco das lágrimas e da piedade.

O século XVIII, por exemplo, descobriu que o prazer era a condição da felicidade alheia. É o século do enternecimento, o século dos romances de Rousseau, de Richardson[a], das "comédias lacrimejantes" de Nivelle de La Chaussée e de Sedaine, o dos quadros de Greuze[b].

Muito mais tarde, Schopenhauer também admitirá que o centro da vida moral é a piedade, a devoção. Afirmará, por exemplo, que o prazer sexual é uma artimanha da natureza. Ela transformou a tarefa da reprodução em volúpia.

O verdadeiro altruísmo surge como uma fina ponta entre um egoísmo latente, que é o comprazimento com a devoção, de um lado, e, de outro, a devoção total a outrem para conquistar o seu reconhecimento. Pode-se portanto definir esse altruísmo verdadeiro a partir de uma vontade antecedente, imediata, expressa, que tem por único fim a

---

[a] Samuel Richardson (1689-1761) foi o criador do romance epistolar inglês com obras como *Clarissa, or the history of a young lady*, *Pamela or Virtue Rewarded*, *Sir Charles Grandisow: A History*. O romance de Jean-Jacques Rousseau (1712-1778) justifica o que escreve Bonald em 1806: "A literatura é a expressão da sociedade."

[b] Pierre Claude Nivelle de La Chaussée (1692-1754) escreveu comédias lacrimejantes e dramas burgueses, como *Le Préjugé à la mode* em 1735. Reapresentado todos os anos até a Revolução, foi um dos grandes sucessos do século. – Amigo de Diderot, Michel Jean Sedaine (1719-1797) publica peças poéticas de um caráter franco e alegre, como *Épître à mon habit*, depois sua vocação o dirige para o teatro. Escreve para a Comédie-Française *Le Philosophe sans le savoir*, *La Gageure imprévue*. – Pintor iconoclasta, Jean-Baptiste Greuze (1725-1805) opta no início por temas que imitam a natureza e os antigos.

felicidade alheia. Além disso, ele poderá desejar seu próprio nada, mas isso não passa de uma vontade conseqüente, que não é essencial. Essa vontade conseqüente provém do fato de que a vontade do homem não é "ajustada": o homem sempre quer mais do que queria antes. Assim, de acordo com Schopenhauer, quem quer a mulher, quer também os filhos, que no entanto não desejava[a][121].

Do mesmo modo, para Leibniz, Deus, por sua vontade antecedente, quer o belo absoluto, quer um mundo perfeito, mas finalmente quer o mundo tal como ele é, o melhor mundo possível[122], mas ainda muito distante da perfeição: essa segunda vontade é conseqüente, não é desejada originalmente.

Kant dirigiu toda a sua crítica contra a filosofia dogmática do século XVIII[123]. Ele via no otimismo de Leibniz e no altruísmo tão-somente um eudemonismo latente e maquiavélico.

A descoberta do altruísmo do século XVIII dá a possibilidade de conciliar a exigência moral da devoção por outrem com a exigência natural, o dado psicológico. As tendências altruístas correspondiam, nesse caso, a essa dupla exigência e permitiam que o homem fosse ao mesmo tempo naturalista e kantiano. Com efeito, essas tendências permitiam verificar que a sobrenatureza é natural e que a natureza já é sobrenatureza.

Todo amor ao outro nada mais é que um egoísmo disfarçado por causa do prazer que encontro nesse amor.

---

[a] Ver, por exemplo, Arthur Schopenhauer, *Le Monde comme volonté et comme représentation*: "O indivíduo age aqui, sem saber, por conta da espécie, que lhe é superior" (trad. fr. A. Burdeau, ed. revista e corrigida por R. Roos, PUF, 2004, p. 1306). E *Les Aphorismes sur la sagesse de la vie* (ed. fr. R. Roos, PUF, 1996).

Faça o que fizer, o "eu" sempre ama seu "eu". É uma concupiscência indireta, uma tautologia impossível de romper. Aristóteles chamava esse egoísmo de amor-próprio.

Platão afirmava que o homem sempre quer o bem, mesmo quando em aparência quer o mal, porque mesmo nesse caso ele considera o mal um bem para ele.

Mais tarde, Leibniz dirá que quem tem uma vontade sempre quer o que lhe agrada, mesmo quando isso lhe desagrada.

Esses dois filósofos nos confirmam que a vontade de outrem nunca é extática, isto é, que o homem que quer nunca pode se entregar inteiramente a outrem. A vontade mais hipnotizada por outrem continua sendo a vontade de quem quer.

Poderíamos igualmente afirmar o inverso: nossa natureza contém em si tudo o que é necessário para se contradizer. De tanto querer apaixonadamente o ser de outrem, o homem se vê reduzido a querer seu próprio não-ser. A lógica absurda do altruísmo levada a seus limites conduziria necessariamente ao fim do agente humano. Saber onde o altruísmo deve parar é uma questão megárica e insolúvel, da mesma espécie que a que consiste em saber quantos grãos de trigo são necessários para formar um monte de trigo.

O altruísmo, portanto, é uma noção sobremaneira equívoca. Assim, podemos dizer que o amor é inocente no momento em que o amante esquece seu próprio ser para se dar a outrem. Mas sempre sobrevém um instante em que o amante se volta para si mesmo, em que toma consciência do seu papel amoroso; a partir desse momento, ele tem prazer, compraz-se em desempenhar esse papel. É o que Fénelon dizia: "Há que amar pelo amado, não por amá-lo."[a][124]

Do mesmo modo, nos romances de Proust, o amor tem um papel importante. Mas os amantes o analisam tão sutil e minuciosamente que ele acaba perdendo toda inocência e se torna um comprazimento com o amor[125], uma dissertação em que nenhum elemento é desprezado, salvo a própria amante. Podemos daí concluir que todo sentimento que visa outrem implica, entretanto, uma referência ao sujeito. A tentação constante de viver para o "tu", para a segunda pessoa, o verdadeiro objeto do amor, a quem podemos nos dirigir sem intermediários, exigiria finalmente a aniquilação da naturalidade do sujeito.

O problema número um da vida moral se revela portanto: é a existência compacta do seu porto seguro, o sujeito, e é também a fatalidade do mesmo sujeito, da primeira pessoa que é necessária a toda ação.

Essa primeira pessoa não é uma simples causa acidental ou protocolar, mas é uma fatalidade necessária: a referência ao sujeito é a condição prévia e absolutamente indispensável a toda atitude moral. Do mesmo modo, a introspecção é um método privilegiado, o único capaz de dar um sentido ao conhecimento de outrem, à psicologia objetiva, referindo-se a si mesmo.

Esse problema não é apenas moral, ele também diz respeito ao pensamento. O pensamento é descoberto como um acontecimento que o eu descobre em mim mesmo, referindo-se a mim mesmo.

Assim, Descartes descobre o pensamento na primeira pessoa: é o *cogito*[126], a experiência pessoal que todo

---

[a] Fénelon, *Le Gnostique de saint Clément d'Alexandrie*, cap. 10, p. 213, em *Oeuvres, op. cit.*

homem deve refazer. Mas, a partir desse *cogito*, Descartes passa à coisa pensada, à substância pensante, ao pensamento em si, *cogitas res*.

O que é verdade para o "eu penso" é mais verdade ainda para o "eu quero", que é mais passional, mais concreto, mais visivelmente ligado ao sujeito carnal.

Esse problema se verifica também quando se trata da liberdade. A liberdade extática, isto é, a culminância da consciência, aparece na vida cotidiana sob a forma de uma liberdade determinada, concreta, motivada e psicológica.

Em conclusão: até mesmo o movimento moral em direção a outrem é um movimento psicológico, porque supõe a existência do sujeito e a reflexão do sujeito sobre si mesmo. Assim, está verificado o segundo ponto: a própria sobrenatureza é natural.

Observação: o altruísmo implica logicamente certo limite, que é o egoísmo. Podemos dizer portanto que o desinteresse puro não passa de ficção. Quando examinamos o problema da liberdade, encontramo-nos diante de um mecanismo similar: agimos sempre por esta ou aquela razão determinada. A liberdade é, portanto, psicologicamente limitada e se resolve em determinismo.

Não confundir a sobrenatureza, que é essencialmente altruísta, com a contranatureza.

A contranatureza implica o gosto da privação, implica o prazer de fazer mal a si mesmo sem que outra pessoa possa tirar disso algum proveito. A vontade antecedente é que requer, na contranatureza, o sacrifício da sua personalidade própria pelo prazer puro e simples do sacrifício. Podemos dizer que a contranatureza é, na verdade, um masoquismo maquiavélico; de fato, essa sensualidade ao revés, que é o masoquismo, implica, ademais, uma segunda intenção interessada e moral, implica a idéia de que todos os sofrimentos suportados serão um dia contados. É assim que o ascetismo aparece, no fim das contas, como uma forma do egoísmo: o asceta se priva aparentemente de tudo por amor a Deus, mas Deus não é uma segunda pessoa presente.

Fénelon afirmava que o ascetismo continha muito egoísmo e concupiscência espiritual[127].

A despeito das aparências, não é a contranatureza, mas a sobrenatureza, que é de uma ordem diferente da natureza psicológica; com efeito, o excesso de contranatureza leva à natureza: o sensualismo é uma sensualidade ao revés, mas continua a ser uma sensualidade.

A verdadeira sobrenatureza deve ser buscada nesse movimento de inocência e de doçura que nos impele em direção a outrem: esse movimento é o amor. Logo, o que distingue a natureza da sobrenatureza é o interesse que se tem por outrem.

Para malograr as opiniões pessimistas de certos filósofos que lançam uma dúvida sobre o desinteresse, basta estabelecer uma distinção entre o sujeito nominativo – que é o sujeito agente, o fundamento do desinteresse e que não pode portanto ser destruído – e o objeto, o objetivo da intenção altruísta.

No entanto, não se pode negar que o eu muitas vezes encontra certo eco no objeto amado.

Por isso, Aristóteles diz de forma assaz ingênua em seu tratado *Da amizade* (livro 9) que "o amigo é um outro eu mesmo, um alter ego"[a][128]. Essa máxima lhe parece a definição perfeita da amizade. De fato, esse amigo, que seria o reflexo dos meus atos, não é um verdadeiro

---

[a] Ver nota 92, no fim deste volume.

amigo, não teria outro papel senão o de ser um espelho que adularia minha própria existência e que me permitiria melhor me sentir viver.

É certo porém que não se pode vedar ao ser humano o prazer que ele experimenta em sentir-se viver intensamente no momento do amor: nesse caso, o prazer não foi buscado, constitui a recompensa do movimento altruísta. Mas é necessário evitar que esse prazer se torne o próprio objeto da intenção e suplante assim o objeto amado. Aristóteles dizia com razão que "a felicidade não é a recompensa da virtude, mas a própria virtude"[a][129].

Em conclusão, podemos dizer que a verdadeira intenção altruísta se caracteriza pela inocência e pelo desinteresse. Ora, todo homem foi inocente e desinteressado pelo menos durante um breve momento da sua vida: esse momento fugidio é o do amor, em que o homem esquece sua própria personalidade em benefício do objeto amado.

---

[a] Ver Aristóteles, *Ética nicomaquéia*, X, 6-7. Ver também nota 90 no fim deste volume.

MORAL DO DEVER EM QUE O DADO É CONSIDERADO UM OBSTÁCULO

Examinaremos agora a esfera do sensível e dos prazeres considerados obstáculos à vida moral.

Se a moralidade consistisse unicamente na escolha dos prazeres, ela não passaria de uma depuração do dado: baseando-se no critério do tempo, ela só reteria os prazeres mais estáveis. Nesse sentido, a moralidade não se diferenciaria em nada das ciências descritivas e psicológicas.

Assim, a *Ética nicomaquéia* é muito mais rica do ponto de vista psicológico do que moral. De fato, ela consiste numa descrição minuciosa dos propulsores da conduta humana.

Portanto, Aristóteles se diferencia essencialmente de homens como La Rochefoucauld, Chamfort ou La Bruyère, que pretendem ser psicólogos mas que, na verdade, são moralistas: eles empregam muito mais o imperativo moral do que o indicativo descritivo. A moral de Aristóteles é uma tendência de casuísta: ele distingue entre as paixões aquelas de que se pode fazer bom uso.

Vimos anteriormente que essa tendência aristotélica se opõe ao formalismo kantiano, que condena o prazer por princípio, em todas as circunstâncias.

Um casuísta, ao contrário, manifesta certa preocupação com o indicativo psicológico, preocupação alheia à moral. A preocupação com o detalhe e o espírito minucioso de Aristóteles se opõem ao espírito sumário e metafísico de Platão; nesse sentido, Aristóteles é mais moderno do que Platão, que não se detém nessas distinções sutis.

Assim se explica a ligação entre, de um lado, a preocupação psicológica com o detalhe e a indulgência e, de outro, entre a moral e a severidade.

Com efeito, a psicologia prepara para a compreensão de outrem, para a simpatia e, por dedução natural, para a indulgência. Ao ver de Aristóteles ou de qualquer outro psicólogo, todas as circunstâncias são atenuantes. O meio, as influências, as leituras... tudo desculpa a falta e apaga a distinção entre o bem e o mal. A indulgência e a desculpa dão acesso ao diletantismo no indicativo psicológico: elas aceitam, por exemplo, o espetáculo dos costumes tais como estes são.

Inversamente, a moral não se detém nos elementos circunstanciais da ação. Ela julga unicamente a própria falta e suas intenções. Do ponto de vista moral, tudo é acusação, portanto. Assim, La Rochefoucauld descreve os costumes da sua época num tom severo, não se mostra disposto a contemplá-los com um olhar divertido ou indulgente[a][130].

Do mesmo modo, Kant se revela pouco curioso em relação à psicologia. Ele dá pouquíssimo espaço aos detalhes e relega à "patologia" todas as inclinações naturais e afetivas. Por oposição a esses detalhes psicológicos que ele despreza, preconiza um imperativo categórico e urgente,

---

[a] "As virtudes se perdem no interesse, assim como os vulcões no mar" (La Rochefoucauld, *Maximes et Mémoires*, Payot, 2001).

que tem por fim obter dos homens uma conduta, atos[131].

A decisão moral é "vazia", do que decorre a própria natureza do formalismo kantiano; a forma prima sobre o conteúdo material e psicológico, que a ela é subordinado[132].

Kant quis evitar a intervenção de qualquer sentimento na decisão moral. Para ele, o sentimento é, ao mesmo tempo que um comprazimento, um atrasamento da consciência.

As lembranças que Proust evoca sobre o sabor da madalena molhada no chá[133], por exemplo, são descritas demoradamente e com grande número de circunlocuções que tornam mais lento o ritmo da frase[a]. Nas sonatas, o *adagio* ou parte lenta sempre constitui a parte sentimental.

Assim, portanto, podemos dizer que a psicologia é uma forma de lentidão ou, numa linguagem musical, que "o *adagio* é o tempo natural do sentimento". Ao contrário, na moral, a ação é sempre premente, urgente, e não tolera nenhuma lentidão.

Além disso, o que é psicológico ocupa um certo volume. Há uma oposição certa entre o *homo ethicus*, cuja vocação é a ação, e o homem psicológico, que só se interessa pelos mecanismos da ação. Poder-se-ia, por conseguinte, conceber uma psicologia da ação.

Na intenção moral, o motivo da intenção é o outro, mas, na psicologia da ação, esquecemos esse motivo pelo qual agimos e, portanto, substituímos o fim pelo meio.

Poderíamos comparar as relações entre a moral e a psicologia com as relações que existem entre a intenção, a finalidade da linguagem (que é essencialmente falar,

---

[a] Ver o primeiro volume de *À la recherche du temps perdu* de Marcel Proust: *Du côté de chez Swann*, Gallimard, 1913 (pp. 65-7, conforme as edições) (Gallimard, col. "Bibliothèque de la Pléiade", 1987).

exprimir-se e fazer-se compreender), e a estilística, a gramática, que estudam a linguagem em si como um fenômeno particular. Há que observar, aliás, que a gramática é uma disciplina nascida na Grécia numa época de decadência, na época dos estóicos e dos neoplatônicos (séculos III e II a.C.).

Em conclusão, essa psicologia da ação desloca o interesse do fim para os meios. Ela esquece a razão de ser intencional para se dedicar a uma "autoscopia" complacente. Ela justifica a desconfiança que certos psicólogos manifestam para com a introspecção.

Assim, Fénelon criticava seus penitentes por se comprazerem em demasia com as sutilezas da introspecção; ele preferia uma psicologia mais simplista, mais sumária[134]. Do mesmo modo, o homem que se deixa absorver pela ação do amor não tem tempo de se comprazer com a psicologia do amor.

É talvez nesse mesmo sentido que se tem de compreender as críticas que Pascal fazia a Montaigne. Ele escrevia, notadamente, falando de Montaigne: "O eu é odioso" e "o tolo projeto que ele teve de se retratar"[a][135]. Com efeito, aos olhos de Pascal, Montaigne era psicólogo demais para se interessar pela única coisa importante e necessária: sua salvação. Uma vida tão curta quanto a vida humana não foi concedida com a única finalidade de descrever sutilmente os costumes da época, ela deve preparar a vida futura.

Pascal é portanto mais moralista do que Montaigne, ele contesta as sutilezas da introspecção psicológica e já anuncia uma fenomenologia da vontade.

---

[a] Blaise Pascal, *Pensées*, § 62. Ver notas 145 e 163 no fim deste volume.

Vimos as razões pelas quais Kant se preocupa muito pouco com a psicologia. No entanto, ele é obrigado a levar em conta a natureza psicológica e biológica do homem em suas relações com a lei moral, neutra e vazia. Ele precisa portanto recorrer a um intermediário que não seja nem metafísico nem sentimental: é por isso que inventa o respeito, que é o sentimento mais nu e mais austero possível.

Observação: poder-se-ia objetar porém que o respeito não é tão neutro quanto Kant pensava; de fato, o respeito implica freqüentemente um sentimento de afeição ou de admiração.

O formalismo de Kant é portanto um formalismo rigorista.

Houve, no mundo grego, épocas em que a moral, tornando-se mais urgente, tornava-se cada vez mais sumária. Os moralistas que queriam convencer principalmente seu auditório se preocupavam muito pouco com a psicologia.

Assim, Epicteto, em seu manual *Enchiridion*, dá receitas para viver bem em situações prementes[a]. Suas máximas não são longas descrições mas curtas fórmulas, quase sempre no modo imperativo, sem nuances psicológicas ou anedotas históricas. São convites urgentes e prementes à vontade de agir. Pode-se qualificar essa moral urgente de moral da exortação, de moral parenética.

Mas toda moral, mesmo rigorista, implica certo conhecimento do dado psicológico subalterno. Os moralistas podem levar em conta, isto é, aprovar, duas espécies de psicologia.

---

[a] Epicteto, *Manuel*, XI, XXXIII, p. 1124, (em *Les Stoïciens, op. cit.*): "Estabelece para ti um gênero de vida e um tipo de conduta, que observarás tanto em particular quanto em presença dos homens."

a) A psicologia da retórica. Em seu tratado sobre a *Retórica*, Aristóteles escreve que um bom orador deve conhecer as motivações ocultas dos homens[a136].

Com efeito, o orador, para obter o resultado que espera, deve conhecer a psicologia dos seus ouvintes e saber que cordas fazer vibrar. É certo que o modo do discurso será diferente num comício popular ou numa recepção acadêmica. A psicologia da retórica não é desinteressada, não visa conhecer a humanidade em geral, mas convencer ou converter o público restrito a que o discurso se dirige.

b) A segunda espécie de psicologia a ser levada em conta é uma lucidez implacável, que denuncie os mecanismos egoístas dos homens e suas recaídas de amor-próprio.

Kant chamava essa psicologia de dialética natural. Podemos nos perguntar se essa psicologia é uma verdadeira psicologia desinteressada. Ela tem, antes de mais nada, um caráter moral que pretende descobrir em cada homem os cálculos hipócritas do suposto desinteresse. Essa psicologia é sumária: tudo leva ao eu, ao "meu" interesse, à "minha" salvação... isso se torna um refrão monótono. Em La Rochefoucauld, por exemplo: suas máximas são variações infinitas sobre o tema lancinante do ego, do eu egoísta.

Essa psicologia implacável e monótona é secundária e um tanto factícia: de fato, o ego é uma verdade imutável, à qual sempre se tem de voltar. Essa psicologia trata portanto da realidade simplista e sumária do egocentrismo conservador.

---

[a] Aristóteles, *Rhétorique*, II, I, 1, 1377b, 1378a: "Importa muito, para criar a convicção, principalmente no gênero deliberativo, mas também no gênero judiciário, saber sob que aspecto aparece o orador e que disposição de espírito os ouvintes supõem que ele tenha para com eles e, além disso, em que disposição de espírito eles mesmos se encontram" (org. e trad. fr. M. Dufour e A. Wartelle, Gallimard, 1998, p. 107).

O objeto da "dialética natural" não é descrever uma situação, mas denunciar uma impostura, desmascarar o falso desinteresse. Essa psicologia se torna, no fim das contas, uma arte da decifração.

Nenhuma dessas psicologias, trate-se da psicologia do discurso ou da dialética natural, é uma ciência gnóstica. De fato, ambas são sumárias: elas não exigem nem profundidade nem simpatia humana, somente a intuição basta.

Essas duas espécies de psicologia constituem, na verdade, uma arte da interpretação, uma lucidez analítica, hermética. Elas se interessam unicamente pelos valores morais e negligenciam o homem. A própria natureza do homem, para La Rochefoucauld, é essencialmente má: logo, o homem não poderia se realizar completamente, do ponto de vista moral, a não ser em ruptura com a sua natureza.

Em conclusão: do que vimos, decorre que, na perspectiva das máximas de La Rochefoucauld e da crítica de Kant, é impossível amar ao mesmo tempo a natureza humana e os valores morais.

Após essas preliminares, podemos abordar agora a moral do dever ou a moral que considera o dado sensível um obstáculo a superar. Essa ética difere essencialmente da estética na medida em que a arte se compraz com a forma e quer embelezá-la. Para um artista, toda beleza é um desabrochar da forma.

Vimos antes a diferença que existe entre a vontade e a imaginação, e parece-nos útil recordá-la agora. A imaginação, característica da estética, cria imagens, cria obras estáveis que sobrevivem ao criador. A vontade cria obras natimortas, produz intenções fugidias e evanescentes, que se trata de criar e recriar sem cessar.

Essa distinção permite compreender a relação que liga o eudemonismo grego e a arte na medida em que um e outra têm por objeto o embelezamento do dado sensível e a estilização da vida. Essa idéia de embelezar a vida moral se encontra em cada um de nós.

Os gregos, que se apegavam principalmente ao aspecto estético da vida moral, professavam que a sabedoria representava o estilo formal e grave, que não está à mercê de um capricho. A sabedoria constitui uma estabilidade, uma perenidade que se lê igualmente na ponderação dos movimentos do sábio. Essa concepção bastante ingênua da sabedoria que transparece nos gestos do homem implica porém a desconfiança e a fobia da irritação.

Essa concepção eterna se encontra em muitos filósofos cristãos; entre eles, Fénelon e são Francisco de Sales condenam, ambos, a tensão, a inquietação inútil, os escrúpulos, e aconselham a seus fiéis a apatia e a ataraxia[a][137]. As seitas fenelonianas e salesianas consideram portanto como virtude principal a célebre ataraxia estóica pela qual o homem opõe a continuidade e a constância humanas aos caprichos da natureza. Sêneca, em seu conhecido tratado *De constantia sapientis* [A constância do sábio], evoca igualmente a felicidade da serenidade, felicidade que não se pode distinguir da estética, porque repousa num outro postulado: o de bem viver, de viver "belamente".

Aliás, era evidente, tanto para os providencialistas estóicos como para os epicurianos que negavam a providência, que os modelos morais deviam ser recrutados entre os olímpicos. A beatitude dos deuses era inseparável da sua serenidade. A felicidade se tornava portanto um atributo dos deuses ao mesmo título que a inteligência ou a força.

---

[a] Fénelon, *Lettres spirituelles*, 22, em *Oeuvres, op. cit.*, e Francisco de Sales, *Introduction à la vie dévote* IV, 7 (citado em *Traité des vertus*, t. 3, pp. 334-5). São Francisco de Sales também fala da "avareza espiritual" (cf. ed. Vivès, 1872, pp. 230-1 e 277-8).

Tudo isso prova que, para os gregos, a felicidade entrava na escala de valores e constituía um certo estilo feliz de vida.

O ideal moderno da moral do dever não provém do dado que foi embelezado e purificado. O dado psicológico não é a fonte do ideal ético, como tampouco as formas naturais são a soma das figuras geométricas matemáticas. Estas últimas, como a esfera, por exemplo, são concepções universais e apriorísticas do espírito. Do mesmo modo, o ideal moral não procede do dado sensível, porque este último, mesmo embelezado, sempre conserva sua natureza de dado sensível e não pode passar à ordem moral.

O objetivo da moral do dever não é portanto transformar o dado, mas recusá-lo, reduzi-lo a nada. Podemos retomar aqui a diferença estabelecida antes entre a transformação, a metamorfose que só alcança a forma e a transubstanciação que concerne à própria substância.

Estudamos até agora as morais que transformam o dado; assim, por exemplo, o eudemonismo não passa de uma série de variações sobre o tema do interesse ou do amor-próprio que se manifestam seja neste mundo terrestre, seja no além.

Essas morais se apoiavam na naturalidade e transformavam, transfiguravam essa própria naturalidade. Na verdade, pois, elas se empenhavam em denunciar a máscara hipócrita que encobre o ego. Essa máscara é um meio maquiavélico para resistir ao tempo e à evolução, para permanecer imutável e imóvel. Do mesmo modo, a mentira é outra forma de enrijecimento do indivíduo contra sua evolução e seu devir.

Depois de estudar as morais do *"id quod substat"*, vamos passar ao estudo das morais do *"id quod obstat"*, nas quais a substância é um obstáculo que se opõe às nossas iniciativas e que interrompe nossa conduta moral.

Na verdade, a distinção entre o *"id quod substat"* e o *"id quod obstat"* corresponde a duas concepções filosóficas da matéria e do mal. O *"id quod substat"* é uma concepção demiúrgica e estetizante da matéria. Esta é um substrato neutro e dócil a todas as figuras, constitui um receptáculo de todas as formas que o espírito pode lhe impor. É em suma a "página em branco" de Locke[a], na qual o espírito imprime suas vontades.

Ademais, essa concepção filosófica é otimista, porque considera o mal de forma negativa. O mal é uma privação do bem, e essa privação provém da ignorância. Pode-se dizer portanto que os filósofos eudemonistas consideram que o que é mal não é mau, mas indomado, selvagem.

Assim, Platão, no *Fedro*, compara o mal a um corcel arisco e manhoso[138], ao passo que o cavalo doméstico e dócil é o símbolo do bem[b].

Do mesmo modo, na *Teogonia* de Hesíodo, o caos aparece como pura indeterminação[139], capaz de todas as formas que vão ser delimitadas pela luz. Esse caos, uma vez ordenado, dará nascimento ao cosmos[c].

---

[a] "Suponhamos portanto que, no início, a alma é o que se chama uma *tábua rasa*, vazia de todos os caracteres, sem nenhuma idéia, qualquer que seja [...]. De onde ela extrai todos esses materiais que são como que o fundo de todos os seus raciocínios e de todos os seus conhecimentos? A isso, respondo com uma palavra: da experiência. É ela o fundamento de todos os nossos conhecimentos e é dela que eles extraem sua origem primeira" (Locke, *Essai philosophique sur l'entendement humain*, II, 1 a 4, trad. fr. Coste, Vrin).

[b] Ver nota 81 no fim deste volume.

[c] Hesíodo, *Théogonie*, trad. fr. J.-L. Backès, Gallimard, col. "Folio", 2001. Sobre Hesíodo, ver também nota 51 no fim deste volume.

Parece, pois, que a indiferença original, isto é, a ausência de toda diferença, não é antimoral, mas sim pré-moral; parece que ela constitui o fundamento de toda vida moral. O dado é portanto a única fundação sensível de uma vocação.

Assim, Platão, num diálogo intitulado *Teeteto*, faz Sócrates falar sobre o sábio Tales: "Somente o corpo [do sábio] tem localização e morada na cidade. Seu pensamento voa por toda parte, sondando os abismos da terra e seguindo a caminhada dos astros [...] sem nunca se deixar descer de volta ao que está imediatamente próximo. Assim, Tales observava os astros e, olhos fixos no céu, caía num poço. Uma trácia, criada viva e trocista, caçoa do seu zelo em saber o que acontece no céu, logo ele, que não sabia ver o que tinha diante de si, a seus pés. Essa caçoada vale contra todos os que passam a vida filosofando"[a140].

Esse exemplo mostra portanto que um sábio não deve olhar unicamente para o seu modelo ideal e racional, mas deve igualmente manter um olhar na terra firme, isto é, na realidade.

Platão, na *República*, parte das aparências sensíveis para alcançar a dialética dos modelos ideais[b141].

A moral do "*id quod obstat*" é uma concepção filosófica muito mais pessimista, mais maniqueísta. O bem e o mal representam dois princípios diametralmente opostos, que lutam entre si com armas iguais. Nessa intuição moral e religiosa, a matéria já não é um fundamento que é preciso embelezar, mas se torna um princípio de corrupção, uma tentação perversa.

---

[a] Platão, *Teeteto*, 174 a-b (trad. fr. Budé).
[b] Sobre a dialética do sensível e do inteligível, ver Platão, *República*, livro VI (fim) e livro VII.

O *Tratado do mal* de Plotino, filósofo neoplatônico, oferece uma curiosa confusão dessas duas concepções da vida ou dessas duas visões do mundo[a][142].

Imbuído de helenismo, Plotino julga o mal de um ponto de vista socrático: o mal é um vazio, uma privação devida à ignorância e que é necessário suprir pela educação. Mas, por outro lado, Plotino, nascido no Egito, foi penetrado pelas filosofias místicas orientais, segundo as quais o mal é o contraprincípio do bem. O mal forma um contra-universo, autônomo e hierarquizado, em que o demônio existe negativamente, como o príncipe do mal. Ao mundo diurno corresponde um mundo inverso, o mundo das trevas do mal. A matéria é considerada, portanto, nessa perspectiva, uma tentação pérfida. Plotino pensa que a aparência quer nos enganar e nos seduzir e que ela tem interesse em nos induzir em erro. Do mesmo modo, na concepção religiosa da Idade Média, a mulher não é mais uma bela aparência como era para os gregos, mas se torna um ser diabólico, intermediário entre o diabo e o homem.

Mas a filosofia do dever não considera a matéria, que é o mal ou o não-ser para alguns, um simples obstáculo que barra o nosso caminho: de fato, esse obstáculo poderia ser afastado e nós voltaríamos a uma filosofia otimista.

Na realidade, o obstáculo é interno à nossa existência, é inerente à constituição do homem. Esse obstáculo é um entrave intestino e intravital; em suma, o obstáculo é o corpo humano. É portanto uma matéria privilegiada que não é nem gratuita nem contingente, mas que

---

[a] Plotino, *Tratado do mal, Enéadas*, I, 8, "Da origem dos males e de onde eles vêm".

é a condição indispensável da nossa vida. Ainda que consideremos o corpo um obstáculo à nossa vida moral, há no entanto que levá-lo em conta para realizarmos nossas funções biológicas.

A corporeidade aparece portanto como um intermediário entre a matéria propriamente dita e a espiritualidade, entre o exterior material e a ipseidade da alma.

Mas a própria corporeidade apresenta características psíquicas. Ela aparece no próprio interior da psique com o nome de prazer ou, pelo menos, com a aparência do desejo de prazer ou do comprazimento com o prazer, e acompanhada de toda uma organização das tendências voluptuosas. Vemos agora que o obstáculo está intimamente misturado à substância da vida mental, ele é portanto o que há de mais difícil de superar, porque não podemos notar o obstáculo sem empobrecer nossa existência moral.

O obstáculo aparece portanto como um princípio heterogêneo, mas indiscernível, da própria substância nossa que ele explica.

Até aqui observamos uma gradação na busca do obstáculo: ele era primeiro a matéria, depois o corpo, por fim o prazer.

Certos filósofos pessimistas vão mais longe ainda e afirmam que o verdadeiro obstáculo é a existência do "eu para mim mesmo", isto é, o eu é inimigo do eu. Isso à primeira vista parece um paradoxo e nesse sentido há oposição entre o eu e o prazer. De fato, o prazer ainda pode ser considerado exterior ao eu, pode ser considerado um acidente extrapsíquico e superficial. Ele representa o papel de um epíteto em relação à minha existência.

PRIMEIRA PARTE 113

Quanto ao eu, como pode ser obstáculo ao eu?[143] É impossível, por causa da sua própria existência. Cf. *Jenseits des Lustprinzips* [*Além do princípio do prazer*] de Freud[a].

Assim, para Descartes, o obstáculo à verdade era constituído pelos sentidos, pelos preconceitos, pela esfera do sensível e do mecanismo[b]. Para Malebranche, esse obstáculo era a experiência da consciência e da reflexão[c][144]. Mas, para Pascal, é a própria existência do eu que constitui um obstáculo. Pascal diz: "O eu é odioso."[145] Não se deve julgar esse pensamento como uma crítica ao egoísmo, o que não teria nenhum interesse, mas entender com isso que o eu é um obstáculo à verdade pelo próprio fato da sua presença[d].

A verdade é portanto interceptada por certo anteparo que não é nem a sensibilidade nem a concupiscência espiritual, mas que é o próprio ser.

Schopenhauer, o filósofo do pessimismo, afirmará que o obstáculo à verdade é o fato de ter nascido sem ter sido consultado[146]. Por conseguinte, para remover esse obstáculo, só há uma solução, que é se suicidar. Portanto a existência inteira constitui o mal nessa concepção de um pessimismo radical. Mas aparece claramente que, suprimindo o obstáculo, suprime-se ao mesmo tempo o ser.

O homem se encontra portanto diante de um dilema insolúvel, diante de uma alternativa em que as duas

---

[a] Sigmund Freud, *Au-delà du principe de plaisir. Essais de psychanalyse*, 1.ª parte, trad. fr. S. Jankélévitch, "Petite Bibliothèque Payot", reed. 1951.

[b] René Descartes, *Meditações metafísicas*, especialmente a "Primeira meditação".

[c] Malebranche, *Oeuvres*, org. fr. G. Rodis-Lewis, Gallimard, col. "Bibliothèque de la Pléiade", 1979-1992.

[d] Blaise Pascal, *Pensées*, 455. Ver também notas 150 e 145 no fim deste volume.

eventualidades são igualmente desesperadas: ou viver em estado de pecado por causa da presença do meu ser; ou morrer. De fato, essas duas eventualidades só deixam ao homem a opção entre duas espécies de morte.

É preciso observar no entanto que certos filósofos imaginaram uma outra solução para esse dilema. Para Platão, por exemplo, a essência verdadeira não é o corpo mas a alma[147]; por conseguinte, a morte desfaz a simbiose do corpo e da alma e restitui a alma à sua verdadeira essência. Mas esse espiritualismo, que se refugia na sobrenaturalidade, revela-se uma filosofia bastante simplista.

Na verdade, não é o ego em si que é obstáculo à vida moral, mas a vontade do ego, o comprazimento que se tem com adular esse ego, isto é, o egoísmo, a filáucia, o amor a si ou o amor-próprio.

O mal reside, pois, unicamente na intenção e não nos fatos. Não é portanto o prazer que é um obstáculo, mas o comprazimento que uma pessoa atribui ao seu próprio prazer em detrimento de outrem: essa concepção do mal faz renascer em nós uma certa esperança, porque o obstáculo é portanto de natureza pneumática e reside essencialmente na maneira de querer. Mesmo no pessimismo superagudo que é o maniqueísmo, podemos descobrir certo otimismo, uma vontade de minimizar o obstáculo, de futilizá-lo tornando-o visível aos olhos de todos para afastá-lo das raízes da vontade.

Assim, Plotino se empenha em demonstrar que os "seres noturnos" são, na verdade, a fonte da maldade humana[a][148]. Plotino obedece a um movimento filantrópico, rejeitando a responsabilidade do homem num princípio

---

[a] Plotino, *Enéadas*, I, 8, § 13 e 15, "Da origem dos males e de onde eles vêm".

exterior, isto é, em Satanás, princípio noturno do mal. Nessa concepção, o mal tornou-se gratuito, sua origem é factícia, pois nesse caso se ignora por que razão ele existe.

É preciso, aliás, observar que o corpo não é sentido como um obstáculo, a não ser nos estados anormais, em caso de doença ou de sofrimentos morais. De um modo geral, o corpo executa suas funções sem que o homem tome consciência disso. Certos filósofos utilizam a dor como obstáculo ao ser natural ou ao ser moral.

Assim, Pascal escreveu uma *Prierè pour demander à Dieu le bon usage des maladies* [Prece para pedir a Deus o bom uso das doenças], em que indica por que motivos às vezes é bom o corpo ficar enfermo[149]: "Faz-me entender que os males do corpo não são outra coisa senão a punição e a manifestação dos males da alma. Mas, Senhor, faz também que aqueles sejam o remédio destes, fazendo-me considerar, nas dores que sinto, as que não sentia em minha alma, embora toda enferma e coberta de chagas."[a]

A dor problematiza, pois, o que não era problemático, desempenha o mesmo papel que o escrúpulo na vida moral. De fato, o escrúpulo é uma interrupção que problematiza um gesto totalmente natural, à primeira vista. Da mesma maneira, a dor problematiza uma função vital natural. Resulta que o obstáculo quer contrabalançar a vida moral e quer diferenciar a *bíos* da *zoé*.

---

[a] Blaise Pascal, *Opuscules*, VIII, em *Oeuvres complètes*, Gallimard, col. "Bibliothèque de la Pléiade", 1998, 2000, p. 605. Essa meditação veio à luz em 1666, numa coletânea editada em Colônia e intitulada *Divers traités de piété*, depois foi reimpressa na edição de *Pensées* de 1670 e nas edições seguintes datando da juventude de Pascal. O volume da Pléiade segue o texto da edição de 1670 (pp. 605 ss.). L. Brunschvicg reproduziu o texto de 1666 (*Oeuvres de Pascal, op. cit.*, t. IX, p. 323).

Resumindo, esses obstáculos são a evidência do corpo, a reflexão sobre essa evidência primária e o incômodo que decorre do conflito entre a evidência corporal e a reflexão.

Conclusão: percebe-se portanto que o maniqueísmo pessimista e a moral grega otimista se encontram finalmente numa certa ótica otimista, que pretende que o mal, ou o obstáculo, é externo ao homem. Há em toda natureza, mesmo que corrompida, uma centelha de pureza original; essa centelha é a consciência. Assim, Rousseau, como os teólogos, pensa que o homem é primitivamente puro e foi maculado por um mal vindo de fora[150].

Devemos no entanto compreender bem que essas duas concepções se reduzem finalmente a subterfúgios para afastar o mal da responsabilidade do homem.

Exame das concepções do obstáculo:
1. De maneira simplista, muitos filósofos consideram que o corpo constitui o obstáculo, de diversos pontos de vista:

– do ponto de vista espacial, pode-se considerar que o corpo freia o movimento, que tem um peso e um volume que se opõem à sua ascensão;

– do ponto de vista temporal, o corpo é um retardador, é um "tardígrado" e demora a se emocionar.

Vistas sob esse prisma, a corporeidade e a materialidade se opõem aos movimentos da vida moral, movimentos impalpáveis e livres. O agente moral está portanto incomodado por sua matéria corporal maciça. Esse incômodo se deve ao caráter esporádico das tendências que se cruzam em nós e que são, por um lado, a vida corporal (a *bíos*) e, por outro, a vida moral (a *zoé*). Segue-se daí que os filósofos espiritualistas se queixam do peso da sua naturalidade e do desequilíbrio entre as suas tendências.

Assim, Alain medita sobre "o peso do corpo que se desprende", ao falar de um metafísico que sente o súbito desejo de bocejar[a][151].

Do mesmo modo, sabemos que a fome ou a sede impedem um pensamento ativo.

A vida corporal e a vida moral têm portanto tendências independentes uma da outra, e isso pode parecer chocante.

É preciso notar, aliás, que esse problema não é especificamente ético, ele concerne igualmente ao pensamento, à inteligência. Isso se verifica pela metodologia dos pensadores racionalistas do século XVII. "A higiene da inteligência" foi a preocupação dominante para filósofos como Descartes, Malebranche, os senhores de Port-Royal e até Leibniz, em certa medida. Eles viam no peso e na inércia do corpo, considerado como obstáculo, a causa essencial das nossas distrações, das nossas ilusões de conhecimento, e chamavam esse fato de "idologia". Alertavam portanto o homem contra a confiança excessiva em seus sentidos.

Mas esse alerta é de natureza unicamente especulativa, não é próprio do domínio moral.

Assim é que La Fontaine falou da ilusão que levou um homem a confundir uma vara boiando com um camelo[b][152].

Esses pensadores pretendem inclusive que pensar com palavras se torna um fato corporal e não mais espiritual. As palavras se encadeiam umas às outras e subs-

---

[a] Alain, *Les Idées et les âges*, em *Les Passions et la sagesse*, Gallimard, col. "Bibliothèque de la Pléiade", 1960, pp. 10-1.

[b] Jean de La Fontaine, *Fábulas*, livro IV, fábula X: "O camelo e as varas flutuantes".

tituem o pensamento, que nesse caso fica a reboque da linguagem.

Assim, pois, os filósofos do século XVII denunciaram as inclinações à facilidade, que impedem de pensar ativamente.

Do mesmo modo, no século XIX, Remy de Gourmont oporá às "associações" de palavras ou de idéias "dissociações"[153], isto é, meios próprios da alma para reagir contra as preguiças materiais, físicas, do corpo, que dispensam o esforço de compreensão.

Pode-se concluir do que precede que toda a crítica metodológica do século XVII atacava essencialmente o homem frívolo, versátil e fútil. Aliás, esses ataques encobriam um fundo de preocupações religiosas mais ou menos sinceras.

Assim, Malebranche, padre cujos sentimentos religiosos são reais, escrevia: "O homem possui um entendimento cuja capacidade é limitada." Por conseguinte, ele atribuía a causa da frivolidade humana ao pecado original[154]. Já Descartes só menciona o pecado original por ser cristão e não poder fazer de outra maneira: suas preocupações religiosas são unicamente de ordem formal.

Querendo lutar contra as dissipações dos sentidos, a metodologia do conhecimento se aproxima, em certa medida, do problema ético ou dietético. Ela luta em dois planos: contra a retórica dos lugares-comuns e contra a vontade sensual.

Mas, se nos ativermos à teoria do corpo considerado como obstáculo, logo perceberemos que essa teoria também é otimista e eudemonista. De fato, o obstáculo nela seria puramente negativo ou privativo, assim como o pecado em Sócrates ou o mal em Leibniz são somente noções negativas, devidas à ignorância das noções positivas do bem.

Nesse sentido, o asceta não luta mais contra um inimigo, mas simplesmente resiste ao torpor e ao sono corporais.

Dessa primeira concepção podemos concluir que nosso corpo é só peso e torpor, que portanto ele é negativo e se opõe ao pensamento, que é todo positividade.

2. Uma outra concepção do obstáculo afirma que o corpo não é um simples princípio de peso, mas também é a fonte de uma má vontade, isto é, contém um princípio de positividade.

O obstáculo é portanto diferente do corpo, que por si mesmo é indiferente, nem bom nem ruim; o obstáculo verdadeiro é o egoísmo, isto é, o ato de se pôr por inteiro a serviço do ego.

O egoísmo não é um simples obstáculo inerte, é um movimento, uma intenção, uma vontade que se exerce no sentido do mal.

Existe pois um conflito entre duas intenções: a boa e a má. Essa nova concepção do obstáculo supõe portanto que a resistência já não basta, mas implica a vontade de resistência.

Assim, o mal não passa de um espírito, não passa de uma intenção de prejudicar. Podemos qualificar o mal de "contravontade", à qual há que responder com a "boa vontade".

Pelo menos a esse respeito, o corpo representa mais do que um obstáculo, ele se torna de certo modo um elemento metafísico: de fato, ele pode ser considerado a encarnação do mal e a fonte da má vontade.

Assim é que os clássicos e os teólogos consideravam que o corpo, em conseqüência do pecado original, era a origem de toda concupiscência: esta englobava todo o domínio sensível e tinha uma profundidade e uma dimensão metafísicas inquietantes, que o mal revelava.

Essa idéia da profundidade no sensível se encontra igualmente na psicanálise de Freud: um lapso ou um ato falho são interpretados como reveladores de uma dimensão mais profunda[155], dimensão essa que é a libido, o recalque[a]...

Assim, examinamos sucessivamente: o corpo; as inclinações e a espontaneidade cega expressas pelas necessidades elementares do corpo: essas tendências são indiferentes em si; as tendências e as necessidades orientadas.

3. Ultrapassamos agora um novo grau na concepção do obstáculo, considerando-o uma tentação. Esta implica uma dimensão inquietante e os homens pressentem tão bem que essa dimensão está encarnada neles que a projetam num ser exterior e interessado em sua perda: esse ser é o Tentador, Satanás ou a Lorelei.

Tudo isso reflete uma conivência secreta do homem com o que deve destruí-lo, isto é, com a tentação.

De fato, se o obstáculo fosse um simples impedimento, a consciência seria pura e inocente, mas, no caso que nos preocupa, a consciência se faz cúmplice da tentação.

Assim, as sereias são uma criação dos marinheiros, dos homens atraídos pelo nada. Eles projetam a tentação da morte fora deles próprios e atribuem-na às sereias.

Do mesmo modo, quanto mais o homem se sente ameaçado em sua vida moral, mais ele experimenta a tentação de se perder no nada, de se aniquilar.

A tentação implica portanto uma complexidade dialética, um pacto secreto do homem com o princípio da sua perda.

---

[a] Sigmund Freud: "Quando, num discurso importante numa negação verbal, alguém comete um lapso, [...] comete um erro dificilmente explicável pela teoria psicofisiológica ou pela teoria da atenção" (*Introduction à la psychanalyse*, trad. fr. S. Jankélévitch, Payot, 1961, p. 40).

O corpo encarna portanto um obstáculo que está nele e adquire assim uma positividade que vamos justificar com três exemplos: a covardia, a gula e a vaidade.

a) Na covardia, o corpo não é uma simples massa inerte e pesada, mas sente um prazer de fuga em vista do que o apavora.

Assim, em grego, a palavra *phóbos* significa medo e fuga. A covardia tende portanto no sentido inverso ao da coragem, ela não é uma coragem de grau zero, isto é, uma ausência de coragem, mas uma vontade em sentido contrário: poderíamos qualificá-la de "contracoragem".

Na medida em que a covardia se torna um pecado ou um vício (por exemplo, quando alguém deixa um homem se afogar sem intervir, quando podia nadar), essa covardia manifesta uma contra-vontade, uma contra-intenção devida ao egoísmo.

b) Na gula, como Hieronymus Bosch dizia no século XVI[a156], a má vontade assume um caráter positivo e conquistador. A pleonexia (isto é, o fato de desejar sempre mais) exprime o caráter comparativo da gula. Bergson via nela um "princípio de frenesi", um crescendo ou um sobrelance[b157]. De fato, a saciedade não só não satisfaz em absoluto essa tendência, como é inclusive o ponto de partida de uma nova tendência. É o que explica a distinção estabelecida entre a "avareza" e a "cupidez".

---

[a] Hieronymus Bosch (c. 1450-1516).

[b] Ver Henri Bergson, *Les Deux Sources de la morale et de la religion*, cap. 4, sobre a lei do duplo frenesi: "Quando uma tendência, vantajosa em si, é incapaz de se moderar de outro modo que não pela ação de uma tendência antagônica, a qual se torna assim igualmente vantajosa [...], proporemos então chamar de lei do duplo frenesi a exigência, imanente a cada uma das duas tendências uma vez realizada pela separação destas, de ser seguida até o fim – como se houvesse um fim!" (PUF, col. "Quadrige", 2003, pp. 315 ss.).

A avareza é o simples desejo de adquirir e conservar o que se tem. É um vício muito pouco difundido sob essa forma. Quanto à cupidez, é o desejo de aumentar sem cessar o que já se possui e capitalizar o todo. É uma tendência agressiva que está sempre em movimento.

c) Quanto à ambição e à vaidade, pode-se dizer que são os motores mais importantes na sociedade humana. Esse desejo de glória é um excesso, um tumor que não pára de inchar. Nesse crescendo sempre em movimento, o homem já não encontra o princípio da interrupção, princípio que somente a razão forneceria para suspender essa ação frenética antes da ruptura final.

A vaidade é portanto uma vontade conquistadora do ego, que sempre deseja mais e que tende, em seu imperialismo, a ocupar o maior espaço possível.

Esses três exemplos ilustraram portanto o princípio comparativo no mal, mas voltaremos a encontrar esse princípio de frenesi em sentimentos totalmente opostos, como no amor, por exemplo.

O amor também ignora os limites e a medida, está perpetuamente insatisfeito e sempre quer mais. No *Banquete* de Platão, Aristófanes também diz que os amantes que se olham nos olhos "sempre esperam alguma coisa a mais, desejam um além"[a][158]. O amor vive de progresso, de novidades. Se ele se estabilizar, está perdido.

Encontramos portanto, na intenção amante e na contra-intenção egoísta, a existência do mesmo princípio, mas essas intenções se diferenciam essencialmente por seu valor qualitativo.

---

[a] Platão, *Banquete*, 192d: "Mas é na verdade uma outra coisa que manifestamente a alma deles deseja, uma coisa que ela é incapaz de exprimir." Ver também o capítulo sobre o "desejo de imortalidade", *Banquete*, 207a-e. E ver nota 91 no fim deste volume.

O egoísmo toma tudo para si, sente a necessidade de devorar o outro. O amor, ao contrário, é o desejo de se aniquilar nos outros. É uma sede de abnegação na qual o homem se nega a si mesmo indefinidamente, no desejo de afirmar os outros. Mas em ambos os casos a saciedade é desconhecida. A fome egocêntrica de engolir o outro ou a fome heterocêntrica de deixar-se devorar pelo outro renascem perpetuamente de si mesmas.

O obstáculo é portanto bem diferente de uma massa inerte: ele é essencialmente dinâmico. Todas essas necessidades avançam em progressão geométrica, o que será justificado por dois exemplos: a injustiça; a ingratidão ou a infidelidade.

A injustiça, segundo uma dialética interna, tende a aumentar e a se alimentar de si mesma. Numa sociedade injusta, nada mais pode interromper o desequilíbrio: as desigualdades crescerão e as partes se repartirão de uma maneira cada vez mais escandalosamente desigual. A injustiça é devoradora e monstruosa, ela acabará destruindo o corpo social, e somente um princípio transcendente poderá interrompê-la.

A infidelidade não é totalmente culpada, se não passa de distração e esquecimento "corporal". Mas torna-se uma verdadeira falta se procede de uma má vontade, de uma decisão intencional para esquecer o outro e negligencia-o por causa de uma ausência de amor ou de uma preocupação excessiva do ego.

4. Para além de todas essas formas de entraves mais ou menos positivas, encontraremos a "culminância" da contravontade na maldade.

A maldade é uma má vontade que se exerce a título puramente gratuito, é uma vontade de destruir o outro, mesmo que à custa de si mesmo. O homem mau chega a odiar outrem de uma maneira desinteressada, pelo prazer de odiar, sem que haja para esse comportamento nenhuma explicação hereditária, ou psicanalítica, ou fisiológica. Esse caso-limite, raro, parece a manifestação no estado puro da vontade de fazer o mal.

Nesse sentido, o ódio puro aparece como o reflexo negativo do amor: ambos negligenciam o ego para se abismar no outro, um para amá-lo até o paroxismo, o outro para odiá-lo e destruí-lo.

Vimos precedentemente que o prazer se opunha à tentação, na medida em que o prazer exige ser consumado, na medida em que o gozo é da ordem vivida e não mais especulativa.

Mas a própria atração do prazer, da sensação física, já é uma tentação, na medida em que as aparências enganadoras nos seduzem e nos induzem em tentação.

Por outro lado, o homem contribui para forjar o princípio que o seduz: ele é tentado por sua fraqueza, por sua contravontade. É o que constitui o caráter íntimo da tentação. Mas o homem não gosta de reconhecer essa ambivalência em si próprio, por isso prefere jogar a causa dela na existência de um objeto tentante ou de um princípio tentador externo à sua pessoa.

Assim, no Gênesis, três personagens entram em jogo para explicar o pecado original: Adão é tentado por Eva, esta é seduzida pela serpente, que por sua vez é a encarnação do mal[a][159].

Quanto mais termos envolvidos houver, menos a tentação será íntima; mas, na verdade, no drama triangular da Bíblia, os três termos coincidem e são a expres-

---

[a] Gênese 3, 2-16.

são da minha própria vontade, a expressão do segundo aspecto do querer que é sempre um biquerer, como sabemos das primeiras aulas.

Observação: encontramos aqui a condenação de Kant contra o mal e mesmo contra a simples presença do que poderia se tornar uma tentação, como por exemplo o prazer em fazer o bem.

Os catecismos e os códigos morais falam do duelo entre a boa e a má vontade; mas se a má vontade é concebida como um aspecto particular da boa vontade, isto é, se a má vontade faz parte do eu, que se torna nesse caso a luta? Ela se torna um combate metafórico consigo mesmo e é, na verdade, uma decisão súbita, uma conversão à inocência do bom querer. Mas não se pode dar uma receita para realizar essa conversão, porque, como dizia Sêneca numa epístola a Lucílio, *"velle non discitur"*: querer não se aprende. Nesse sentido, o obstáculo se torna uma miragem e o problema some, não existe mais.

Na mesma ordem de idéias, uma novela de Tolstói, *A morte de Ivan Ilitch,* apresenta um personagem, Ivan, que, no momento de morrer, compreende que o medo da morte sempre procede da imaginação[160]. Ele compreende que todas as imagens de morte que imaginou durante a vida não têm nenhuma objetividade: a morte nua e crua não é nada, e "a paz desce em seu espírito"[a].

Assim, pois, o obstáculo procede de uma imaginação superaquecida e temos de nos desfazer de todas as metáforas relacionadas com o "atletismo" moral, metáforas imaginadas pelos cínicos, que viam em Héracles a encarnação de todas as virtudes.

---

[a] Em *Souvenirs et récits*, trad. fr. de B. de Schloezer, Gallimard, col. "Bibliothèque de la Pléiade", 1978.

Resumo das etapas percorridas neste capítulo:

1. Verificamos que o dado na vida moral não era apenas uma natureza bruta, inelaborada e inerte que havia que estimular e estilizar.

2. Verificamos por outro lado que não é tampouco um contraprincípio, uma antinatureza, e recusamos o maniqueísmo, isto é, a idéia de que o obstáculo tem por princípio Satanás. Esse contraprincípio é uma noção essencialmente religiosa e mitológica.

3. Assim, chegamos à idéia de uma contravontade, de uma má vontade, que é um aspecto, um relevo particular da vontade.

Por conseguinte, os remédios não são:

– o embelezamento, a estilização estética;

– a expulsão, o aplanamento do obstáculo atravessado em nosso caminho;

– a luta contra o princípio do mal (este é um remédio religioso);

– o verdadeiro remédio é portanto uma conversão à boa vontade, uma renegação do ato instantâneo da boa vontade.

Lembramos a esse respeito a distinção entre "negar" e "renegar". "Negar" é constatar que o obstáculo é negativo; "renegar" é contradizer ativamente a negação, é uma operação do espírito que se volta sobre si mesmo.

Observações:

1. Examinando atentamente as conclusões a que chegamos, logo se perceberia que a nossa filosofia, que considera o obstáculo uma contra-intenção, ainda seria otimista. De fato, esse falso obstáculo poderia se anular graças à nossa boa vontade.

2. Na verdade, o obstáculo é um instrumento do nosso progresso moral. Assim, Platão, no *Fédon*, rejeita com-

pletamente o corporal. Mas, a partir da *República* e em suas últimas obras, ele julga que o sensível é um ponto de partida e um meio de progresso. O corpo adquire, portanto, mesmo nesse filósofo sobrenaturalista, uma positividade e uma utilidade relativas.

3. O obstáculo se cola na nossa carne e sua expulsão provoca em nós uma ferida duradoura. De fato, o defeito é sempre a condição da qualidade: assim, é o medo que faz a coragem, assim como a morte é a condição da vida. Encontramo-nos pois numa situação complexa, dilacerada e contraditória.

SEGUNDA PARTE DO CURSO

PLANO DO CURSO

Estudo da realidade em relação:
– ao futuro (a ação está por fazer);
– ao passado (a ação foi consumada);
– ao presente (a ação se faz).

A REALIDADE MORAL CONCEBIDA EM RELAÇÃO AO FUTURO

Podemos nos indagar por que razão colocamos o problema no tempo. Não será nos arriscar a rediscutir problemas que já foram objeto de exame? Na verdade, o emprego do indicativo implica que escolhemos um ponto de vista descritivo.

O indicativo é portanto uma narração de acontecimentos e de experiências vividas, mas essa descrição não tem necessariamente um valor ético.

Sabemos que o único tempo utilizado em moral seria o imperativo, modo que se encontra nas fórmulas dos moralistas como Aristóteles ("Tem vergonha de ti mesmo") ou Kant ("Age"). Nesse caso, o mandamento ético visa um futuro ideal, que implica a realização do que a ordem moral exige no imperativo.

Assim, o fator tempo tem uma importância; o objeto do seu estudo não será, de modo algum, descrever um itinerário de fatos, mas antes aconselhar, prescrever o que convém fazer.

O relato de uma vida não é portanto, necessariamente, uma lição a seguir, nem um exemplo a imitar; mas pode ser instrutivo descrever as etapas pelas quais um homem passou, mesmo que essas etapas nem sempre tenham um valor moral, mesmo que comportem erros e hesitações.

O itinerário da vida psicológica é sinuoso, cheio de interrupções e de intermitências, está portanto bem distante da linha reta, ideal, da vida moral.

Poderíamos até afirmar que, quanto mais uma vida comporta acontecimentos a contar, menos ela é moral. Isso se verifica também nos romances: um romancista teria pouca matéria se o tema do livro fosse uma vida virtuosa exemplar, em que nenhum acontecimento, nenhuma história ocorresse. De fato, são esses acontecimentos, esses erros e essas hesitações humanas que "forjam" tempo e oferecem uma rica matéria ao escritor.

Assim, desde o início de *Ana Karenina*, lemos as seguintes palavras: "Todas as felicidades se parecem, mas cada infortúnio tem sua fisionomia particular."[a161] Isso prova que a virtude, tal como a felicidade, não tem história.

Poderiam objetar que há "Vidas de santos", mas essas hagiografias só se prestam a uma narração em razão das tentações e dos erros desses santos. Assim, *As confissões* de santo Agostinho podem nos parecer uma obra edificante, mas seus únicos elementos romanescos são a narração da sua vida de prazeres antes da sua conversão[b162].

---

[a] Leon Tolstói começa seu livro com estas palavras: "Todas as famílias felizes se parecem; as famílias infelizes são infelizes cada uma a seu modo" (trad. fr. E. Beaux, S. Luneau e H. Mongault, Gallimard, col. "Bibliothèque de la Pléiade", 1951).

[b] O início do livro II das *Confissões* é uma confidência sobre "as desordens da sua juventude". No livro IV, o capítulo 1 fala de "nove anos de erro" e de "relações funestas". Ver também nota 162 no fim deste volume.

Definir o problema moral parece, pois, um desafio, porque o fator tempo implica intermitências, erros.

a) A temporalidade vivida é o oposto do caminho moral direto, ela é feita de caprichos, de fantasias desordenadas, passa alternativamente da esperança ao desespero, do otimismo ao ceticismo. Assim, o *Diário* de Maine de Biran[163] (1766-1824), homem doentiamente sensível à atmosfera que o rodeia, é uma prova notável de que um relato pode ter um caráter dramático, irregular e, no entanto, não possuir nenhum caráter moral.

b) Poderiam igualmente objetar que a noção de temporalidade está ligada à existência psicossomática do homem. A historicidade do devir só pode resultar do fato de que o homem tem uma vida carnal; esta última diferencia os momentos baseando-se nas oscilações que decorrem da própria existência corporal: as esperanças, os humores, as penas, os desejos... Logo, há um vínculo entre a temporalidade, cujas dimensões aceitamos, e esse estado de mistura do homem com seus incidentes e seu pitoresco.

Mas o que é verdade para a biografia individual é verdade também no que concerne à história coletiva; a história só existe em razão das faltas, dos erros cometidos pela espécie humana; podemos dizer, retomando o mito bíblico, que o começo nasce do "primeiro pecado", desse pecado que foi um acontecimento num paraíso em que, por definição, nunca acontecia nada! Esse primeiro acontecimento desencadeou uma torrente de crimes, de massacres e de guerras, que constituem a própria matéria da história.

Nessa visão, a moralidade pura é ante-histórica, pré-histórica, e a história implica uma série de acontecimentos somente na medida em que não é moral e em que abandonou a linha reta, a *via recta* da moral.

É talvez por essa razão que Kant se recusa a recorrer aos exemplos emprestados do histórico, como os estóicos faziam com tanta freqüência. Assim, Plutarco, para ilustrar a existência moral, descrevia a vida de Alexandre Magno.

Essas objeções permitem constatar que geralmente se confunde:

– o reino dos fins ideais, o estado de perfeição e de acabamento que tem diferentes nomes segundo os filósofos ou os teólogos: é a república dos espíritos, para Leibniz; a sociedade sem classes, para o comunismo; o reino dos fins, para Kant; a Cidade de Deus, para santo Agostinho; a Cidade mística, para outros teólogos;

– com, por outro lado, o esforço moral efetuado pelo homem para alcançar esse fim ideal. Esse esforço tem como único objetivo preencher a margem infinita entre a natureza humana e esse horizonte divino, radioso, em que as virtudes serão crônicas. O esforço moral marxista, por exemplo, quer culminar na realização de um Estado ideal em que a história verá seus limites e terá desenvolvido todas as suas possibilidades.

Vamos estudar esse reino dos fins, essa escatologia que está fora do tempo, mas o objeto do nosso estudo será precisamente esse esforço moral cotidiano. O tempo é a dimensão do esforço moral, do dever laborioso e penoso. Por isso Adão, por cometer o pecado, foi condenado ao trabalho; tornou-se "um forçado do tempo".

A dimensão do tempo não depende, portanto, da realização do trabalho moral, mas reside no próprio trabalho, no "exercício" cotidiano.

Se quisermos concluir provisoriamente o que já vimos, podemos dizer que:

– o ideal moral, qualquer que seja o nome que lhe damos, é intemporal e supra-histórico, ele intervém no término da história;

– mas o homem, esse ser finito e imperfeito, representa esse ideal no futuro.

Assim, os profetas sempre se exprimem no futuro; o atemporal do reino dos fins aparece como um futuro para o homem que vive num tempo disjunto; do mesmo modo, os filósofos utopistas, que falam sem cessar do "Porvir", são naturalmente futuristas.

A própria eternidade, que por definição não possui nem início nem fim, aparece no entanto como um futuro. Isso, à primeira vista, parece paradoxal. Mas, em todas as filosofias idealistas, a noção de eternidade implica a idéia de um advento de uma nova vida, de uma vida eterna. O homem espera a imortalidade: esta é, na verdade, uma eternidade que ainda tem um pé no temporal. É uma eternidade que não tem fim, mas que começa, que tem um início num momento preciso.

Pode-se tentar reduzir o imperativo moral às palavras "Faz o bem"; não obstante, são as circunstâncias, os acontecimentos externos e temporais que nos parecem mais interessantes e que mais condicionam nossa atitude. Assim, santo Agostinho dá um relevo particular ao seu arrependimento e aos seus remorsos, com a descrição das quedas e dos erros que cometeu antes de descobrir a verdade[a][164].

Exame da tese que afirma que o futuro é o tempo por excelência da moralidade:

1. O futuro é um tempo privilegiado, por ser o que melhor permite as realizações morais. Mas aqui é necessário fazer um esclarecimento sobre nosso pensamento: o futuro, em si, é indiferente, enquanto o futuro moral possui um valor moral, não por ser futuro, mas por ser

---

[a] Ver nota 162 no fim deste volume.

moral. Com efeito, o fato de que uma coisa seja por vir não basta para torná-la moral, ela tem de reunir além disso certas condições.

Portanto o futuro não é moral incondicionalmente.

Aliás, cumpre notar que essa indiferença original do futuro é comum a todos os sentimentos. Assim, a esperança, em si mesma, é uma virtude ética e até religiosa (está compreendida nas três virtudes teologais do catolicismo), ela proporciona portanto ao homem toda a sua dignidade. Se o homem espera o advento do reino dos fins, podemos qualificar sua esperança de moral. Mas, se espera ganhar na loteria, essa esperança se torna indiferente e até imoral, em certos casos.

Poderíamos provar, assim, que o homem se dá um futuro quando se trata de realizar seus pequenos interesses pessoais, ainda que tenha de explorar os outros para alcançar seu objetivo. A lei age, aliás, no mesmo sentido: ela pune mais levemente um crime impulsivo, espontâneo, devido a uma viva emoção, que um assassinato longamente premeditado. Logo, o tempo pode ser considerado uma circunstância agravante.

O futuro aparece como uma porção de tempo indiferente em si, porção de tempo para a qual se orienta o homem prudente e circunspecto que pretende economizar o porvir para satisfazer seus interesses.

Podemos citar como exemplos o utilitarismo e o hedonismo que estudamos precedentemente.

O futuro é portanto uma condição necessária mas não suficiente da moralidade.

2. A esse respeito, resulta que não é por acaso que a ação do dever implica o futuro e que o dever é estreitamente ligado a este. De fato, o futuro é uma vocação, isto

é, aquilo para o que nós somos chamados. Esse caráter de advento dá ao futuro uma característica particular, a tal ponto que podemos dizer que a própria lembrança é um aspecto do devir. De fato, a lembrança sempre é um advento de uma matéria já antiga.

Isso nos conduz a explicar a diferença entre retrógrados e progressistas.

Um retrógrado, um passadista ou um tradicionalista pensam a matéria do seu ideal no passado, que consideram um modelo ideal a copiar, mas é evidente que a forma do seu pensamento é nova e constitui um advento voltado para o futuro.

Quanto ao progressista, a forma e a matéria do seu pensamento são inteiramente voltadas para o futuro, e são criadas simultaneamente.

A esse respeito, podemos dizer que tudo é no futuro: de fato, a imaginação reprodutora dos passadistas não passa de um aspecto particular da imaginação criadora dos futuristas.

Assim, Michelet fez o passado reviver[165]. Ele combina uma imaginação reprodutora, que restaura e recria as imagens dos tempos passados, com sua imaginação criadora[a].

Podemos dizer portanto que o homem vai sempre em frente (*volens nolens*), mesmo quando crê retroceder; com efeito, para afirmar que o passadista está voltado para o passado e o futurista para o porvir, temos de projetar o tempo no espaço, porque o tempo em si é uma constante futurização.

Por conseguinte, como todo o mundo é necessariamente futurista e como o porvir é sempre indicado veto-

---

[a] Jules Michelet, *La Bible de l'humanité*, Bruxelas, Éd. Complexe, 1998.

rialmente, podemos concluir que nossa ação moral, conduzida pela razão, também deve se dirigir constantemente para a frente. De fato, é melhor olhar francamente diante de si, para que a lembrança não quebre o ímpeto do futuro. Em outras palavras, devemos neutralizar por meio do futuro o contramovimento do retornar.

A própria significação do dever moral é fazer seu o sentido da história, e não freá-la com olhos voltados para o passado. Mas às vezes é difícil decidir se uma utopia moral está voltada para o porvir ou para o passado, se ela empresta seus modelos do passado ou se os cria. As transições são imperceptíveis em certos casos.

Assim, Platão cria um Estado ideal e racional, que é a *República*, é um Estado decididamente futurista[166], que admite a comunidade dos bens e das mulheres, que discute sobre a melhor forma de governo possível. Além do mais, Platão quis concretizar esse Estado ideal na Sicília.

Ao lado desse Platão progressista, há também um Platão conservador, voltado para as tradições, para uma sociedade militarista e aristocrática (ele admirava muito a organização da cidade de Esparta). Em certos casos, ele consulta a religião nacional e recorre às velhas tradições do passado.

O mesmo problema surge quando estudamos as idéias de Rousseau: ele é passadista ou futurista? Os revolucionários de 1789 o consideraram um ancestral da Revolução: o *Emílio* e o *Contrato social* se voltam decididamente para o futuro, para novos sistemas de educação e de vida social. Mas, por outro lado, nos *Discursos*, ele faz a apologia de um paraíso perdido[167], propõe o exemplo de um homem anterior à civilização moderna; exalta um período ideal anterior à história.

Um terceiro exemplo que prova que as distinções entre futuristas e passadistas são quase indiscerníveis está em Tolstói: ele se revela, por um lado, o homem dos novos tempos, o homem que prega a comunidade, mas é também o apóstolo fervoroso da inocência primitiva[168].

Poderíamos dizer, em conclusão, que o futuro extremo remete ao passado extremo e que, inversamente, o passado extremo remete ao futuro extremo. E poderíamos inclusive identificar, no antegosto do futuro, na tendência à escatologia, um imperceptível ressaibo do passado, uma saudade dos tempos que ficaram para trás.

Assim, em grego, a palavra *póthos* significa o "sentir falta", mas no *Fedro* de Platão a mesma palavra adquire o sentido de "desejo". Do mesmo modo, o latim *desiderium*, que significa o "sentir falta", deu origem à palavra "desejo".

Todo desejo voltado para o futuro é simultaneamente um desejo ao revés. O passado é portanto um aspecto do futuro.

3. Podemos verificar da mesma maneira que o presente remete igualmente ao futuro.

Geralmente somos tentados a crer que o presente é o tempo moral por excelência, por ser o tempo da ação que se opõe ao devaneio passadista.

Bergson distinguia entre a lembrança, que é uma saudade romântica do passado, e o presente, que é o prosaico canteiro de obras.

A criação está toda no presente, e podemos dizer que os verdadeiros criadores são os homens que vivem no presente com a sua época e que não se carregam de devaneios voltados para o passado.

Se a oposição entre o passado e o presente continuar válida, podemos nos indagar se o mesmo vale para a distinção entre o presente e o futuro. O dever moral é presente?

Na verdade, a palavra "presente" é somente uma maneira aproximativa de falar. O presente realmente presente já não é o tempo da ação; os acontecimentos inesperados põem o homem no embaraço e no improviso.

O verdadeiro tempo da ação é um presente um pouco futuro, um futuro imediato.

O presente imediato, o que Bergson chamava de "fazendo-se"[a], não é o lugar da ação moral, que requer um mínimo de tempo para se realizar: o que conta, portanto, é o advento do instante em instância[169]. O presente pontual é o quinhão de um ser monocelular, mas o homem, que ocupa certo volume no tempo e no espaço, olha além do presente imediato, especula além do minuto presente. Podemos dizer que um homem só existe na medida em que pode prever e fazer a aceitação do futuro.

Em conclusão, toda ação moral exige a possibilidade de reter as lições do passado que constituem a experiência e exige, por outro lado, a possibilidade de pensar no porvir para se realizar.

Vimos que o presente só é moral se for um futuro próximo.

Poder-se-ia invocar a afirmação epicuriana do *Carpe diem*, que à primeira vista significa o gozo do instante, mas na verdade essa própria fórmula implica um certo lapso de tempo; de fato, *dies*, dia, é um intervalo temporal que supera o instante pontual e, além disso, *carpere*, o ato de colher, requer uma certa sistematização do tempo: é necessário prever a hora e o lugar em que se apresentará a ocasião mais favorável para a colheita.

Do mesmo modo, o passado só é moral na medida em que é um ponto de partida excepcional para o futuro.

---

[a] Cf. Bergson, *L'Évolution créatrice*, PUF, 1989, p. 238.

Assim, o remorso por uma má ação supõe que se tomem boas resoluções para o futuro, senão esse sentimento ficará estéril e não será moral. O remorso implica portanto uma terapia necessária para a edificação de um novo eu.

Os praticantes de uma religião falam de "atos de penitência" e crêem que estes últimos têm uma repercussão sobre o porvir; ora, são eles fenômenos voltados para o passado, e podemos concluir que o paraíso perdido é, na verdade, um paraíso a se encontrar.

Examinemos as razões filosóficas que justificam nossa afirmação: "O futuro é um tempo moral por excelência."

É certo que o passado e o futuro são, ambos, modos do não-ser, simétricos um em relação ao outro, mas que se diferenciam num ponto essencial: o futuro (ou *nondum*) é "o que ainda não é", enquanto o passado (ou *jam non*) é "o que já não é".

O *jam non* não é mais porém já foi, logo possui um caráter de natureza definitiva, um caráter irremediável e selado do qual já não se pode mudar nada. É o *fuisse*, o ter sido, ou o *fecisse*, o ter feito. Tudo o que podemos fazer é restabelecer o acontecimento do passado em sua verdade histórica, unívoca e privada de ambigüidade.

Assim, Aristóteles escrevia na *Ética nicomaquéia* que não se pode fazer com que a batalha de Salamina não tenha ocorrido, nem que os atenienses não tenham sido vencedores, mas é a continuação da história que pode modificar as conseqüências dessa vitória[170].

Resulta pois que há, nessa "passeidade do passado", um núcleo imutável que não constitui a matéria da vida moral, uma massa indeformável sobre a qual o homem não pode agir.

Já o *nondum* se opõe diametralmente ao *jam non*. O futuro é o domínio de todos os possíveis em que nada ainda está jogado nem decidido. Tudo está por fazer (*faciendum*) e tudo depende da vontade do homem, tudo é assunto do homem. O futuro se opõe portanto à coisa feita, à *res* cujo aspecto está fixado no destino.

Enquanto o passado essencialmente contemplativo pertence ao domínio da tardança sonhadora, ao domínio privilegiado e pitoresco do estético (o que Bergson chamava de "lembranças puras"), o futuro aparece, ao contrário, como o não-ser da ação, privado de qualquer qualidade pitoresca e sonhadora, privado de perfumes ou de cores.

Notemos a esse respeito que os utopistas sempre nos apresentam visões esquemáticas e geométricas do futuro, que são criações abstratas do espírito. Assim, *Platonópolis*, a cidade ideal que Plotino tentou realizar na Campânia, teria sido uma cidade geométrica, totalmente racional, sem nenhuma preocupação com o pitoresco ou com o estético[171].

Tudo isso prova que o que o homem deve fazer vai sempre na frente e que a responsabilidade é sempre assumida no futuro.

Certos moralistas distinguem duas espécies de responsabilidade: uma é conseqüente e diz respeito unicamente aos atos já consumados; ela tem um caráter social e jurídico; enquanto a outra é antecedente ou prospectiva e tem em mira o futuro, os atos a consumar; ela designa as tarefas que nos incumbem. Somente ela pode ser qualificada como responsabilidade moral.

Da mesma maneira, os filósofos distinguem às vezes dois modos de possibilidade:

a) uma possibilidade retrospectiva, que deplora uma decisão tomada no passado: é a possibilidade do "eu poderia ter feito de outro modo".

Assim, Leibniz declara que outros mundos diferentes do nosso teriam sido possíveis, mas Deus repeliu-os para o nada criando o mundo em que vivemos[172]. Do mesmo modo, Renouvier divertiu-se escrevendo "a história que não aconteceu" e intitulou-a *Uchronie* [Ucronia][a][173].

Essa possibilidade retroativa é válida do ponto de vista lógico mas é impossível na vida moral, concerne ao mundo dos lamentos vãos e estéreis, o mundo do condicional passado.

Verlaine escrevia: "Qu'il était bleu, le ciel, et grand, l'espoir!"[b][174]

O mundo da passeidade, do pretérito, é com freqüência associado ao mundo da necessidade, isto é, ao mundo em que o princípio de identidade é aplicado com todo o seu rigor. Assim, fala-se com freqüência do sentimento do "dever cumprido", sentimento que, na verdade, é uma monstruosidade contranatural; um dever nunca é cumprido, porque a própria definição do dever implica que ele está continuamente por se cumprir.

b) a única possibilidade válida na vida moral é a que concerne ao futuro e que está ligada à liberdade e à contingência.

Cumpre notar que a margem de liberdade se atenua progressivamente com o correr do tempo. Assim, um rapaz tem um pequeno passado e um imenso porvir, reali-

---

[a] Charles Renouvier, *Uchronie*, publicado em 1876 e reeditado em 1988 pela Fayard. A ucronia é uma reformulação utópica da história, tal como não foi, mas poderia ter sido. O termo foi forjado em 1857, por esse filósofo, a propósito da sua teoria que apresenta a estrutura da Europa tal como teria sido, se Napoleão houvesse vencido a batalha de Waterloo.

[b] [Como era azul o céu, e grande a esperança!] Esses versos pertencem ao poema "Colloque sentimental", da coletânea *Les Fêtes galantes* (em *Oeuvres poétiques complètes*, Gallimard, col. "Bibliothèque de la Pléiade", 1992, p. 121).

zou poucas coisas mas resta-lhe a possibilidade de realizar muito mais. Já um ancião tem atrás de si um passado carregadíssimo, um passado que não é mais, mas só tem diante de si um futuro limitadíssimo.

No não-ser retrospectivo, é necessário distinguir os possíveis já decorridos que não dependiam de mim (por exemplo, o fato de ter tido sorte); e os possíveis já decorridos que dependeram de mim e do uso da minha liberdade, os possíveis sobre os quais eu poderia ter agido. São principalmente estes que suscitam mais deplorações, que têm um travo amargo e pungente. Nunca o homem fica mais desesperado do que no momento em que se dá conta de ter dilapidado os poderes da sua liberdade.

Temos portanto diante dos olhos duas nuances do não-ser, duas formas de inoportunidade:

– o cedo demais: ainda é o não-ser, mas a esperança do futuro permanece intacta;

– o tarde demais: também é uma forma do não-ser, mas já não há remédio, já não há consolo possíveis.

Podemos concluir portanto, de tudo o que precede, que a retroação moral é impossível e que toda ação se volta para o futuro. A futurição (isto é, o advento do futuro) é portanto uma vocação natural do homem e, além do mais, ela se identifica com a própria vida moral.

Podemos nos indagar nesse caso por que se considera o advento do futuro como positivo e o olhar voltado para o passado como negativo. Na verdade, essas expressões não passam de metáforas espaciais; o futuro é o que está na frente e o passado, o que está atrás de nós.

Portanto, tudo em nós se dirige para a frente, para o futuro. Assim, Alain, em seu *Propos* [Considerações], descreve o homem moral como esse bípede cuja posição dos olhos o obriga a olhar para a frente, cuja forma das mãos o força a pegar de preferência o que está na sua frente[a]. Toda a estrutura do homem sugere a idéia de um sentido natural e moral que vai sempre na frente.

Nota-se aliás um estado de tensão e de vigilância constante do homem moral em relação ao futuro para o qual ele está incessantemente voltado. De fato, a volta atrás e a introspecção só se dão por intermitências, por intervalos, nos devaneios, por exemplo.

Os modos de vigilância do dever, assim como o cumprimento do dever, estão portanto presos ao exercício da liberdade e ao mundo da contingência.

Na medida em que o homem é livre, a esfera do futuro aparece como o canteiro de obras dos nossos poderes e nos possibilita diversas opções (*sic vel uter*).

Podemos resumir aqui a oposição fundamental entre o passado e o futuro, entre "ontem" e "amanhã".

O passado aparece como uma paisagem fixada em seus menores detalhes, que podemos contemplar. O único modo que tem o homem de agir sobre o passado é a história, a narração. Somente o relato pode fazer reviver o destino, isto é, o que passou e não depende mais de forma alguma da nossa vontade. O relato não tem, portanto, um caráter moral no sentido estrito da palavra, porque não influencia nem modifica o passado; ele só pode

---

[a] Ver, em *Les Idées et les âges*, o capítulo consagrado à "felicidade de dormir"; referência também ao bocejo já citado (ver nota 151 no fim deste volume). "Proteladas todas as preocupações, adiados todos os projetos, resta uma inquietude com essa contradição terrestre ou peso, que sempre toma conta de nós. Eis a nossa inimiga de cada instante, eis o nosso pensamento constante. A mim, bastaria para sabê-lo observar essa sensibilidade ao tato, tão notável sob os pés do bípede humano" (Alain, *Les Idées et les âges, op. cit.*, p. 11). Cf. também sobre "L'animal humain", livro 9, cap. 1, *ibid.*

estabelecê-lo na sua autenticidade: a história é uma libertação simbólica que não inventa nem cria nada.

Quanto ao futuro, é um canteiro de obras, é privado de fisionomia e de pitoresco, e depende crucialmente da liberdade e da vontade do homem. O futuro é principalmente um apelo, uma solicitação à vontade.

Observação: cumpre notar que os homens que têm muita vontade dão pouca importância aos detalhes pitorescos. A vontade é uma linha reta, abstrata.

A atitude moral é uma atitude essencialmente criadora e inventora, ela influencia o porvir graças aos poderes da liberdade.

Há exceções, evidentemente. Assim, o futuro do pretérito aparece como um futuro já passado. Os utopistas descrevem o porvir como se ele já existisse; eles o tiram do domínio da sua vontade e fazem dele um objeto de especulação e de contemplação.

Podemos pois concluir de tudo isso que a consideração do futuro extremo remete à consideração do passado extremo, no sentido de que ambos são independentes da vontade e da ação.

O tempo da ação por excelência já está portanto aquém do futuro extremo e além do passado extremo: é o futuro imediato.

Seria preciso repetir aqui o que já explicamos precedentemente: o sentido da marcha do futuro é aquele em que se exerce a liberdade do homem. Essa vocação é tão natural, que podemos considerar a idéia do "dever cumprido" como uma monstruosidade. De fato, essa idéia associa duas noções muito diferentes: a de "dever", que é essencialmente por fazer e por vir; e a da coisa cumprida, que é a própria definição do passado. A idéia do "dever cumprido" inspira necessariamente sentimentos hipócritas.

Tudo está pois no futuro, quando se trata da ação.

Escolhamos um exemplo que não é moral mas que prova que a ação não pode ser realizada no passado. Um pintor histórico escolhe o tema do seu quadro no passado, mas a reprodução desse tema está diante dele, ela lhe incumbe, ela está portanto no futuro.

Resulta claramente que:

– no que concerne ao psicólogo, tudo está no presente, mesmo o futuro, mesmo a esperança;

– no que concerne ao homem moral, tudo está no futuro, mesmo o passado, na medida em que o passado é uma vocação.

Assim, muitos filósofos dão uma grande importância à fidelidade: essa virtude parece voltada inteiramente para o passado e se baseia em sentimentos retrospectivos, como a lembrança, a gratidão ou o reconhecimento.

Mas a fidelidade só possui um caráter moral na medida em que é um compromisso e uma promessa para o porvir, na medida em que o homem faz o juramento de seguir certa linha de ordem e de coerência, e de se recusar a ser objeto do destino. É o que implicam expressões de linguagem como "ser fiel apesar de" ou "ser fiel a despeito dos encontros" (que poderiam levar a esquecer o juramento).

Assim, em *L'Amour et l'Occident*, [O amor e o Ocidente], Denis de Rougemont declara que a fidelidade é um compromisso da vontade com a ação no futuro e que somente esse compromisso dá um sentido à verdadeira responsabilidade humana[175].

A fidelidade é pois afirmar sua humanidade na permanência. Assim, Orfeu perdeu Eurídice ao voltar do Inferno, porque cometeu o pecado de se virar para ter certeza da sua presença. Essa lenda antiga tem um significado profundo: Orfeu ignorava que Eurídice, isto é, sua vida futura, estava diante dele e não atrás dele.

O preço a pagar pelo futuro – porque há um, evidentemente – é seu caráter prosaico, pouco pitoresco e pouco vivido, no sentido em que viver é impregnar-se. O futuro moral não comporta lentidão, devaneio, não é o tempo dos movimentos lentos e nostálgicos em que podemos desfolhar lembranças e reminiscências. De fato, o futuro é a realização de um fim, de uma meta, graças à vontade. Assim, podemos dizer que a juventude é teoricamente menos nostálgica do que a velhice, porque ela tem diante de si um longo porvir de atos.

Assim, pois, o futuro, mesmo o futuro não ético, seria no entanto mais moral do que o não-ser do passado. Mas, se podemos dizer que o futuro é o tempo natural da vontade e da ação, a proposição inversa nem sempre é verdadeira: nem tudo o que está no futuro é necessariamente moral.

Há um curso natural do tempo que faz que o futuro se presentifique automaticamente, isto é, que sempre chegue um tempo em que "amanhã" se torna "hoje" e em que "hoje" se torna "ontem". Essa presentificação do porvir se produz não obstante o que façamos, quer queiramos, quer não. Nesse sentido, o homem se torna uma testemunha passiva do tempo que corre. Há portanto duas maneiras de se comportar:

– ou deixar o tempo vir a si numa atitude passiva e contemplativa;

– ou ajudar o tempo e ir ao encontro dele pelo ato moral. É evidente que o homem não pode acelerar a fuga das horas, porque o tempo é incompressível, mas o homem tem o poder e a liberdade de modificar a fisionomia do porvir graças à sua vontade.

O futuro da espera e da expectativa é portanto bem diferente do futuro moral; a espera é uma atitude de resignação, e a resignação não é uma virtude moral, salvo na medida em que é erigida em sabedoria.

Assim, os estóicos consideravam a resignação uma prova de sabedoria moral. Muitos poderão se espantar com que essa filosofia associe duas noções contraditórias: a de um destino inexorável e inflexível e a de uma tensão da vontade que pode agir sobre o que depende do homem.

Na verdade, a resignação concilia essas duas noções, ela indica que não devemos nos deixar levar pelo destino mas que, na medida em que aceitamos o destino (os antigos falavam de *amor fati*) e em que damos a ele nosso livre consentimento, fazemos ato de cooperação e de participação no nosso destino. A resignação compreendida nesse sentido adquire um caráter moral.

Esse exemplo prova que uma colaboração do homem implica atitudes alheias à ação, que no entanto podem se tornar um ponto de partida para uma ação moral.

A espera do futuro é uma atitude muito semelhante à contemplação estática do passado. A atitude do homem que contempla o passageiro e a atitude do homem que espera o desenrolar do futuro são muito próximas uma da outra.

A esse respeito, podemos introduzir aqui uma ilustração do que foi dito. O passageiro pode ser comparado a um afresco pintado numa parede, para o qual basta olhar; o futuro se parece com o filme que se desenrola numa sala escura: o espectador vê passivamente as imagens, mas o encadeamento da ação é imprevisível.

Na medida em que o homem adota uma atitude contemplativa em relação ao futuro, ele abandona seus poderes e deixa a liberdade inaproveitada. Essa atitude conduz ao quietismo futurista dos fatalistas que exclamam: "Estava escrito!" O quietista é essencialmente amoral, porque renuncia ao poder de influenciar e modificar o porvir; ele renuncia a agir, a lutar contra o destino e se resigna de antemão.

Na verdade, a espera pura é raríssima. Toda espera comporta geralmente uma tensão nascente: o homem sempre espera "alguma coisa" e, com isso, a espera pode readquirir um caráter moral, quando implica uma colaboração do homem com o tempo. Pode-se até mesmo dizer que o próprio tempo espera uma cooperação e só trabalha para os que querem ajudá-lo.

Assim, o futuro bruto e indeterminado não apresenta nenhum interesse para o homem. A morte aparece para o homem como um futuro dos mais distantes. Tudo o que lhe importa é conhecer a data da sua morte e a maneira como vai morrer. O homem é impotente em relação ao fato da própria morte, em relação à quota do destino, mas tem o poder de modificar, de adiar a data da sua morte, por exemplo. Os antigos diziam: "*Mors certa, hora incerta.*"[176]

Pode-se portanto estabelecer no tempo uma distinção entre um elemento duro, incompressível, que é constituído pela temporalidade do tempo; e os elementos periféricos sobre os quais os poderes do homem têm uma influência.

Aparece pois na espera um elemento de abertura, um "respiradouro" por onde penetra a luz da esperança. É a razão pela qual a espera está sempre ligada às religiões e é valorizada pelo crente. A espera reveste em certos casos um estilo religioso tão sublime que o crente chega a esquecer o objeto da sua espera e a preferir, a ele, a própria espera. Assim, para o cristão, a vida terrestre inteira constitui a espera do mundo do além, do paraíso.

Na espera, o homem tem uma atitude similar à que tem na ausência: essa atitude se caracteriza por um estado de tensão indireta, intermediária entre a tensão verdadeira e a distensão do cristão separado do seu ideal pelo tempo e pelo espaço. Esse estado, os teólogos da Idade Média haviam chamado de *langor*.

Sabemos agora que a espera é moral na medida em que comporta uma ponta de esperança. Esta implica, ao mesmo tempo, a tensão da vontade e o estado de langor, implica uma cooperação nascente do homem com seu destino, implica um engajamento em relação ao futuro, uma orientação dada à vida.

"Esperança" é a palavra que todas as filosofias, todas as religiões e todos os partidos políticos disputam entre si, porque ela constitui a única atitude possível em que o homem ainda não é um agente mas em que começa a cooperar com o tempo.

Pode-se dizer que a espera dramatiza e apaixona a duração do tempo e que é pontuada pelas festas ou pelos ritos. Estes têm um caráter intransitivo, são ações simbólicas e elípticas que atestam a irradiação dos valores. A espera difunde portanto o valor considerado pelos atos cerimoniais e estes, por uma irradiação secundária, tornam-se eles próprios o objeto da espera.

Em conclusão, podemos dizer que o valor se irradia na duração e santifica a espera que se torna um movimento perpétuo.

Passagem da espera ao dever:

O dever é uma atitude propriamente moral, constitui o domínio em que o homem modifica o curso das coisas por um meio de ação eficaz. Pode-se atribuir ao dever uma tarefa determinada e racional, que consiste em trazer coerência ao nosso caos interior, em estilizar o mundo dos instintos, das paixões e dos apetites.

O dever se propõe portanto modificar a naturalidade do homem, mas também quer representar um papel social: ele se propõe aumentar a felicidade dos homens, por exemplo.

No entanto, a despeito do seu papel social, o dever nunca resulta em obras palpáveis, em formas novas e estáveis: ele é para ser perpetuamente recomeçado e questionado.

Podemos portanto ter duas concepções diferentes do dever:
– uma se funda num ponto de vista exterior e físico, e considera o dever uma melhoria do dado e da naturalidade; desse ponto de vista, "o que está feito, feito está";
– a outra concepção se baseia numa perspectiva interior e moral, e reconhece que o dever tem de ser refeito indefinidamente, que "o que está feito tem de ser perpetuamente refeito".

O dever está, por definição, no futuro e se emprega como auxiliar do futuro em muitos casos. Exemplo: "Devo ir" é um futuro eminentemente moral, que depende da vontade do homem.

Resumindo: percorremos um escalonamento de significados a partir do futuro passivo, contemplativo, até o áspero futuro que depende de nós. Entre os dois, situa-se um futuro intermediário, o dos projetos vagos, que implica ao mesmo tempo uma futurição automática e um mínimo de esforços e de fadigas, a meio caminho entre o *facturum est*, o que está a ponto de se fazer, e o *faciendum est*, o que se tem de fazer no plano moral.

SEGUNDA PARTE 153

O futuro do dever aparece como uma tarefa que depende da liberdade e que implica a minha responsabilidade. Nele encontramos todos os princípios morais necessários a toda ação moral: o dever, a liberdade e a responsabilidade.

O dever da deontologia, do "ter de" aristotélico, se opõe aos deveres concretos que os estóicos definiram com o termo *officia* e ensina o que se tem de fazer em determinada situação, em determinado exercício da profissão. O trabalho dos moralistas é encontrar o "dever" sob todos os pequenos deveres.

Assim, a deontologia médica põe problemas ao mesmo tempo técnicos e médicos; ela coloca o "problema" da eutanásia ou procura saber em que medida um médico deve dizer a verdade a um doente.

O dever não se reduz à obrigação, mas dela se distingue por leves nuances. A obrigação não põe a ênfase na coisa a fazer, ela insiste sobretudo nos liames que amarram a liberdade. O dever, ao contrário, põe toda a ênfase no que se tem de fazer.

Além do mais, etimologicamente, o dever (*debeo*) implica uma hipoteca de mim mesmo feita por outrem. A forma primitiva do dever seria, pois, a dívida devida ao devedor. Foi o que exprimiram filósofos como Nietzsche ou Simmel[177].

A esse respeito, a nuance temporal se torna secundária e tende a desaparecer; temos agora de determinar o futuro levando em conta outros fatores que não a temporalidade.

Há que distinguir antes de mais nada entre o futuro da obrigação pura e o futuro optativo dos anseios.

Acabamos de definir negativamente o dever, dizendo o que ele não era. A esse respeito, convém fazer uma observação. Foi sobretudo o naturalismo de fins do século XIX que tentou deduzir o dever moral da dívida social. Mas é fácil constatar que a dívida não tem necessariamente um caráter moral.

Por outro lado, se o dever pode ser considerado uma dívida, ele não comporta entretanto nem devedor nem credor. Fala-se freqüentemente de "dever prestado a Deus" ou de "dívida paga à sociedade", mas isso não passa de metáfora de linguagem sem conteúdo filosófico.

Poder-se-ia pretender, levando a idéia ao limite, que a idéia do dever evoca até o inverso da noção de dívida. De fato, a dívida diz respeito a mim, eu me torno obrigado a um credor que tem um poder sobre mim. Pode-se deduzir portanto daí que o devedor está em estado de inferioridade.

Por outro lado, o dever implica o poder porque implica também o querer. Há um vínculo entre esses diferentes conceitos que, todos, evocam a idéia de uma superioridade do eu sobre as coisas.

Resta-nos caracterizar o aspecto positivo do dever. Uma distinção preliminar se impõe entre o "por vir", isto é, o que chegará espontaneamente, e o "por fazer", isto é, o que depende da minha vontade e da minha liberdade.

Definições do dever:
1. Distinção entre o núcleo e a matéria do dever.

O essencial é o nosso trabalho: ele constitui uma laboriosa espessura de intervalo que nos separa do futuro.

Sem dúvida nenhuma, o conceito de dever é inseparável do esforço e da inquietude. A operação temporal do futuro requer a cooperação humana, exige que lhe confiramos uma certa eficácia humana.

Parece oportuno recordar aqui uma distinção que já havia sido estabelecida entre:

a) por um lado, a temporalidade do tempo, que não possui caráter moral e que não depende de nós; é o elemento destinal e resignativo do tempo; de fato, é o único elemento que não podemos modificar e a que devíamos nos resignar;

b) e, por outro lado, as diferentes maneiras de ser do tempo, que dependem da vontade humana.

Assim, temos de nos resignar à mortalidade, mas não à morte.

Do mesmo modo, poder-se-ia distinguir a doloridade da dor. Nenhuma lei divina ou humana pode impedir a liberdade de economizar a dor. Todos os homens sabem que devem sofrer durante a vida, mas não são obrigados a se resignar diante de uma doença particular.

Assim, portanto, como no caso do tempo, podemos distinguir no dever um núcleo subtraído do meu poder e das circunstâncias dependentes da minha vontade.

2. A presentificação do futuro nunca é uma necessidade absoluta.

Pode-se dizer que o dever só é moral na medida em que não é uma coerção física, na medida em que é uma "necessidade facultativa". Precisamos justificar a aproximação desses dois termos que se excluem mutuamente à primeira vista.

Se suprimimos a liberdade e a faculdade, o dever se torna uma coerção e deixa de ser moral. Mas, por outro lado, a tarefa moral implica um mínimo de necessidade; de fato, se tudo é permitido, nada é permitido. Numa liberdade indeterminada e universal, todos os nossos poderes se dissolvem e não levam a nada. Do mesmo modo, Nietzsche definia a paz como "uma dança nas correntes"[a][178].

---

[a] "O viajante e sua sombra", em *Humain, trop humain*, trad. fr. A.-M. Desrousseaux e H. Albert, ed. A. Kremer-Marietti, LGF, p. 597, 1995. "Dançar nas correntes" (aforismo 140), nos diz também Nietzsche, é mais belo do que dançar ligeiramente, quase despido, já que o movimento é complicado pelo obstáculo.

Assim, no dever moral, a liberdade é possibilitada pela determinação: esta afasta o perigo do indeterminado, que se exprime por noções muito vagas de exigência moral e de imperatividade. Aliás, todos os filósofos representam a obrigação moral como um misto de liberdade e necessidade.

Leibniz justificava sua teologia moralmente baseando-se em dois postulados[179]:

a) Primeiro ele decide que a existência é preferível à inexistência. Segue-se que Deus deve necessariamente criar um universo. Note-se que o juízo de valor que afirma a preferibilidade da existência sobre a inexistência é independente e anterior à idéia de Deus.

b) Tendo decidido criar um mundo, Deus opta por criar o nosso, que é o melhor do ponto de vista moral.

3. "A coisa" que o dever tem por tarefa modificar não é, porém, um objeto a confeccionar ou a forjar.

Convém recordar aqui que o verbo "fazer" tem dois sentidos bem diferentes:

– um, *poieîn*, tem o sentido de fazer um objeto manualmente; é o sentido técnico do verbo;

– o outro, *práttein*, tem o sentido de agir; a ação é comandada pelo dever.

Isso nos leva a distinguir duas óticas:

– a do homem que age e que quer obter um resultado;

– a da testemunha, do filósofo que observa e para quem o resultado é secundário.

Essas três características já provam que o futuro moral é o tempo mais distante do passado; ele não se faz sozinho, ele incumbe à vontade e à liberdade do homem. Logo, pode-se dizer que o futuro é o tempo por excelência da anti-*res*, da anticoisa.

4. A coisa que está por fazer, o objeto da minha tarefa, é uma exigência determinada, embora impalpável e pneumática.

Essa exigência tem um nome: "felicidade alheia".

A felicidade alheia não é um artigo de confecção, um *poíema*, mas é condicionada pelo amor que une a primeira pessoa à segunda.

Vamos pois explicar o esquema das relações entre o dever e o objeto a fazer, isto é, a felicidade alheia. Quanto ao vínculo entre o dever e a felicidade alheia, é o amor.

O amor quer a felicidade da segunda pessoa. Não há portanto antinomia entre a moral do dever e a moral do amor, no entanto Bergson acreditava se opor a Kant em seu livro sobre a moral do amor.

Sempre temos o dever de viver para outrem, mesmo quando não o amamos; mas é certo que o amor facilita muito esse dever. Pode-se evidentemente responder que o dever só adquire seu verdadeiro sentido no primeiro caso e que o amor torna a exigência inútil e a ajuda moral espontânea. O amor é inspirador de idéias, faz encontrar espontaneamente em si os prazeres que podemos causar ao outro. Diz-se geralmente que o dever é o substituto do amor nos casos em que o coração fica mudo, nos casos em que o amor se cala.

Inversamente, o amor é não só inspirador de deveres, como, além disso, ele os clarifica, os vivifica e os multiplica.

A felicidade alheia adquire assim sua objetividade verdadeira e é a prova da sinceridade do amor.

Eis pois explicadas as relações entre o dever, o amor e a felicidade alheia; a esse respeito, resulta que o dever é ao mesmo tempo projetado no porvir de outrem e sentido como uma exigência vivida pelo sujeito amante.

Quem quer a felicidade alheia a quer no porvir mais próximo possível, na mesma hora até. Quem diz querer a felicidade alheia num porvir distante, com um prazo inútil, na realidade não deseja de modo algum essa felicidade do outro.

Para completar essa ótica, temos de invocar a idéia inversa, a saber, a idéia de que esse futuro só é moral na medida em que continua sendo eternamente futuro. Por isso, o futuro que quero imediato nunca é na verdade alcançado. A felicidade alheia nunca é realizada porque, para o amante, o ser amado nunca é suficientemente feliz.

Quem acredita ter trabalhado suficientemente para a felicidade alheia e pensa que está na hora de pensar em sua própria felicidade, na verdade é um hipócrita que nunca desejou realmente a felicidade do outro.

A felicidade alheia aparece pois como uma planta frágil, exposta a mil perigos, que depende da vulnerabilidade do ser amado ou do seu desinteresse, e que necessita de infinitas precauções.

O futuro moral está sempre muito distante de nós, e quanto mais cremos nos aproximar dele, mais ele se afasta de nós.

Sob esse ângulo, todos os progressos tendem a se anular, o que dá um aspecto particular ao dever moral.

Enquanto a maioria dos homens admite um progresso moral, os estóicos haviam entrevisto uma parte da verdade e afirmavam que o progresso, a *prokopé*, não tem nenhum sentido em moral: é evidente que essa declaração indignava particularmente os filósofos da Grécia, país da pedagogia por excelência. Já para Platão, a virtude não se aprendia, era um dom dos deuses.

Os que crêem no aperfeiçoamento moral estimam que o que resta a fazer indica uma margem, uma defasagem entre a obra total e a obra já feita.

Mas é certo que a idéia do dever exclui a do *quantum* temporal, de sorte que o que está feito resta por fazer.

Essa proposição contesta o princípio de identidade, mas caracteriza essencialmente a noção de dever moral: o que está feito se desfaz instantaneamente por causa de uma falta de energia ou de uma insuficiência de vontade. Devemos portanto renunciar à idéia escalar, à idéia de escalonamento do progresso moral.

Schopenhauer tratou o mito de Sísifo[180] na mesma perspectiva: ele fez de Sísifo um símbolo do forçado atormentado pelo perpétuo recomeçar da sua tarefa. Esse tormento se deve fundamentalmente ao nosso dogmatismo e à nossa insuficiência de amor.

Do mesmo modo, Spencer, filósofo do fim do século XIX, afirmava que viria o dia em que os homens teriam cumprido com todos os seus deveres[a][181]. É uma maneira ingênua e absurda de assimilar a tarefa do homem à atualização dos possíveis.

É necessário precisar, portanto, que somente aqueles para quem o amor é uma cruz deploram que sua tarefa moral se destrói progressivamente. Mas os que amam verdadeiramente outrem experimentam o sentimento de uma renovação perpétua, de uma tarefa infinita e inesgotável que reluz perpetuamente.

Tudo isso prova que o futuro não tem fisionomia fixa, pois depende essencialmente da vontade e da liberdade humanas. O futuro consiste numa via, num "método", é o caminho que conduz mais diretamente ao obje-

---

[a] Herbert Spencer, principal promotor, com Darwin, da doutrina do evolucionismo. Em *Principes de psychologie* e *L'Éducation intellectuelle, morale et physique*, trad. fr. M. Guymiot, Schleicher, 1908, e *The Principles of Ethics*, Londres, Norgate, 1892.

tivo que escolhemos. Isso explica por que o futuro tem um caráter sério, austero, sem pitoresco, e por que repousa na seleção dos meios mais prontos e mais aptos para alcançar o fim.

Antes de abandonar o problema do dever, faremos uma derradeira distinção que estabelece as relações entre "dever", "ter" e "ser".

O dever se opõe ao mesmo tempo ao ter (isto é, à posse) e ao ser aproblemático.

a) O dever é diferente do ser. De fato, o ser se caracteriza por uma ausência de qualquer problema, ele é a sina de todas as criaturas, conscientes ou não. Já o dever apela para um certo vazio entre o homem e o futuro, como vimos anteriormente.

b) O dever também é diferente do ter. Em certo sentido, "dever" e "ter" se opõem a "ser", porque ambos implicam uma distância. Mas essa distância varia do ter ao dever:

– o ter implica uma distância entre mim e os outros, entre o dono e as coisas possuídas; trata-se de uma distância essencialmente espacial e ligada às *res*, notadamente às riquezas;

– o dever, ao contrário, implica uma distância temporal entre mim e o assunto que me incumbe e que devo realizar enfrentando fadigas e provas variadas.

O homem do dever é o contrário de um dono, ele não possui nada porque não pode fazer nenhuma capitalização pelo tempo. A noção de homem de dever aparece pois como uma idéia pouco atraente, desagradável mesmo, e necessariamente oposta à coisa material.

Em última análise, parece que o dever nasce de um sentimento de insuficiência, de insatisfação, e chama o desejo de uma outra ordem, de uma promoção.

Ele implica o aprendizado do altruísmo e a modificação dos homens. O futuro do dever não é um poder indeterminado e indiferente – este último, de fato, é do domínio de um futuro qualquer, arbitrário e fortuito –, mas obedece a pressões interiores e morais.

Nessa perspectiva, podemos dizer que o dever dá um novo sentido aos valores. De fato, as tarefas se apresentam a nós numa certa ordem de urgência, o que parece reconstituir uma ordem entre os valores.

Os estóicos afirmavam a igualdade de todos os deveres, mas podem sobrevir situações em que o homem se encontra cara a cara com vários deveres a cumprir, às vezes até contraditórios. Nesses casos de consciência, o homem concede a preferibilidade a certos valores, baseando-se na sucessão ordinal.

Assim, os crentes afirmam que servir a Deus deve ter primazia sobre todos os outros deveres. Eles estabelecem também, portanto, uma ordem de urgência entre diferentes valores. Por conseguinte, a anterioridade cronológica se torna um sinal de superioridade axiológica.

Resumindo: mostramos as relações que existem entre o dever e as coisas a fazer (isto é, a felicidade alheia) e provamos que essas duas noções estavam unidas pelo amor.

Além do mais, estabelecemos uma ordem de preferência entre os deveres, ordem que concede certa importância aos valores, na medida em que estes são ligados a problemas de anterioridade cronológica.

Vimos que o porvir do "ter de fazer" é um futuro muito distante, quimérico, que, dependendo embora da nossa liberdade, pode no entanto muito bem não chegar.

Em segundo lugar, falaremos do futuro institucional, que é mais próximo e iminente. A intenção visa a coisa que está a ponto de se fazer e depende imediatamente da liberdade do homem.

Mais aquém ainda, há o próprio presente, que indica que a coisa está se fazendo e que exige improviso de parte do homem que está imerso na ação.

Atrás de nós, há o passado, a *res facta*, que não tem mais nenhum valor moral, que não é mais que um espetáculo a contemplar e sobre a qual não se pode mais agir.

A esse respeito, é interessante estudar a evolução da obra de Henri Bergson (1859-1941)[182].

Em sua primeira obra, *Essai sur les données immédiates de la conscience* [Ensaio sobre os dados imediatos da consciência][a], publicada em 1888, Bergson quer surpreender o "fazendo-se", a coisa nascente. Ele dá prova de uma curiosidade estética e psicológica em relação à emergência, ao surgimento, mas essa curiosidade não é para uso da ação, da práxis, que necessita de um mínimo de recuo institucional. O objeto dessa filosofia em sua primeira fase é repor o homem na plenitude do concreto sem lhe deixar tempo de agir.

O segundo livro, *Matière et mémoire. Essai sur la relation du corps à l'esprit* [Matéria e memória. Ensaio sobre a relação do corpo com o espírito][b], publicado em 1896, aprofunda seu pensamento no mesmo sentido: o passado se torna um tempo privilegiado; toda a espiritualidade resi-

---

[a] Henri Bergson, *Essai sur les données immédiates de la conscience* (1888), PUF, col. "Quadrige", 2003. Ver também a nota 169 no fim deste volume.

[b] Henri Bergson, *Matière et mémoire. Essai sur la relation du corps à l'esprit* (1896), PUF, col. "Quadrige", 2004. Trad. bras.: São Paulo, Martins Fontes, 2.ª ed., 2006.

de no passado, na memória, na lembrança pura, e a ação é desprezada, é considerada uma coisa que desvia o homem da sua vida interior.

Em seu último livro, *Les Deux Sources de la morale et de la religion* [As duas fontes da moral e da religião][a], publicado em 1932, Bergson começa a considerar um futuro escatológico, põe-se à escuta das vozes mais distantes do futuro e é levado assim a elaborar sua moral da inspiração.

Essa evolução que acabamos de caracterizar é instrutiva, pois recapitula a conversão do psicológico ao moral.

Nas aulas precedentes, estudamos a zona do futuro distante e quimérico; agora, nosso propósito será o estudo da intenção, isto é, o estudo do futuro mais próximo possível.

Pode-se dizer que a intenção é o fato moral por excelência, ela constitui uma zona difícil de determinar com precisão mas que é intermediária entre, de um lado, o presente em que o homem não tem ótica, em que o único problema que se coloca é a conservação imediata do indivíduo; e, de outro lado, o futuro distante, em que todas as óticas são possíveis.

O homem que tem consciência do tempo e das suas tarefas se torna, assim, a testemunha e o teórico das suas próprias ações: pode-se dizer que ele está simultaneamente na ação e fora da ação, que é simultaneamente juiz e parte.

Na medida em que o homem é exterior às suas tarefas e na medida em que ele é capaz de hierarquizá-las, resulta daí uma ordem de urgência nos deveres. Sabemos que, em princípio, toda tarefa é urgente (é o que os estóicos afirmavam, notadamente), mas é certo que, na

---

[a] Henri Bergson, *Les Deux Sources de la morale et de la religion* (1932), PUF, col "Quadrige", 2003.

verdade, certas tarefas são mais urgentes do que outras. Assim, salvar alguém que se afoga aparece como uma tarefa mais urgente do que trabalhar para a felicidade da humanidade.

O homem racional, que escalona seus atos no tempo, alcança seus fins graças aos meios. Podemos dizer que o homem tem uma convivência cotidiana com os meios, mas não com o fim, porque a mediação impõe um escalonamento discursivo da ação diária.

Desse ponto de vista, é preciso distinguir cronologia e axiologia. De fato, do ponto de vista cronológico, o homem quer, em primeiro lugar, os meios e, em segundo, o fim, enquanto do ponto de vista axiológico, o querer imediato é o fim e o querer secundário os meios. A urgência moral apresenta portanto uma espécie de lista de espera.

Nem por isso deixa de ser verdade que o objeto moral por excelência é a proximidade do futuro.

Assim, Epicteto escreveu um *Enchiridion* ou Manual de máximas. Esse breviário laico designa o futuro imediato e foi escrito para uso do sábio, do homem que pode dispor dele quando de situações urgentes, por exemplo, em caso de conflitos entre diferentes deveres.

Epicteto propõe o seguinte exemplo: um tirano dá uma ordem; há que executá-la ou não, ou seja, há que escolher entre a vida ou a honra? Epicteto responde, evidentemente, como é a linha dos filósofos estóicos, que há que escolher a honra, logo morrer.

Assim, pois, para definir o futuro intencional, temos de juntar duas idéias aparentemente contraditórias mas que, na verdade, se completam mutuamente.

O futuro intencional é um futuro para uso do homem razoável, que temporiza, que "aproveita o tempo", que dispõe com conhecimento de causa do prazo que lhe é concedido. De fato, o tempo é um meio que obedece perfeitamente ao homem, é um meio que proporciona a máxima latitude possível para o exercício da liberdade humana.

Assim, Baltasar Gracián, de quem já falamos, tece considerações interessantes sobre o que chama de *Mora*, isto é, dilação, poder de adiamento prospectivo que permite que o homem crie estratagemas[a][183]. Não há dúvida de que Baltasar Gracián havia lido Maquiavel, que, nos albores da Renascença, desenvolveu o "poder de maquinação", a suma de estratagemas que aperfeiçoa os feitos humanos afastando destes todo perigo imediato.

Por outro lado, esse prazo, essa prudência estratégica necessária ao homem ponderado estão no entanto a serviço de uma intenção e de uma vontade apaixonadas. De fato, se o homem tem uma intenção sincera e real, ele quer evidentemente um prazo mínimo, quer o mais rapidamente possível o fim, comprimindo ao máximo o tempo.

As duas idéias precedentes, aproximadas uma da outra, nos dão a sensação de que o homem se prepara para coisas importantes, para as quais a duração do tempo não pode bastar: o homem deve estar pronto para aproveitar a ocasião.

Assim, o Evangelho nos ensina que é preciso "estar pronto para morrer"[b][184]. Ora, ignoramos a data da nossa morte, logo temos de conceder nossa vigilância à existência inteira, isto é, não devemos ficar a reboque das circunstâncias, mas temos de preveni-las, precedê-las.

---

[a] *El Oráculo Manual* [em francês: *L'Homme de cour*] de Baltasar Gracián evoca a temporização no capítulo sobre "O homem que sabe esperar" (*op. cit.*). Trad. bras.: *A arte da prudência*, São Paulo, Martins Fontes, 2001.

[b] "E [Jesus] disse a todos: Se alguém quer vir depois de mim, negue-se a si mesmo, carregue a cada dia a sua cruz, e siga-me. Porque, aquele que quiser salvar a sua vida, a perderá; mas, por amor de mim, perder a sua vida, a salvará." (Lucas 9, 23-24).

A intenção sempre diz respeito a um fato determinado, em oposição ao futuro distante não determinado.

Podemos por conseguinte estabelecer o esquema dos vínculos, por um lado, entre a urgência e a determinação precisa, estando a autenticidade da intenção provada pela proximidade da ação; e, por outro lado, entre o futuro distante e a indeterminação genérica e incerta.

Passando da noção de dever à de intenção, passamos do futuro distante ao futuro mais próximo, mas, além disso, descobrimos claramente a noção de desejo, a noção do "tenho vontade de", que só aparece em segunda zona na moral do dever.

Na moral do dever, é a obrigação que prima, a tal ponto que o próprio desejo de fazer o bem é mal considerado por Kant, por exemplo; ao contrário, na intenção, a obrigação se torna secundária e o impulso do coração, a espontaneidade afetiva passam para o primeiro plano. A intenção não concerne portanto ao presente, mas implica uma organização moral e um arranjo temporal além do presente natimorto.

Pode-se dizer, em conclusão, que a intenção tem uma natureza projetiva.

Entre mim e o futuro próximo podem se interpor perigos ou ameaças para a minha segurança; nesse momento, uma virtude particular é necessária para enfrentar o futuro próximo: essa virtude é a coragem.

Os vínculos entre a coragem e a intenção são muito sutis, mas podemos dizer de saída que ambas estão presas a um futuro próximo. De fato, do mesmo modo que a intenção não visa o ano 2000, mas o minuto seguinte, também a verdadeira coragem consiste, não em raciocinar sobre os perigos futuros, mas em enfrentar os perigos presentes.

O homem só se tensiona para o tempo do porvir. A tensão implica uma possibilidade em instância, isto é, constitui o estado do homem em relação ao "ainda não" e não em relação ao "não mais". De fato, o passado implica um estado de distensão, de devaneio descontraído; é o tempo do obscuro, do antiquado, envolto numa atmosfera melancólica.

Mesmo nos casos em que o homem está tensionado para o passado, como um retrógrado ou um passadista, por exemplo, e em que prega o retorno a uma idade média, ainda está tensionado para o futuro: de fato, para ele, o passado tornou-se um objeto a realizar no futuro.

O domínio da intenção é muito mais a urgência do que a iminência. Que diferença existe entre essas duas noções?

A urgência é uma atitude moral, ativa, viril, que implica um futuro do qual participamos. A iminência implica uma atitude igualmente tensionada, mas tensionada passivamente: o homem aguarda o que vai acontecer. Na realidade, muitas vezes é difícil estabelecer uma distinção nítida entre essas duas noções, porque, mesmo na iminência, podemos encontrar uma tensão secreta dos órgãos do corpo que se põem em estado de urgência.

A tensão comporta vários graus:

O grau mais relaxado é a espera, isto é, a atitude mais semelhante à contemplação passadista. A espera consiste em deixar desenrolar-se o desenvolvimento do futuro numa perspectiva passiva em que a única virtude requerida é a paciência. Cumpre notar, a esse respeito, que todas as religiões dramatizam e passionalizam a espera, notadamente a espera do fim dos tempos e do advento do mundo celeste.

O segundo grau é a esperança, que indica uma cooperação nascente do homem com a temporalidade. O entusiasmo e o arroubo do coração são necessários para cooperar ativamente com o destino.

Além dos graus precedentes, devemos apreender as relações entre a intenção e a atenção. O grau de vigor é mais penetrante e mais dinâmico na intenção do que na atenção. A intenção já não consiste numa vigilância dos acontecimentos, mas numa iniciativa em relação ao mundo exterior. O homem intencionado está voltado para o exterior e recebe mensagens.

Há evidentemente fenômenos de osmose entre esses diferentes graus da tensão, e é isso que vamos tentar discernir.

O que distingue a intenção é que ela possui uma alma, uma intimidade da interioridade que sempre se situa "além", no infinito, e por isso nos é muito difícil apreendê-la.

A intenção vai sempre na frente, e o que chamamos de pessimismo, otimismo, filantropismo ou misantropismo não é, na verdade, mais que interrupção na intenção.

É necessário notar, entretanto, que a interioridade da intenção não é estabelecida de uma vez por todas: ela não tem um caráter simples, unívoco, mas um sentido dinâmico e infinitista.

Do mesmo modo que a volição é a alma da vontade, a intenção é a alma da decisão.

A própria decisão é sempre no presente; quer preceda ou siga a deliberação, ela representa o tempo presente por excelência: ela decide e encerra arbitrariamente a hesitação sem que possamos distinguir nisso a falha, o vazio do futuro em instância.

Podemos concluir portanto que o porvir é a alma institucional, a interioridade do tempo presente.

Examinemos agora os vínculos que unem a intenção e o amor.

A intenção visa, como dissemos, um futuro imediato e este é o futuro do "tu", da segunda pessoa do amor, que é a pedra de toque para avaliar a autenticidade das intenções.

Essa segunda pessoa não é uma pessoa abstrata (como é a terceira pessoa, em relação à qual é difícil ter intenções), mas é a pessoa próxima que preenche todas as condições exigidas do futuro imediato da intenção. A segunda pessoa é a mais próxima do ego, mas também está infinitamente distante, muito mais distante de mim do que o gênero humano, que não passa de uma abstração.

É nas relações entre o ser amado e mim que melhor se descobre como a segunda pessoa é diferente do ego: a impossibilidade de compreendê-la em certos casos indica uma distância metafísica, uma distinção ontológica entre o "tu" e o "eu".

A felicidade da segunda pessoa é o fim que o homem moral se propõe, mas esse fim nunca é alcançado, é constantemente um fim em potencial e nunca se torna atual. É um problema que se coloca indefinidamente e que se reconstitui sucessivamente.

O cristianismo une, por um vínculo de esperança, o amor e a fé; em nossa linguagem laica, podemos dizer que existe igualmente uma relação entre a crença e a indivisibilidade interior dessa crença; de fato, a crença implica um engajamento, uma aposta do homem no advento de alguma coisa que ainda não existe ou que, em todo caso, é invisível.

Assim, uma lenda russa nos descreve a Cidade invisível situada no céu[a][185]. Só se consegue vê-la por um reflexo

---

[a] *A lenda da cidade invisível de Kitej* é o título de uma ópera de Rimsky-Korsakov (1844-1908) composta entre 1901 e 1903.

no lago e só se ouve o som dos seus sinos. Essa Cidade invisível é o mundo do futuro e representa a interioridade da cidade destruída, isto é, o presente. Há portanto um vínculo entre essa interioridade pneumática, o objeto da fé e o risco que corre a fé, isto é, o risco de crer em alguma coisa que não existe.

É o sentido da "aposta" de Pascal. Ele nos pede para crer numa vida futura e invisível e nos conduz além da espessura do presente[a].

Tudo o que acabamos de dizer se resume na virtude da esperança: ela aparece claramente como o caráter espiritual e invisível da interioridade que é o futuro. A esperança, orientada para o horizonte do futuro, nos faz captar a espiritualidade intencional da ação, da práxis.

Assim, no *Fédon*, Platão nos diz que, nas bacanais, há muita gente levando um tirso ou muitos nartecóforos, mas poucos bacantes de verdade[b][186]. Isso significa que há poucos crentes de verdade e que os outros são praticantes autômatos, homens da pantomima do presente que se comprazem na boa consciência do farisaísmo. Por oposição, os bacantes ou crentes são os homens do futuro invisível, que se situam além da coisa tangível.

Mas é o exame dos vínculos que unem a intenção ao fracasso e à infelicidade que vai nos fazer apreender melhor a essência da intenção. Pode-se dizer que é no fracasso, no ato falho, que se revela o valor da intenção.

A própria descoberta da intenção está ligada ao sentido de invisibilidade que se desenvolve nos momentos de infelicidade, está ligada ao fracasso e à infelicidade da consciência. Sua razão de ser é a não-consecução da ação,

---

[a] Blaise Pascal, *Pensées*, 137.
[b] Platão, *Fédon*, 69c.

isto é, ela é própria de um indivíduo que tem uma vontade mas que não pode realizar completamente seu projeto. Em outras palavras, podemos dizer que o valor da intenção aparece sobretudo no fracasso e na não-consumação da ação.

É o que exprimem o Evangelho e a moral de Kant. No Evangelho, a disposição do coração se torna mais importante do que o fim realizado. A moral de Kant é uma reação contra o otimismo eudemonista de Leibniz, que afirmava que "tudo vai bem no melhor dos mundos"[187]. O pessimismo kantiano contesta essa doutrina e a idéia da ação vinculada ao resultado.

O homem moral toma consciência da intenção no momento em que a interioridade se dissocia da exterioridade (é necessário assinalar, aliás, que essa dissociação é precisamente um dos aspectos da infelicidade).

Os gregos não tinham consciência dessa dissociação entre o que é interior e o que é exterior; de fato, o verbo *eû zên* significava simultaneamente viver moralmente e ter sucesso na vida. Para eles, a sabedoria era a condição do êxito secular.

Assim, no *Fedro*, Sócrates dirige uma prece ao deus Pã e aos outros deuses, prece em que deseja ter um corpo tão belo quanto a sua alma[188]. De fato, como todo o mundo sabe, Sócrates era feio e, para os seus ouvintes, essa característica constituía um contraste penoso com a sabedoria das suas palavras[a]. Essa prece traduz portanto o desejo da harmonia entre a interioridade e a exterioridade.

Ao contrário, para nós, "homens da infelicidade", parece quase normal que o sábio não pareça um sábio e que o malvado pareça bom. Do mesmo modo, Kierkegaard

---

[a] Platão, *Fedro*, 279 b-c, epílogo do diálogo.

e Pascal colocam no centro do seu cristianismo um Deus que não parece ser Deus[a][189].

Assim, pois, a idéia "de parecer ou não parecer", a idéia de uma rica vida interior por oposição a um físico pobre e a idéia de "confiar ou não nas aparências" formam uma série de dissociações entre a vida interior e a vida exterior; essas dissociações tornam necessária a meditação sobre a intenção que não favorece o irreconhecimento, isto é, um conhecimento superficial.

Vemos portanto de que maneira se pode definir a intenção por oposição ao resultado. A intenção é portanto invisível, assim como a essência das coisas, e podemos dizer que a intencionalidade, a invisibilidade e a futuridade (isto é, a propriedade de ser futuro) são, todas as três, conceitos ligados entre si e que são próprios do homem moral.

Vistas essas características, não é de espantar, portanto, que a intenção, assim como a esperança ou o amor, é um desafio à realidade concreta. De fato, a esperança e o amor são tanto mais morais por serem absurdos e insensatos. Podemos citar como exemplos os resistentes da última guerra que, contra toda lógica, tinham esperança na vitória final.

Há que distinguir aqui a intenção da disposição, tal como Aristóteles distinguia a *proaíresis*, isto é, a intenção, o projeto, da *héxis*, isto é, a disposição, o hábito moral de caráter crônico, como a virtude.

A intenção tem um caráter fugidio dinâmico passageiro; é um movimento sem amanhã que podemos comparar ao breve clarão de uma centelha; não é portanto, de forma alguma, uma maneira de ser.

---

[a] Sobre Cristo segundo Kierkegaard, ver nota 12 no fim deste volume. Sobre o Deus oculto de Pascal, ver nota 47 no fim deste volume.

Quanto à disposição, ela apresenta um caráter mais estático, mais repousado, mais compacto no qual não sentimos a tensão, a sucção, a energia potencial que caracteriza a intenção.

Resta-nos mostrar que uma intenção sincera e séria é um projeto desinteressado relacionado a outrem. Isso nos permite reencontrar a oposição entre o tempo presente e o futuro.

De fato, "o outro" está sempre no futuro, é preciso procurá-lo e descobri-lo, ele é fugaz e constitui o objeto de uma perpétua descoberta de nossa parte, o objeto de um ato de fé, de esperança e de um projeto intencional, visando um futuro próximo.

Observação: ao contrário, o egoísmo está sempre ligado ao presente. Evidentemente, pode acontecer que o egoísta sonhe com o futuro, mas será sempre um futuro que lhe dirá respeito: é um pseudofuturo ou um futuro que faz parte da sua existência pessoal.

A coragem:

A coragem, como a intenção, diz respeito a um futuro próximo, com a diferença de que passamos de uma intenção a uma disposição, de um movimento a uma maneira de ser, a uma virtude.

É evidente que o nó da coragem é formado pela intenção corajosa, mas além disso há na coragem certa disposição crônica.

Se não se pode qualificar de corajoso um simples movimento passageiro, também há que tomar cuidado, no outro pólo, para não tornar mecânica uma disposição corajosa. Assim, um homem que nunca tem medo já não é verdadeiramente moral: essa disposição lhe é crônica e natural e já não pode ser qualificada de corajosa.

Em conclusão, a coragem não existe nem no movimento fugaz nem numa maneira de ser crônica: ela se situa a meio caminho entre esses dois extremos e é propriamente inapreensível.

Por outro lado, é necessário diferenciar a coragem, virtude da vontade, de outros conceitos morais como o dever ou a intenção.

Cumpre precisar que intenção e dever não são necessariamente ligados, no sentido de que podemos concebê-los um sem o outro. Assim, o dever implica tacitamente que é preciso fazer alguma coisa, o que não quer dizer que se tenha tido a intenção de fazer essa "alguma coisa". Do mesmo modo, pode-se ter uma intenção não deliberada, um reflexo moral, um movimento espontâneo que não procede necessariamente de um sentimento de dever.

Essa distinção nos permite estabelecer uma hierarquia das obrigações, uma tabela de valores, mas a intenção parece excluir essa classificação: ela é sempre urgente e fugidia, e não tem nenhum caráter permanente nem crônico.

Diferenças entre a coragem e a intenção:

a) O caráter fugidio e inquieto da intenção não é encontrado na coragem.

Além disso, a coragem nunca é no passado, ela nunca diz respeito ao que já está feito ou resolvido, a não ser na forma de uma figura de retórica (cf. intenção).

Assim, quando se diz "ter coragem de encarar o passado", o passado é objeto da contemplação, mas o olhar está psicologicamente voltado para o futuro.

Do mesmo modo, quando se fala da "coragem de assumir a responsabilidade por seus atos passados", o ato está evidentemente consumado, ele foi realizado no passado, mas a responsabilidade por esse ato é considerada em relação aos acontecimentos que se produzirão no futuro.

Podemos concluir daí que o objeto da coragem não é tanto o evento quanto o advento. O evento ou acontecimento é a coisa presente, que está se realizando, ante a qual a coragem se torna inútil, enquanto o advento está ligado à angústia do que ainda não é e que deve ser enfrentado graças à coragem.

Assim, numa operação cirúrgica, a coragem do paciente é necessária no momento de enfrentar essa situação penosa, mas torna-se inútil durante a operação.

b) Na intenção, só se leva em conta a liberdade: o futuro intencional depende inteiramente de mim, não do destino.

Ao contrário, a coragem depende em parte de mim e em parte do destino, ela sempre compreende uma parte de risco, de aventura, de imprevisível.

Assim, podemos definir a coragem nos seguintes termos: a coragem é a iniciativa tomada pela liberdade do homem sobre o destino, iniciativa que transforma a passividade em atividade, o estado de inferioridade em estado de superioridade.

Logo, é necessária a reunião da liberdade e do destino para definir a coragem real, senão se trata apenas de uma coragem retórica.

Se a liberdade é completa, a coragem é impossível. Assim, não se pode dizer que os seres imateriais, como os anjos, são corajosos, pois, para eles, não existe perigo possível.

Por outro lado, se o destino oprime toda liberdade, a única atitude do homem é a resignação; porém, mais uma vez, não se pode falar de coragem.

Podemos distinguir aliás dois tipos de coragem, distinção baseada na que se faz entre iminência e urgência, sendo a primeira passiva, a segunda mais ativa. Do mesmo modo, podemos distinguir:

– a coragem de espera: trata-se de uma coragem nascente, passiva, que não implica de nossa parte a iniciativa para enfrentar o destino ou o tempo;

– e a coragem de assumir a inovação: trata-se de uma coragem que inflete, que guia a futurição; ela não espera o desenrolar dos acontecimentos, mas quer enfrentá-los rejeitando toda solução de facilidade.

Essa distinção permitiu-nos compreender que a verdadeira coragem está sempre ligada à dificuldade, e é por isso que ela é sempre bela em si; não é necessário portanto precisar os valores em nome dos quais a coragem se exerce.

É o que exprimem as disposições kantianas categóricas de coragem do amor e de coragem da sinceridade. A coragem de amar é sempre boa, independentemente do valor do ser amado. Do mesmo modo, a coragem da sinceridade é sempre bela em si, mesmo que o que dizemos nos desabone.

Temos portanto de pesquisar o valor intrínseco da coragem, e essa pesquisa foi tentada por numerosos filósofos, notadamente pelos cínicos.

Os cínicos haviam escolhido Héracles como herói[190]; ora, Héracles é o protótipo do homem corajoso mas que, além da sua extraordinária força física, possuía uma alma de filantropo e de civilizador. Para os antigos, Héracles era o modelo da tensão imanente do dever (que impõe o respeito) e do conteúdo transcendental dos valores (em nome dos quais a vontade se tensiona).

Existe pois uma coragem elementar, ligada à emergência do porvir, ligada ao começo; é uma coragem inicial e nascente, de que necessitamos para começar o que quer que seja.

De fato, "começar" é uma grande palavra: "a primeira vez" nunca é igual às seguintes, ela é única no gênero e somente ela requer coragem para combater a situação de angústia que cria.

Assim, poderíamos estudar demoradamente a importância do verbo "ousar", que implica precisamente a coragem elementar e inicial. Mas há que precisar que não há vínculo analítico intenso entre o fato primeiro, definido pelo verbo "ousar", e o caráter moral desse fato primeiro.

Assim, a consciência popular geralmente atribui o valor do primeiro movimento à espontaneidade do fato e elogia esse movimento espontâneo, por exemplo na criança. Na verdade, não está em absoluto provado que a espontaneidade tenha algum valor moral: muitas vezes, ela não passa de um reflexo instintivo, desprovido de toda e qualquer racionalidade.

Essas reflexões mostram bem, portanto, que não é nada evidente que a primazia seja um valor moral; no entanto, parece natural para a maioria dos homens dar um grande valor à espontaneidade, ao imediato, ao que Fénelon chamava de "preveniente", isto é, o que previne. Nessa teoria, o egoísmo e a hipocrisia parecem os frutos do segundo movimento, da reconsideração.

Há pois correspondência entre o valor moral e o enfrentamento do futuro imediato para o qual a coragem é requerida; de fato, vimos anteriormente que não existe nem coragem do passado, nem coragem do presente, nem coragem do futuro distante. A coragem está ligada à "primeira vez", que é única. Podemos dizer que a coragem que serve para enfrentar essa "primeira vez" sempre tem um caráter moral, mesmo no caso de não se tratar de uma ação moral.

Há que insistir aqui sobre o obstáculo que surge entre mim e o futuro que abordo, ou entre mim e a pessoa que defronto, obstáculo esse que requer necessariamente coragem para ser superado. Esse obstáculo é o eu, o ego, a vaidade do eu ou sua segurança.

É claro que a natureza desse ego pode estar ligada à primazia da iniciativa. De fato, o eu tem uma tendência natural a adormecer no hábito e na mecanização, tendência reforçada ainda mais pelas repetições, pelos mecanismos e pelos periodismos do organismo biológico. Ele se opõe portanto essencialmente à coragem da iniciativa moral.

Podemos dizer que a coragem é necessária principalmente nos casos em que temos de enfrentar alguma coisa que ainda não foi dada, nos casos do *nondum* por excelência.

A coragem não é uma simples virtude ao lado das outras virtudes, mas constitui a condição formal de todas as outras virtudes. Para se realizar completamente, cada virtude exige um mínimo de coragem.

a) Tomemos o exemplo da sinceridade. O que é a sinceridade sem coragem?

Sabemos que a verdade às vezes é penosa de dizer; para ousar dizê-la, é preciso pois de uma certa coragem. A sinceridade só é válida num mundo opaco em que as consciências não são transparentes umas às outras e em que a sinceridade tem por função introduzir a luz nos recônditos, na sombra da mentira.

No paraíso da Bíblia, tudo era transparente. Mas assim que Adão deixou de ser inocente, tomou consciência de que uma árvore podia servir de esconderijo, além da sua função natural que é dar frutos.

Em suas *Confissões*, Rousseau afeta uma sinceridade completa e se mostra preocupado em não esconder nenhum dos seus pecados[191]; na verdade, até exagera e insiste demais neles[a].

Esses exemplos mostram quanto a sinceridade é meritória e corajosa.

b) Do mesmo modo, o exercício da justiça requer certa coragem: o homem que pratica a justiça tem a obrigação de resistir aos preconceitos de espírito, de partido, às paixões, à complacência, ao favoritismo, à tentação de privilegiar um à custa de outro.

c) Em geral, mesmo a obediência ao dever e a prática do dever requerem implicitamente a coragem.

Portanto a coragem não tem conteúdo por si mesma (ao contrário das outras virtudes), porque ela é a condição de consumação de todas as outras virtudes. Ela não leva em conta a verdade, e é por isso que pode existir no erro e no crime.

A coragem intervém portanto na intenção, no movimento pelo qual o homem tende ao seu fim, ajuda a transpor o obstáculo do egoísmo que tende à conservação do ser.

Existe por conseguinte a possibilidade de hierarquizar coragens de diferentes graus, mas que têm em comum, todas elas, o fato de inaugurar a primeira vez.

a) Existe no primeiro estágio a coragem de enfrentar a opinião de outrem quando se disse a verdade e se é o único a sustentar essa verdade.

b) Há a coragem de enfrentar uma nova dor, por exemplo, uma operação.

---

[a] Jean-Jacques Rousseau, *Confessions*, em *Oeuvres complètes*, t. 1, Gallimard, col. "Bibliothèque de la Pléiade", 1959.

c) Enfim, no limite da coragem, há a coragem heróica de enfrentar a morte. Pode-se falar aqui de coragem hiperbólica; de fato, trata-se de enfrentar um futuro desconhecido, que não tem nenhuma medida comum com a vida humana, do qual nenhuma representação humana é possível. Esse futuro desconhecido pode ser de duas espécies: ou é o nada, isto é, a própria negação do porvir, ou é a vida eterna dos crentes. Como quer que seja, esse futuro é uma experiência incomunicável.

Provamos portanto que a coragem, e, principalmente, o heroísmo, se dirigia ao que era imediato e de que nada mais nos separa, em que nenhum intermediário é possível.

Em outras palavras, "coragem é dirigir-se imediatamente à segunda pessoa, sem recorrer ao intermediário da terceira pessoa".

Assim, numa passagem de *Guerra e paz*, Tolstói nos pinta a atmosfera das vanguardas russas na batalha de Austerlitz[a][192].

A *no man's land*, a estreita faixa de terra que separa as vanguardas do inimigo, torna-se para eles uma imensidão misteriosa onde ronda a morte.

Esse grupo de homens silenciosos tomou consciência de que já não há nenhum intermediário entre eles e o inimigo, isto é, a morte.

Essa tomada de consciência se produz muitas vezes na vida e é acompanhada por um sentimento de angústia; assim, o desaparecimento do pai e da mãe prova ao filho que o derradeiro intermediário biológico entre ele e a morte acaba de morrer: a próxima vez será a dele.

---

[a] Leon Tolstói, *Guerre et paix*, trad. fr. H. Mongault, Gallimard, col. "Bibliothèque de la Pléiade", 1945. Ver também nota 54 no fim deste volume.

Relações do homem com o ideal:

Podemos definir o ideal como o conjunto dos valores considerados sob um aspecto sentimental e com contribuição do fator esperança.

O ideal é um futuro muito distante, que pode nunca advir: por conseguinte, a coragem não é necessária para enfrentá-lo. Não se pode mais, salvo hipocrisia, falar de intenção ou de boa vontade, que são atitudes para a vida cotidiana e para o futuro imediato.

Esse ideal apresenta uma dualidade.

a) Ele deve ser vivido como se fosse efetivamente se realizar para o agente moral.

Assim, o ideal da sociedade sem classes deve ser concebido como um sonho que um dia se realizará.

Do mesmo modo, os teólogos devem conceber o futuro escatológico, a cidade de Deus, como um futuro empírico, mais distante que o futuro imediato mas de mesma natureza.

b) O ideal não leva em conta as contingências do tempo. A esse respeito, há que distinguir o valor, independente do tempo, e a tomada de consciência do valor, que é um fenômeno histórico e psicológico que se situa num momento dado do tempo.

Assim, a justiça existe desde sempre, independentemente dos homens, mas só se é justo num dado momento.

Há que distinguir igualmente o valor que vale incondicionalmente e que não compreende cláusulas temporais, como o Bem, o Belo; e os valores dependentes do tempo, dos caprichos dos homens ou das suas especulações, como valores estéticos ou valores da Bolsa.

É certo que aqui só consideramos o Valor, isto é, o que torna válidos todos os valores.

Mas esse valor mesmo não tem caráter histórico. Logo, não se deve confundi-lo com sua inserção histórica na vida dos homens, o que o faz tornar-se um acontecimento crônico.

De fato, o início do mundo do valor seria o fim do nosso mundo histórico, mundo repleto de fatos em que todo futuro segue acontecimentos anteriores e prepara acontecimentos posteriores.

Esse porvir dos valores seria o fim do intervalo, o fim da história, mas, ao contrário do porvir humano, não constituiria o início de uma nova história. A partir do momento em que o ideal se realizasse na terra, a história estaria terminada, porque mais nada de novo aconteceria: de fato, os acontecimentos históricos decorrem dos infortúnios e dos vícios humanos. Ora, o mundo dos valores suprimiria estes últimos.

Em resumo, o ideal advirá um dia na ótica humana, mas, virtualmente, esse ideal é independente do tempo mesmo que não haja ninguém para reconhecê-lo como tal, a essência subsiste mesmo que nenhuma existência a reconheça.

Evidenciamos portanto a ambigüidade do ideal: ele é independente do tempo, mas está ligado à consciência que o descobre.

Por conseguinte, nessa perspectiva, todas as distinções que havíamos estabelecido precedentemente entre a natureza e a sobrenatureza desaparecem: toda natureza tornou-se sobrenatural, todos os atos reais têm um valor exemplar; e, por outro lado, o ideal, as normas já não são abstrações distantes, mas vivem entre nós uma vida concreta e familiar. Já não há, portanto, imperativos impositivos, já não há mandamentos, já não há má vontade.

SEGUNDA PARTE 183

É o "reino transparente da graça", em que as virtudes seriam constitucionais e inerentes ao exercício da vontade.

É assim que se apresenta a virtude do desinteresse numa sociedade que já não é fundada no lucro.

Por outro lado, essa transparência durará sempre, será eterna. A eternidade, aliás, está contida implicitamente na palavra "transparência", porque é a condição e a prova de toda pureza e de toda transparência. Se a pureza tivesse de durar apenas um instante, não seria pura. Nessa eternidade, ainda é preciso distinguir: a eternidade absoluta; o sempiterno, isto é, a eternidade de uma coisa que nunca foi começada mas que terá um fim; e a imortalidade, isto é, a eternidade de uma coisa que começa mas que não terminará.

Em todo caso, resulta que a eternidade é o limite das nossas contingências morais.

Analisamos pois os diferentes futuros, a partir do futuro imediato até o futuro mais distante, em que se interrompem toda vida moral e toda vida humana.

ATITUDES MORAIS REFERENTES AO PASSADO

Como sabemos, o passado não é o tempo da moral e indica uma direção contrária à do dever. O passado, tempo do "ter sido", torna inútil a ação por fazer. Embora futuro e passado sejam duas formas de não-ser, mesmo assim são totalmente assimétricas.

É preciso distinguir o não-ser do passado (ele é irreparável) do não-ser do futuro, em que tudo é possível e em que a ação depende inteiramente de mim.

Mesmo no problema da morte, podemos distinguir o que depende de mim, isto é, a maneira e a data da morte, e o que não depende de mim, isto é, o fato de que todo o mundo terá de morrer.

O homem que se pretende moral muitas vezes representa o futuro como um passado ou um futuro ampliado. Isso se encontra nos falsos inovadores que consideram o porvir um progresso linear, ou nos indivíduos que representam o futuro como um passado estabelecido.

Assim, certos adolescentes são "velhos antes do tempo"; eles não consideram o porvir um lugar de experiências e de aventuras, mas uma margem a preencher entre o que já foi feito e o que está por fazer.

Isso explica talvez por que os moralistas muitas vezes têm certa prevenção contra o passado. Assim, Fénelon, no século XVII, ergue-se contra os homens e os penitentes que têm escrúpulos relativos a atos já consumados: trata-se de um " esmiuçamento do pretérito"[193].

Essa aversão ao passado também é encontrada em Descartes, que ataca a "memória prevenida", isto é, uma memória voltada para o passado[194].

Assim, pois, o passado aparece como a negação do dever. Uma consciência voltada para o passado é a negação de todo futuro ou de todo presente: a coisa feita (*factum*) é a aniquilação da coisa por fazer (*facturum*) e a passagem de uma à outra é o presente. Quanto ao futuro, ele não renega o passado, mas quer melhorá-lo; ao contrário, o passado nega o futuro.

O que podemos fazer desse passado?

Evidentemente, não podemos transformar esse passado, já que o deixamos para trás, mas podemos talvez nos servir dele para realizar alguma coisa, isto é, podemos ter certa atitude em relação a ele.

Isso pede alguns esclarecimentos.

Nota-se, de fato, que o homem adota certa atitude em relação à coisa que ele já não pode mudar, em relação à qual toda ação é inútil.

A atitude moral é própria do homem moral impotente diante do que o domina (por exemplo, a morte, o dinheiro), diante de todas as coisas por que ele tem de passar.

Nesses casos, a atitude faz as vezes da ação. Essa atitude vã é portanto uma forma de protesto moral quando nada mais é possível em relação ao destino. Ora, o destino tem igualmente uma forma comum a todos os homens, que se situa atrás deles: esse destino é o passado ou a passeidade do passado.

Exame de diversas atitudes em relação ao passado (muito embora nem todas elas sejam morais):
– a conservação do passado;
– o comprazimento com o passado;
– a reconstrução do passado e a fidelidade ao passado;
– a deploração de um passado de que somos autores, isto é, essencialmente o remorso.

1. A conservação do passado.

Essa primeira atitude é o entesouramento do passado, o que se opõe ao julgamento e à compreensão do homem que está aberto para o futuro.

Há pois oposição entre, de um lado, o dever e, de outro, a conservação da virtude.

Quem capitaliza o passado não possui a felicidade, porque esta última exige uma renovação constante.

Para fazer compreender isso, podemos empregar a seguinte metáfora: um bilionário possui uma coleção inestimável de quadros de grandes pintores, mas nunca os aprecia. Do mesmo modo, a felicidade nunca é uma coisa palpável, é antes uma tomada de consciência perpétua, isto é, o que Aristóteles chamava de *héxis*.

É assim que se tem de compreender a diferença entre conservação das lembranças e evocação das lembranças. As lembranças conservadas no fundo de nós não têm nenhuma utilidade se nós não as chamarmos à superfície.

Cumpre aliás precisar que "conservar em nós" não passa de uma metáfora espacial: de fato, a memória não é um recipiente de lembranças, mas a possibilidade de atualizá-las, de recriá-las.

Muitos homens imaginam que, acumulando um passado moral, se tornam mais morais; de fato, nada é menos verdadeiro: não existe capitalização do patrimônio moral.

A ilusão da capitalização do patrimônio moral gera a ilusão de uma "elite moral", de um mundo privilegiado; nada é menos verdadeiro, pois a moral tem um caráter universal. Podemos concluir portanto e dizer que não existe "cultura moral". Voltamos a encontrar aqui o que dissemos antes a propósito da "página em branco" de Locke[a], que supunha um progresso constante do espírito humano.

As críticas feitas à noção de passado acumulado em nós como um haver, como um patrimônio, serão esclarecidas pelas invectivas dos filósofos de todos os tempos contra a riqueza.

Dos estóicos e dos cínicos até Fénelon, os filósofos concordam em denegrir a posse e pregar a pobreza: de fato, a posse é o contrário da vocação moral. A renúncia a ter é a condição da ação moral (exemplo: são Francisco de Assis)[b195].

Nessa busca da pobreza, encontraremos uma volta do ter ao ser, e do ser à ação. Mas não há que cair no excesso contrário e fazer que a pobreza se torne coqueteria e esnobismo.

Rejeitamos portanto a primeira atitude, que consiste em capitalizar nosso passado, o que impede toda ação voltada para o futuro.

2. A segunda atitude é o comprazimento com o passado.

---

[a] Locke, *Essai philosophique concernant l'entendement humain*, II, 1-4, trad. fr. P. Coste, Vrin.

[b] São Francisco de Assis (1182-1226): "A renúncia a ter é a condição da ação moral" (*Oratio pro obtinenda paupertate*, em *Écrits*, introd., trad. e notas de T. Desbonnets, J.-F. Goddet, T. Matura, D. Vorreux, Le Cerf, 2003), citado no *Traité des vertus*, t. 2, vol. 1, pp. 315-7.

Ela é dificilmente separável da primeira atitude. De fato, o comprazimento assinala uma capitalização do ser somada ao contentamento que se sente ao contemplar o passado. É, aqui, uma atitude amoral.

Pascal já dizia que o que interessa o caçador não é tanto o animal caçado quanto a própria caçada[196], mas essa caçada, por sua vez, é concebida tendo em vista a captura da caça[a].

É portanto uma atitude ambivalente que assinala uma transferência do valor do futuro ao passado.

Paradoxalmente, o amor parece ser o único sentimento em que o objeto visado, isto é, tornar o outro feliz, e o trabalho que é necessário realizar para tornar o outro feliz são indissociáveis.

A palavra "valor" designa um mundo que ainda não existe e que nem todos os homens reconhecem. Quando se transfere o valor para o passado, pode-se dizer que temos aí um sacrilégio trágico e desesperado em que o homem tenta escamotear esses valores, não fazendo mais disjunção entre o imperativo e o indicativo.

O fato de transferir os valores para o passado é próprio de uma época melancólica e desesperada. Enquanto o século XVIII está todo voltado para as tarefas a realizar, o século XIX, ao contrário, pessimista e caracterizado pelo *mal du siècle* e pelo *spleen*, se volta para o passado medievalesco.

O contentamento do comprazimento tem uma conseqüência para os manuais morais escolares. Essa conseqüência é o "sentimento da boa consciência do dever cumprido". É uma conseqüência burlesca cuja falta de fundamento já mostramos antes: é um gozo baixo que só considera o que já está adquirido.

---

[a] Blaise Pascal, *Pensées*, fr. 139.

O comprazimento é uma retroversão: o homem se volta e saboreia o que já realizou. Essa retroversão, perigosa já no domínio especulativo, em que pode ser um obstáculo à criação posterior, se torna, no domínio moral, um farisaísmo, que é a própria negação de toda ação moral.

O comprazimento e a admiração são mortais para a obra moral: Kant não admitia nenhum sentimento, a não ser o respeito, em relação à obra moral inacabada que designa o mundo informe do futuro.

De fato, a admiração se aplica a algo palpável, concreto; é preciso evitar que a admiração se introduza na via moral e a transforme de ascetismo em estetismo.

3. Terceira atitude: reconstrução do passado.

Agora precisamos demonstrar o contrário de tudo o que dissemos.

Veremos que o passado deve ser futurizado, que ele requer um esforço de nossa parte para identificá-lo. Parece portanto que o passado deve ser protegido contra as forças materializantes do homem.

Até agora, definimos o futuro como o lugar da espiritualização e o passado como o lugar da *res* material. Na verdade, essa distinção era simplista e poder-se-ia colocar o problema de outro modo. O homem é moral na medida em que tem o culto do passado, na medida em que rememora o passado.

Assim, o homem que escreve as suas Memórias recorda a vida e salva o passado das forças materiais do esquecimento: é uma atitude própria do ser humano. O homem que se lembra protesta contra a matéria e contra a aniquilação do tempo, princípio de esquecimento.

Assim, o *Khrónos* grego devora seus filhos porque quer paradoxalmente suprimir o esquecimento e a desafeição dos filhos, se houvessem vivido.

O culto ao passado manifesta o apego do homem às coisas invisíveis. Esse protesto contra o esquecimento tem um valor moral. Muitas vezes está ligado ao calendário mnemotécnico, às cerimônias, mas salva do esquecimento onipotente uma parte do passado e, com isso, adquire certo valor moral. O homem que esquece faz o jogo das forças materiais e cegas do tempo, e podemos dizer que ele mata um morto pela segunda vez. A fidelidade vai portanto num sentido contrário ao esquecimento e permite escapar à momentaneidade.

A fidelidade é, pois, um esforço de salvamento para fazer reviver o passado e proporciona um bom exemplo da atitude que o homem pode ter em relação ao passado. Ela é meritória na medida em que não quer capitalizar o passado mas quer ressuscitá-lo; ela não é uma simples recusa passiva, mas implica uma participação para reviver o já vivido.

Podemos dizer que ela rema contra a corrente do esquecimento, enquanto tudo nos leva para o futuro.

4. A deploração moral no remorso e no arrependimento.

O passado se torna aqui uma espécie de porvir, é uma tarefa voltada para o porvir.

Na concepção romântica, o passado é uma meditação moral e estetizante.

Numa outra concepção, a história se torna um modelo e uma fonte de exemplos para o porvir político ou social; foi nesse sentido que Montesquieu escreveu as *Causes de la grandeur et de la décadence des Romains* [*Considerações sobre as causas da grandeza dos romanos e de sua decadência*].

A preocupação com estabelecer o passado em sua verdade está contida inteiramente, portanto, na tarefa passadista com duas tendências: uma, predominantemente contemplativa; outra, predominantemente ativa e política.

Esse caráter prospectivo ainda é visível quando, paradoxalmente, o passado não mais oferece modelos a seguir, mas um mundo de contravalores, um mundo de exemplos abomináveis.

Por exemplo, quando meu passado é faltoso e quando o que foi feito foi malfeito, é preciso refazê-lo melhor, se quisermos preencher o vazio desse passado.

Nesse caso, já não se trata da norma, que é o princípio da vida moral (como o valor, por exemplo), mas se trata de uma anomalia, que é o ponto de partida de uma restauração do passado.

Essa anomalia apresenta um caráter psicológico e dramático mais acentuado. Esse passado não deveria existir; nesse sentido, podemos também falar aqui de um destino, mas de um destino faltoso, fora de série e esmagador.

Esse passado tem relações de filiação com seu autor, mas possui além disso um caráter de supérfluo, porque é um destino particular a um homem. É um destino contingente que poderia não ter sido, porque dependia essencialmente da liberdade humana.

O remorso provém de um confronto entre o passado vivido e o passado que poderia ter sido, ele significa que quem o sofre não soube se servir da sua liberdade; é uma deploração puramente moral que faz que se deplore ter feito o que não se deveria ter feito.

Ademais, o passado que inspira remorso cria um destino, cria uma nova qualidade, uma epigênese, isto é, um destino particular que não estava previsto pelo destino normal do indivíduo.

Assim, no filme *O sol por testemunha*[a], um estudante americano comete dois crimes na Itália. Nada em seu

---

[a] *Plein soleil* (1959), filme do cineasta francês René Clément.

destino de estudante deixava prever esses assassinatos. No entanto, esse destino, uma vez cometido o ato, caracteriza o homem em particular.

Tomemos o exemplo da mentira do homem que foge diante das suas responsabilidades: é um acontecimento que jamais poderia ter existido, porém, uma vez consumado, torna mais fáceis outras mentiras e faz do homem um mentiroso; ele "forja o destino, portanto".

O homem não pode nada quanto à quodidade da falta, não pode fazer como se não houvesse cometido a falta e experimenta um sentimento pungente e doloroso, que é o remorso. No entanto, por suas ações, pode atenuar as conseqüências da sua falta.

Dissemos que o dever era sempre por refazer; isso também vale para a falta: como o que está feito, feito não está, temos a possibilidade de refazer melhor.

É necessário distinguir, finalmente, o remorso, que é um sentimento metafísico, inerente à falta, do arrependimento, que é um sentimento humano e moral que permite a construção de uma nova vida. Assim, no desespero do remorso, encontramos a esperança do arrependimento.

Isso vai nos possibilitar encerrar com uma visão otimista. A idade de ouro e o futuro ideal podem se encontrar e formar uma só coisa, graças à esperança que também adquire um caráter eminentemente moral: ela está a meio caminho entre a tensão da ambição e a distensão cristã. Mas implica, além disso, um início de participação do homem no dever e na temporalidade.

O triunfo da justiça será o triunfo da esperança. Mais que a fidelidade ao passado, a esperança é uma maneira ética de viver o que não é, vivendo o futuro como um presente.

REFERÊNCIAS DOS LIVROS DE JANKÉLÉVITCH CITADOS NESTE VOLUME

Filosofia

L'Alternative, Alcan, 1938.
Henri Bergson, PUF, col. "Quadrige", 1989 (1ª ed. 1931, Alcan).
L'Ironie, Flammarion, col. "Champs", 1979.
L'Irréversible et la nostalgie, Flammarion, 1983 (1ª ed. 1974, Flammarion).
Le Je-ne-sais-quoi et le presque-rien, Seuil, 1980 (1ª ed. 1957, PUF).
La Mort, Flammarion, 1977 (1ª ed. 1966, Flammarion).
L'Odyssée de la conscience dans la dernière philosophie de Schelling, L'Harmattan, 2005 (1ª ed. 1933, Alcan).
Le Paradoxe de la morale, Seuil, 1981.
Philosophie morale, Flammarion, col. "Mille et une pages", 1998.
— Essa obra compreende sete livros de Vladimir Jankélévitch, citados em nossas notas com esse título genérico. São eles: *La Mauvaise Conscience; Du mensonge; Le Mal; L'Austérité et la vie morale; Le Pur et l'impur; L'Aventure, l'ennui, le sérieux; Le Pardon*.
Philosophie première, PUF, col. "Quadrige", 1985 (1ª ed. 1954, PUF).
Premières et dernières pages, Seuil, 1994.
Quelque part dans l'inachevé, Gallimard, 1978.
Sources, Seuil, 1984.

Traité des vertus, Flammarion, col. "Champs", 1983, em 3 tomos e 4 volumes. Tomo 1: *Le Sérieux de l'intention.* – Tomo 2: *Les Vertus et l'amour* (2 vols.). – Tomo 3: *L'Innocence et la méchanceté.*

Música

Debussy ou le Mystère de l'instant, Plon, 1976.
Fauré et l'inexprimable, Plon, 1974.
Liszt et la rhapsodie. Essai sur la virtuosité, Plon, 1979.
La Musique et l'ineffable, Seuil, 1983 (1.ª ed. 1961, Armand Colin).
Le Nocturne, Albin Michel, 1957.

NOTAS DE FIM DE VOLUME

ADVERTÊNCIA

Vladimir Jankélévitch é designado aqui pela sigla VJ. Estas notas aditivas nos pareceram necessárias para possibilitar a referência constante à obra propriamente dita de VJ. Os números de página dados após as citações de VJ correspondem às edições mencionadas nas "Referências dos livros de VJ citados", p. 193.

Além disso, o leitor encontrará no fim do volume (p. 271) uma bibliografia completa das obras de VJ, classificadas por ordem cronológica.

1. Arte pela arte.
VJ: "A arte pela arte, a ciência pela ciência, o estilo pelo estilo! Essas diversas disjunções se produzem em virtude de uma transferência de motivos quando a consciência, de tanto praticar os meios, acaba aderindo a esses meios e tomando gosto por eles, amando-os em si com um amor desinteressado e esquecendo o fim de que são meios" (*L'Austerité de la vie morale*, em *Philosophie morale*, p. 401).

2. A noção de "valor" é alheia ao espírito grego.
VJ: "Os gregos decerto não conheceram essa incoerência das normas, nem esse fendilhamento do conhecer, do sentir e do agir" (*Traité des vertus*, t. 3, p. 22).

3. **Xenofonte, que reflete o espírito do seu tempo, tem por ideal o *kalòs kagathós*.**

   VJ: "É portanto nossa imaginação enganada que, negando o engano e o escroque, desfalcará a verdade total do *kalòs kagathós*" (*Du mensonge*, em *Philosophie morale*, p. 254).

   VJ: "A sincronização do Bem e da Verdade é, como se sabe, a tese fundamental do otimismo intelectualista: ela exclui de uma vez por todas o homem fissurado, o homem da mentira e da malevolência. Do mesmo modo, o otimismo estético postula a harmonia essencial do Belo e do Bem, tal como a professa o ideal xenofôntico do *kalòs kagathós*" (*Traité des vertus*, t. 3, p. 22).

   VJ: "O mal menor é o que de melhor podemos fazer, dada, de um lado, a impossibilidade de consumar o *kalòs kagathós* integral e, de outro lado, a necessidade geral de fazer concessões" (*ibid.*, p. 306).

4. **O *Górgias* de Platão: tríade do homem bom, belo, feliz e teoria da expiação.**

   VJ: "O *Górgias*, que está à beira da 'nova maneira', associa os dois remédios, o remédio socrático e a ilustração órfica, o ensino e a medicina" (*Traité des vertus*, t. 3, p. 49).

   VJ: "Essa concepção da reversibilidade dos atos, sublimada e aperfeiçoada, domina a teoria da expiação que Platão expõe no *Górgias* e que é o tipo da justiça fechada e social: a justiça é a medicina da maldade (478 c-d); a alma que expia apaga a sua feiúra, a sua dissimetria e os seus vícios – perjúrios, intemperança, excesso" (*La Mauvaise Conscience*, em *Philosophie morale*, p. 123).

5. **Para Aristóteles, o *kalón* é o que é belo e louvável, oposto a *aiskhrós*, o que é feio e vergonhoso.**

   VJ: "Teógnis admitia a equação do belo e do justo. Lembremos que a mesma palavra, *aiskhrón*, designa a feiúra física e a feiúra ética [...]. Toda a dialética do *Banquete* e do *Fedro* exige que a beleza, se não coincide com o bem, seja pelo menos o esplendor desse bem (Plotino, *En.*, I, 6, 9), isto é, a irradiação visível [...] que sua estátua se erga [...] nos vestíbulos do Bem" (*Traité des vertus*, t. 3, p. 22).

6. **Kierkegaard: a necessidade da escolha é a definição do pessimismo moderno.**
   VJ: "Kierkegaard viveu apaixonadamente esse dilema inelutável da dupla deploração; a impossibilidade de ser e de ter sido ao mesmo tempo, isto é, de salvaguardar a amplitude do possível no sabor do real, constitui nele toda a tragédia metafísica da opção" (*Traité des vertus*, t. 3, p. 212).
   VJ: "E será necessário, como Kierkegaard chegava a pensar, não exercer a sua liberdade de escolha para permanecer livre?" (*L'Ironie*, p. 29).

7. **Leibniz não se deixa abater.**
   VJ: "Com efeito, o sábio de Leibniz aceita um mal necessário contra o qual nem mesmo Deus nada pôde, de que Deus fez apenas um mal menor: porque o melhor dos mundos nada mais é que o menos ruim. O sábio não se deixa abater. O sábio ficará de bom humor *apesar dos pesares*, não obstante a miséria da finitude; mas esse 'apesar' reprime dificilmente um Ai!" (*Le Pardon*, em *Philosophie morale*, p. 1119).
   VJ: "O sábio da Teodicéia jurou não se deixar abater, e sorrir para a má sorte, e compreender o escândalo da injustiça imanente; não faremos cara feia para os males necessários... A razão excele nas consolações e seu otimismo nos estimula a permanecer de bom humor *apesar dos pesares...*" (*La Mauvaise Conscience*, em *Philosophie morale*, p. 49).

8. **No *Banquete*, Platão estabelece uma dialética ascendente que conduz o homem da beleza aparente à beleza invisível.**
   VJ: "O *Banquete* descreveu em termos inesquecíveis esse apetite de imortalidade que faz todo o dinamismo do amor e que se exalta pela própria tribulação. 'Prantos de alegria', escreveu Pascal em seu Memorial, como se conhecesse a relação profunda do instante jubiloso com os tormentos da dor" (*Philosophie première*, p. 260).

9. **Plotino escreve: "A Beleza é o esplendor do Bem."**
   VJ: "Sobretudo, há uma anagogia privilegiada particularmente apta a conduzir para a essência o homem frívolo que, sem

ela, se apegaria à letra e não compreenderia o espírito: essa anagogia é a arte. Se é necessária uma mediação laboriosamente discursiva para ir da meia verdade do prazer à verdade total, a beleza, por sua vez, é o imediato esplendor do Bem: não a distante e mentirosa aparência, mas a próxima, autêntica irradiação da luz original [...]. O Belo não é o esplendor do Bem? a soberana visibilidade e a veracidade da verdade? a irradiação não deformada, não refratada da essência? [...] O Bem é uma Beleza críptica que deixa transparecer esteticamente alguma coisa do seu ser, uma beleza supra-sensível que deixa resplandecer o esplendor. [...] por isso há um momento no fim do livro 6 da *República* em que a correspondência dos Visíveis e dos Inteligíveis, em que a analogia do sol e do Bem cede o lugar a uma só escala dialética" (*Philosophie première*, pp. 15-6).

VJ: "A nostalgia neoplatônica deu desse eros uma versão particularmente apaixonada, numa época que já era mais patética do que especulativa. Veja como o *Perì toû kaloû* de Plotino (*En.*, I, 6, "Do Belo") se exprime sobre o belo que é o sacramento do bem. Aqui se manifesta toda a gramática das palavras do desejo [...]. Esse fervor não é quase cristão? Platão tinha sido mais sóbrio e mais discreto do que será Plotino sobre a própria fruição e sobre o gozo do bem! [...] Os místicos, como são João da Cruz, redescobrirão essa ardente linguagem do desejo que exprime a vocação do bem supremo" (*L'Austérité et la vie morale*, em *Philosophie morale*, pp. 454-5).

VJ: "O tratado *Perì toû kaloû* de Plotino é uma espécie de transposição misteriológica, eleusiana e quase religiosa desses pressupostos intelectualistas" (*ibid.*, p. 481).

VJ: "O bem, não obstante Platão, pode existir sem o belo, que é seu 'esplendor' ou sua aparição, assim como a beleza sem a essência, assim como uma casca vazia (Plotino, *En.*, I, 6, 9)" (*Du mensonge*, em *Philosophie morale*, p. 253).

10. Platão: "A arte é o vestíbulo do Bem." O Bem é como que uma beleza invisível.

VJ: "A beleza é a aparência, a mais suave promessa [...]. Não é mais um presságio através do tempo, mas um signo unívoco e diretamente precursor; por isso Platão e Plotino pensavam que ela é o vestíbulo do Bem" (*Le Je-ne-sais-quoi et le presque-rien*, t. 2, p. 208).

11. **Parmênides havia distinguido o mundo da opinião, da aparência, e o da realidade, da ciência.**

    VJ: "Dois séculos antes de Platão, o poema de Parmênides já distingue dois caminhos, o da verdade e o da opinião. A ambigüidade da Aparência, sempre média entre o Ser e o Não-Ser, nos inspira uma salutar desconfiança que é, como veremos, o abc da ironia. A Aparência não é nada, conquanto não seja verdadeira, e é exatamente isso que a torna tão pérfida" (*L'Ironie*, pp. 52-3).

    VJ: "Em virtude de uma espécie de 'tautologia ôntica' que chamaríamos com gosto de *tautosia* e que Parmênides exprimia na sentença: o ser só me fala do ser; para uma consciência espontânea e que adere à sua própria existência, o ser encarnado não é vivido como impedimento de estar em outro lugar, nem como renúncia a ser outro; [...] a vida só me fala da vida" (*Le Pur et l'impur*, em *Philosophie morale*, pp. 761-2).

12. **Kierkegaard dirá que o Deus cristão é um deus que não tem aparência divina.**

    VJ: "Para Kierkegaard, filósofo dos pseudônimos e do divino incógnito, há no equívoco cristológico uma espécie de finta misteriosa. Reconhecemos Deus pelo fato de que podemos nos enganar ao fazê-lo; em suma, nós o reconhecemos pelo fato de que podemos irreconhecê-lo; nós o reconhecemos pela sua irreconhecibilidade! Ora essa irreconhecibilidade vai ao infinito [...]. A santidade é mais decepcionante infinitamente, mais ambígua e mais inapreensível ainda que o heroísmo" (*Le Je-ne-sais-quoi et le presque-rien*, t. 2, p. 148).

13. **Os Padres da Igreja afirmam que "as virtudes da Antiguidade são vícios brilhantes", que a arte retém o homem na superfície e o impede de alcançar sua essência.**

    VJ: "O cristianismo fez muito para desacreditar o que Vilfredo Pareto chamará, em outro sentido, de mito virtuísta e que santo Agostinho classificava desdenhosamente entre os 'vícios brilhantes'. A perfeição farisaica acaso não é uma forma do que se chamará mais tarde de *avareza espiritual*?" (*Traité des vertus*, t. 2, vol. 1, p. 8).

14. Platão escreve na *República* que a cidade dos artistas é uma cidade de privilegiados, onde as classes sociais não são niveladas.

VJ: "A *República* é uma grande empreitada pedagógica que visa formar guardiães, um tipo de homem novo, e a restabelecer no sábio a harmonia das funções, das partes da alma e das virtudes. A sabedoria não é feita para os anjos de nascimento, perfeitamente diáfanos desde a origem, mas para homens que se angelizam eles próprios indefinidamente" (*L'Austérité et la vie morale*, em *Philosophie morale*, p. 503).

VJ: "O 4º livro da *República* distingue na alma três partes, na cidade três classes sociais e, correspondendo a essas tríades, quatro virtudes, a quarta das quais, a justiça, não é verdadeiramente uma virtude ao lado das outras, como em Aristóteles, mas antes a síntese de todas as virtudes" (*Traité des vertus*, t. 2, vol. 1, p. 35).

15. Aristóteles: "Os sábios são homens fora do comum."

VJ: "Como distinguir entre Calipso e a sabedoria? De toda parte nos fazem sinal, na floresta do encanto e dos mil atrativos eudemônicos. [...] Como quer que seja, o sábio vive *edeos*: a felicidade do sábio pela filosofia – eis o tema universal da Antiguidade. [...] Aristóteles quer para o sábio o prazer mais puro e também mais duradouro e mais contínuo (*Ética nicomaquéia*, X, 7, 2). [...] Bem-aventurado o sábio feliz que frui segundo a verdade! É a maneira que tem o sensível de ser inteligível. Não importa que se diga que Aristóteles extrai esse inteligível desse sensível, enquanto Platão exige uma conversão à idéia transcendente – sob o aspecto moral, isso não passa de uma diferença de grau" (*L'Austérité et la vie morale*, em *Philosophie morale*, p. 452).

VJ: "O sábio, portanto, não se deixa invadir nem distrair pela vida patética, essa vida indiscreta que penetra todos os poros da pele, embebe todos os órgãos do corpo" (*ibid.*, p. 467).

16. **Kant afirmava que a lei moral deve suscitar o respeito e não a admiração, qualidade que pertence ao domínio estético.**
VJ: "A lei, segundo Kant, é autônoma porque quer ser respeitada, porque deve ser consumada com desinteresse" (*La Mauvaise Conscience*, em *Philosophie morale*, p. 127).
VJ: "Do eu à lei, Kant admitiu um só sentimento, o respeito, porque é de todos o menos sedentário, o menos instalado e o menos complacente; o que conta, pois, já não é a perfeição ou a 'quantidade de ser' que um homem conseguiu fixar, mas é nossa relação transitiva com a lei, definida na intenção e medida por nosso esforço" (*Traité des vertus*, t. 2, vol. 1, p. 9).

17. **Schopenhauer: o ato estético é circunscrito ao "mundo da evasão na arte".**
VJ: "De modo que nos sentimos tentados, com Schopenhauer, a julgar o tédio como sendo mais positivo e mais primitivo do que o divertimento: o divertimento seria apenas o tédio interrompido, o tédio ao qual jogos, distrações e conversas furtam, por fraude, alguns instantes sem amanhã e que torna toda felicidade aproximativa" (*L'Aventure, l'ennui, le sérieux*, em *Philosophie morale*, pp. 905-6).

18. **Santo Agostinho afirmava que "a medida do amor é não ter medida".**
VJ: "Nisso nunca há medida, nunca há o bastante! A única medida do amor, diz santo Agostinho, é amar desmedidamente: [...] o amor é desmesurado no sentido positivo de uma vontade para a qual todos os deveres se igualam no infinito. Aqui, mesmo as horas 'extras' fazem parte do serviço" (*Traité des vertus*, t. 1, p. 132).

19. **Pascal: o sujeito é projetado num mundo informe em que "o centro está em toda parte e a circunferência em parte alguma".**
VJ: "Se o fragmento dos *Dois infinitos*, em Pascal, nos mostra o ser mediano perdido no meio de uma esfera cujo centro está em toda parte e a circunferência em parte alguma, os

aforismos sobre o *Caniço pensante* iluminam a natureza transespacial das relações entre a razão e o mundo: 'Pelo espaço, o universo me compreende e me traga como um ponto, pelo pensamento eu o compreendo' (VI, fr. 348). E não é apenas, como indica Brunschvicg, porque Pascal joga com os dois sentidos, próprio e figurado, da palavra Compreender e, com esse verbo, entende sucessivamente *comprehendere* e *intelligere*: há anfibologia, mas há, além disso, e num mesmo sentido literal, contradição cinicamente professada. O que faz nosso mistério problemático e nossa inapreensível intermediaridade não é o equívoco da compreensão e da intelecção, mas o paradoxo do englobamento *mútuo*" (*Le Pur et l'impur*, em *Philosophie morale*, p. 746; ler também as páginas precedentes e seguintes).

20. Leibniz vê o mundo como um "belo afresco", não se engaja nele.

VJ: "No *Criticón*, Andrenio, como Leibniz, contempla o teatro do universo e as mil maravilhas da grande máquina criada; com um olhar ofuscado, abrange a imensidão do mar e os jardins da terra com suas lindas flores multicores. Sinopse grandiosa!" (*Le Je-ne-sais-quoi et le presque-rien*, t. 2, p. 58).

VJ: "As percepções macroscópicas, em Leibniz, se esfumam na massa das pequenas percepções insensíveis que formam a tela de fundo contínua da experiência; e, do mesmo modo, multiplicar as circunstâncias atenuantes e as transições infinitesimais é a ocupação a que se consagra o otimismo da Harmonia no grande afresco chamado *Teodicéia*: o mal é um bem menor, uma sombra agradável no quadro, um *dégradé* suave, e a antítese entre o bem e o mal não é mais nítida que entre o quente e o frio" (*Le Pur et l'impur*, em *Philosophie morale*, p. 679).

21. Pascal: "Estamos embarcados, estamos englobados num mundo amorfo, indeterminado."

VJ: "Assim o ser humano está, em Pascal, metido *in media res*; metido da cabeça aos pés, razão inclusive... Metido, mais que comprometido: porque o compromisso supõe a iniciativa do querer e a livre opção, a noção do bem e do mal e o discernimento dos valores [...]. Em Leibniz, o homem não está metido, nem tampouco embarcado, mas está antes inserido, encastrado num mundo de harmonia; o indivíduo tem seu lugar marcado entre as hierarquias sociais e representa o papel ou, como um corista, canta a parte que o desenrolar preestabelecido da sua mônada lhe atribui [...]. E para Pascal, ao contrário, a filosofia é um drama vivido e a vida uma aventura sem forma, uma aventura sem pé nem cabeça entre suas duas noites. [...] É assim que a criatura, em Pascal, é faltosa não *pelo que ela faz*, mas *pelo que ela é*, e até, mais simplesmente, *porque ela é*: ela está errada por existir" (*Le Pur et l'impur*, em *Philosophie morale*, pp. 695-7).

22. **Kant: "Assim que sinto prazer fazendo o bem, meu sentimento se corrompe."**
VJ: "Por razões diferentes, Kant e santo Agostinho defenderam com intransigência o que podemos chamar de causa do *purismo* moral, isto é, o absolutismo incondicional da sinceridade" (*Traité des vertus*, t. 2, vol. 1, p. 245).
VJ: "Um miligrama de comprazimento sensível, dirá Kant, já é uma razão para desconfiar" (*Philosophie première*, p. 14).
VJ: "Kant [...] segue a mesma linha, visto que para ele o comprazimento natural consigo mesmo e sem outro motivo é que é suspeito. Contando a luta contra o princípio do mal, na segunda parte de *A religião nos limites da razão*, Kant permanece fiel à tradição austera da contravontade. Kant desconfia do aprazimento *como tal* e *a priori*, e não por razões empíricas: o interesse afetivo que se vem a ter por uma boa obra já é uma razão de suspeita, uma razão grave para desconfiar da máxima pretensamente desinteressada" (*L'Austérité et la vie morale*, em *Philosophie morale*, p. 556).
VJ: "E do mesmo modo que Bossuet contesta o puro desinteresse gnóstico de Fénelon, Kant, tendo definido as exigências do imperativo categórico, põe-se a duvidar de que uma virtude hiperbolicamente desinteressada seja possível nesse sentido" (*Traité des vertus*, t. 3, p. 183).

23. **Pascal: "É melhor não jejuar e sentir-se mortificado por não fazê-lo do que jejuar e sentir comprazimento em fazê-lo."**
VJ: "Descobriremos o caráter contraditório e dialético da relação meritória: o mérito está na razão inversa da perfeição em ato, isto é, quanto mais o agente é virtuoso, menos é virtuoso. É por isso que Charles Péguy faz Deus dizer: 'Prefiro um santo que tenha defeitos do que um pecador que não os tenha.' E Pascal, por sua vez: 'É melhor não jejuar e sentir-se mortificado por não fazê-lo do que jejuar e sentir comprazimento em fazê-lo.' E as Escrituras, enfim: 'Digo-vos que assim haverá mais alegria no céu por um pecador que se arrepende do que por noventa e nove justos que não necessitam de arrependimento' (Lucas 15, 2, 7 e 18, 9-14)." ("De l'ipséité", *Premières et dernières pages*, p. 186, Seuil, 1994).

VJ: "Pascal dizia: é melhor não jejuar e sentir-se mortificado por não fazê-lo do que jejuar e sentir comprazimento em fazê-lo. Admirável paradoxismo! Há um grande mal-entendido em torno da *inocência* [...]; assim, a 'prevenção adquirida' em Pascal não é o preconceito *tal qual* ou *como tal*, a volta pura e simples às crenças ingênuas sobre o horror ao vazio, mas o respeito de uma experiência que desmente a razão cartesiana" (*Le Je-ne-sais-quoi et le presque-rien*, t. 2, p. 197).

VJ: "E, para parafrasear o magnífico pensamento de Pascal, diremos: é melhor não jejuar e amar ao próximo do que comer arenques por amor a Deus – preocupando-nos principalmente com nossa preciosa alma imortal e com nosso destino pessoal. Deus não quer ser amado dessa maneira! A esse ascetismo, que não passa de uma gula espiritual, ele preferirá, quando chegar o dia, o egoísmo sem exponente e sem superconsciência" (*L'Austérité et la vie morale*, em Philosophie morale, p. 579).

24. **Sêneca: "Não se aprende a querer."**
VJ: "Não há aprendizado e, nesse sentido, a célebre frase de Sêneca: '*Velle non discitur*', que Schopenhauer tanto citava, continua verdadeira. [...] se o fato de ter querido muito na semana passada facilita meu sacrifício hoje, é melhor procurar outra

coisa – porque estou me tornando um *automaton spirituale*, papagaio ou herói empalhado" (*L'Austérité et la vie morale*, em *Philosophie morale*, p. 534).

VJ: "O essencial segundo Epicteto (*Conversações*, 1, 4, 14) não é ler o *Tratado da inclinação* mas inclinar ou não inclinar [...]. O que importa é o ato primário e militante, não a lição livresca. *'Velle non discitur'*, escrevia Sêneca a Lucílio. E Sêneca bem poderia ter acrescentado: [...] não se aprende a começar, somente a continuar" (*Traité des vertus*, t. 2, vol. 1, p. 72).

VJ: "Para querer, ora essa, é preciso o querer, não há outra receita...: *'Velle non discitur'*, não se aprende a querer, porque não há nada a aprender; é um talento [...] que não leva em conta *'o personagem'* [...]; o querer é a grande especialidade universal de todos os homens, a aptidão igualmente distribuída a todos os agentes; de fato, por mais contraditório que isso pareça, o poder-de-querer é um *privilégio universal*, e esse privilégio pertence ao homem 'como' homem, em outras palavras, ao homem sem *quatenus*" (*Traité des vertus*, t. 1, p. 185).

VJ: "Daí nosso jubiloso maravilhamento diante dessa dádiva não merecida, nossa gratidão por essa graça. Trata-se apenas de começar, e Alain especifica que nós começamos terminando, o ato criando a si mesmo de nada, total e completo, com a virtude *que* o inspira e *que ele* inspira" (*Traité des vertus*, t. 2, vol. 1, p. 70; as páginas 70 a 72 são *in extenso* comentários a essa expressão).

25. **Samuel Butler: A vida e o hábito (cap. 2).**
VJ: "Assim seria, por oposição à lei, o reino da graça que Samuel Butler profetiza: a virtude e o exercício da justiça, uma vez transformados em hábitos morais, serão tão consubstanciais à natureza do nosso ser quanto a circulação do sangue nas artérias" (*Traité des vertus*, t. 1, p. 127).

26. **Sófocles: Antígona e a lei não escrita.**
VJ: "O Equitativo é a santa injustiça, que Sófocles já designava como o domínio das leis não escritas; e sabe-se que importância Hegel, depois de Aristóteles, atribuirá ao gesto de Antígona ao violar a lei de Creonte para enterrar seu irmão Polinices. [...] Assim é a Antígona da santa ilegalidade oculta no

fundo dos nossos corações, tal como a Nêmesis, que é justiça humana, profunda, pneumática; justiça injusta, se preciso for, e, se preciso for, desonesta" (*Traité des vertus*, t. 2, vol. 2, p. 78).

VJ: "A finitude do poder atalha cegamente a infinidade do dever" (*Le Paradoxe de la morale*, p. 81).

27. Kierkegaard fala da vida religiosa dos "cristãos das manhãs de domingo".

VJ: "Uma tarefa segue-se à outra no horário cotidiano; os trabalhos se prestam comodamente à intermitência e ao periodismo [...]. Mas todos esses conceitos se tornam irrisórios quando se trata da obrigação moral. No entanto, eles bastam aos que Kierkegaard chamava de cristãos das manhãs de domingo... Uma vez por semana, não é [...] uma promessa de equilíbrio para o comprazimento bem-pensante?" (*Le Paradoxe de la morale*, pp. 56-7).

VJ: "Tolstói sabe tão bem quanto Kierkegaard: ser um cristão de domingo – de domingo de manhã, entre onze horas e meio-dia – é a única ambição dos burgueses da paróquia" (*Le Paradoxe de la morale*, pp. 57-8).

28. Tolstói queria viver o cristianismo todas as horas do dia.

VJ: "Foi por isso que Tolstói sofreu por ser apenas um pregador e quis tão apaixonadamente ser apóstolo ou mártir. A impossibilidade de levar uma verdadeira vida cristã, de viver realmente de acordo com o Evangelho, foi seu grande tormento e sua secreta má consciência" (*Traité des vertus*, t. 2, vol. 1, p. 232).

VJ: "Sabe-se que foi esse o tormento de Tolstói. Conformar sua conduta à doutrina, eis a impossível quimera dos intransigentes, dos puristas, dos homens íntegros, dos sinceros à moda de Alceste, das boas vontades sem espírito de finura" (*Traité des vertus*, t. 1, p. 237).

29. Pascal repreendia Descartes por seu Deus indiferente ao mundo que criou. Opunha a ele o "Deus de Abraão" que invade a existência inteira do cristão.

VJ: "Mas é que a veracidade de Deus e a caução da divina bondade não correspondem em Descartes a uma experiência verdadeiramente mística. Descartes está, nisso, bem longe de Berkeley. Seu scotismo teológico é somente uma cláusula de estilo, uma barretada à santidade do Ser absoluto ou, como diz Pascal, um empurrãozinho cujos efeitos na realidade da vida nenhuma conseqüência moral prolonga seriamente" (*Traité des vertus*, t. 2, vol. 1, p. 352).

VJ: "Tendo sabido por Descartes que a evidência é necessariamente unívoca, Pascal se serve da ambigüidade para quebrar umas contra as outras as evidências contraditórias. O desconcerto é o preço de um otimismo que diz sim a todo o mundo. Estamos perdidos! Não há mais nada, senão ruínas... Não, nem tudo está perdido! [...]
"Certeza obrigatória e incerteza obrigatória se defrontam. Pascal pensava principalmente na esperteza organizada e unívoca [...] e nos meios de frustrá-la: na fé que, além de toda suspeição, aposta num Deus transcendente" (*Le Je-ne-sais-quoi et le presque-rien*, t. 2, pp. 82 e 87).

VJ: "Pascal, por oposição a Descartes, presume a evidência simultânea dos contrários. O relativismo contesta o dogmatismo apaixonado. 'Toda coisa é verdadeira em parte, falsa em parte... Nada é puramente verdadeiro' (VI, 385; cf. VIII, 567 e I, 9). [...] A razão tem razão contra os sentidos, como Descartes pensava, mas às vezes, paradoxalmente, a sensação tem razão contra a razão (VI, 412; c. II, 82)" (*Le Pur et l'impur*, em *Philosophie morale*, pp. 703-4).

30. **Para Sócrates, um homem pode ser moral sem ser religioso.**
Ler o retrato de Sócrates que VJ esboça em *L'Ironie*, pp. 114-9. Profunda distinção entre o intelectualismo grego e o cristianismo.

VJ: "A ciência de Sócrates se limita ao fato formal da nesciência: não sei que não sei. É esse o único conteúdo desse *tu (ti) mesmo*, que é o acusativo ou o complemento de objeto do *conhece* introspectivo. [...] A má consciência também aparece, sob esse aspecto, como um saber formal [...]. Essa idéia de um arrependimento geral, de um arrependimento sem objeto, é inseparável da vida cristã" (*La Mauvaise Conscience*, em *Philosophie morale*, pp. 167-8).

VJ: "Não, o grego não tem obsessão pelo pecado" (*Traité des vertus*, t. 3, p. 278).

31. Kant reconhece que não há justificativa extrínseca para a evidência moral.

VJ: "A intenção, diz Aristóteles (*Retórica*, I, 1, 1355b, 17-18), é que faz o sofista. Kant ia mais longe e duvidava de que tivesse havido em toda a história do homem um só ato inspirado pelo puro sentimento do dever; essa fina ponta adamantina do desinteresse em relação à qual toda deformação trai a máxima suspeita, o motivo impuro, o imperativo hipotético, a mescla de interesse próprio, essa fina ponta exprime a seu modo o caráter improvável e quase irreal da muito fugaz intenção" (*Le Je-ne-sais-quoi et le presque-rien*, t. 1, p. 75).

32. Em *Eutífron*, Platão se faz esta pergunta: as coisas são santas porque eu as venero.

VJ: "Platão, no *Eutífron*, faz Sócrates perguntar se as coisas pias são pias por agradarem aos deuses, ou se agradam aos deuses porque são pias" (*Henri Bergson*, p. 65).

VJ: "Essa interversão da etiologia não é menos discernível na fé. Platão se pergunta, no *Eutífron*, se as coisas são santas porque as reverenciamos ou se as reverenciamos porque são santas; e adivinhamos que o dogmatismo grego devia considerar a primeira eventualidade particularmente injuriosa para a objetividade da Idéia. Pascal, ao descobrir uma 'ordem do coração', dará a verdadeira solução moderna para essa alternativa; ele leva às extremas conseqüências o paradoxo de M. de Roannez: 'As razões me vêm depois...' Bergson por sua vez mostrará, e com que lucidez, como a decisão antecedente suscita *a posteriori*, para se justificar, as deliberações retrospectivas" (*Le Pardon*, em *Philosophie morale*, p. 1132).

33. Fénelon chamou de "mercenarismo" a dependência do homem para com o Absoluto.

VJ: "Como o turbilhonamento, segundo Bergson, imobiliza o elã vital, assim o método diabólico desfaz progressivamente o método dialético. Essas ciladas são da mesma ordem das imperfeições espirituais de que fala são João da Cruz no início da sua *Noite escura*, da mesma ordem também do mercenarismo pneumático de que fala Fénelon, a propósito do pseudoamor, em suas *Máximas dos santos*" (*L'Austérité et la vie morale*, em *Philosophie morale*, p. 543).

VJ: "A preocupação sombria do desinteresse faz de Fénelon um denunciador extraordinariamente vigilante e desconfiado, na arte de dar caça aos motivos infinitesimais do mercenarismo" (*Quelque part dans l'inachevé*, p. 126).

34. **Epicteto permanece apegado a certos conceitos da religião tradicional. O sábio era uma centelha destacada de Zeus.**
VJ: "Nosso ser moral não é nem um 'haver', nem um depósito que nos seria entregue ou confiado, e no entanto tomamos consciência dele como se fosse um encargo! O senso comum tenta desastradamente, por analogias metafóricas ou mesmo mitológicas, explicar esse paradoxo de um *onus ethicum*: com Epicteto ou com o dogmatismo religioso, ele fala de um fragmento da centelha divina, introduzido em nós pela porta [...]; o agente não seria sequer proprietário, mas depositário de um precioso tesouro emprestado vitaliciamente pelos deuses. É confundir a essência com os pertencimentos, a dignidade metaempírica com os deveres e condenar a ipseidade a uma incurável heteronomia" (*Le Je-ne-sais-quoi et le presque-rien*, t. 3, p. 40).

35. **Certos teólogos falam de "culpabilidade inocente".**
Ler o capítulo sobre o culpado-inocente em *Quelque part dans l'inachevé*, pp. 75 ss. De maneira mais geral, ler o capítulo sobre o escândalo e o absurdo no *Traité des vertus*, t. 3, pp. 77-95.
VJ: "A falta em sua existência ziguezagueante tem altos e baixos [...]; bordando sobre um fundo de culpa inocente, de culpa difusa, as faltas se parecem com os surpreendentes fatos do noticiário geral que eriçam todos os dias a história do mundo" (*Traité des vertus*, t. 3, p. 41).

VJ: "O homem culpado inocente é a 'vítima' do mal, mas é o 'autor' da maldade; vítima, cúmplice, ele tem a liberdade de causar escândalo; o mal é sua desgraça, mas *a falta é por falta sua*. Em certo sentido, a maldade é uma conseqüência do mal e uma peça do absurdo geral; uma das formas que reveste neste mundo o *Nichtseinsollendes*: o Ser é de má qualidade e as vontades saem dos eixos tão facilmente quanto os fígados se achacam freqüentemente. É uma grande desgraça ser mau; mas, como se o homem, por sua finitude, já não fosse suficientemente miserável, a maldade por sua vez intensifica a miséria e aumenta essa miséria [...]. A lei da avalanche não seria aplicável aqui?" (*ibid.*, p. 83).

VJ: "O culpado-inocente também é um inocente-culpado. [...] Ele é bom? Ele é mau? Ele é, sem dúvida, contraditoriamente, as duas coisas juntas: a inversão do Contra em A Favor logo chama uma inversão dessa inversão, isto é, uma volta do A Favor ao Contra; [...] o culpado-inocente é ao mesmo tempo inocente e culpado, mais inocente do que culpado e mais culpado do que inocente" (*Le Pardon*, em *Philosophie morale*, p. 1064).

VJ: "De outro ponto de vista, a indulgência otimista em relação a um culpado-inocente mais inocente do que culpado aparece como intermediária: intermediária entre o mito do culpado puramente culpado e a idéia pessimista do inocente-culpado mais culpado do que inocente" (*ibid.*, p. 1067).

VJ: "No extremo oposto, a severidade para com um inocente-culpado mais culpado do que inocente, *mais mau do que besta*, mais mentiroso do que sincero, [...] é uma severidade que conheceu a complexidade das intenções, e a ambivalência, e a relativa inocência do culpado [...]. Essa severidade temperada pela experiência é feita portanto de desencorajamento e de desilusão. – Assim, pois, em 'compreender é perdoar', o *é* prejulga a absolvição" (*ibid.*, p. 1068).

36. O padre saboiano do *Emílio* faz uma invocação à consciência.

Ler *La Mauvaise Conscience*, em *Philosophie morale*, p. 38.

37. A religião faz vibrar as cordas do coração: fala-se de "embriaguez mística".

VJ: "A alegria é a grande festa interior com a qual celebramos nossa iniciação na nova vida e o súbito advento de uma ordem-totalmente-diferente. É a embriaguez sóbria reservada ao profundo saber da inocência" (*Traité des vertus*, t. 3, p. 404).

VJ: "O décimo livro da *Ética nicomaquéia* não confluirá, a seu modo, com o purismo fedoniano propondo-nos como finalidade a atividade contemplativa que é a do *noûs* hegemônico, que é o divino no homem, o ato do pensamento puro, o mais intenso e o mais feliz, e que nos imortaliza já neste mundo?" (*Traité des vertus*, t. 2, vol. 1, pp. 296-7).

38. Goethe falava da "dor numa cruz de madeira", símbolo do cristianismo.

VJ: "A 'simpatia' é portanto, ao pé da letra, o ato pelo qual meus irmãos me ajudam a carregar a minha cruz, isto é, *compartilham* ativamente meu destino, *participam* do nosso destino comum, atestam por sua solidariedade essa comunidade de essência de todas as criaturas que era, segundo Schopenhauer, o fundamento da piedade e, segundo Proudhon, o princípio da justiça" (*La Mauvaise Conscience*, em Philosophie morale, p. 105).

VJ: "Goethe detestava essa consciência excessivamente delicada, essa consciência enfermiça que nunca se perdoa nada" (*ibid.*, p. 166).

39. São Francisco de Sales, em sua *Introdução à vida devota*, explica essa rica psicologia da religião.

VJ: "A alma simples, diz são Francisco de Sales (*Conversações espirituais*, XII), é como uma túnica que não é nem forrada nem bordada [...]. A simplicidade exclui o franzido da reflexão, não porque ela o precede, como a primeira inocência, mas porque ela o segue" (*Traité des vertus*, t. 3, p. 410).

VJ: "É nesse sentido que Francisco de Sales pode escrever: os anjos não se servem das suas asas para voar na escada de Jacó, mas sobem 'por ordem, de degrau em degrau'; [...] e ainda: 'Os males do coração... vêm a cavalo e a galope, mas vão embora a pé e a passo'" (*La Mauvaise Conscience*, em Philosophie morale, p. 159).

40. O único sentimento admitido por Kant entre a lei moral e o homem é o respeito.

VJ: "O respeito respeita no outro a seriedade do querer, de que todos os homens são capazes e que é de certo modo o 'privilégio ecumênico' e o talento universal dos humanos de boa vontade em geral. Ele honorifica não os sucessos do 'fazer', mas o ser íntimo, e a essência e a própria ipseidade da pessoa. [...] Numa palavra: o respeito respeita a intenção, que é invisível, que é o mistério da intimidade moral" (*Le Je-ne-sais-quoi et le presque-rien*, t. 2, p. 147).

VJ: "Não, o regime da água-benta e um coração vazio não fazem uma vida crente, uma vida cristã; nem o 'respeito' de que falam os *Fundamentos da metafísica dos costumes*, esse respeito que significa a distância e o coração seco, forja uma vida moral" (*Traité des vertus*, t. 2, vol. 1, p. 15).

41. Fénelon, pregando o amor puro a Deus, busca um ideal impossível.

VJ: "Sabe-se com que lucidez Fénelon, o extremista do puro amor, detecta nos movimentos centrífugos da caridade o instante quase inapreensível em que o elã se dá conta de que é elã, e reconsidera, e vira casaca" (*Traité des vertus*, t. 3, p. 406).

VJ: "E do mesmo modo Fénelon (*Oeuvres complètes*, ed. Jacques Lebrun, Gallimard, col. "Bibliothèque de la Pléiade", vol. 2, 1997, p. 585), comentando as 'suposições impossíveis': 'Pode-se muito bem desejar a possibilidade de uma coisa impossível... Mas desejar querer o que é absolutamente impossível até de querer... é não querer nada, é extravagar'; é absurdo e contradição" (*Traité des vertus*, t. 1, p. 184).

42. Os estóicos preconizavam a idéia do cidadão universal.

VJ: "Cidadão de uma cidade, e não de outra cidade – isso tem um sentido. Mas como se pode ser cidadão do *universo*? [...] É como falar de um patriotismo de galáxia! E, no entanto, é essa extensão infinita, no limite do absurdo e do irrisório, que mede a impensável desmesura da fraternidade humana" (*Le Paradoxe de la morale*, p. 42).

43. Bergson: a vida moral é "aberta".

VJ: "A relação entre a moral estática e a moral dinâmica é a mesma que há entre o fechado e o aberto, a pressão e a atração ou a aspiração; para se converter ao dinâmico, isto é, ao movimento, há uma mutação arriscada a atravessar. Essa mutação, essa abertura e mobilização da alma, se efetuou, segundo Bergson, graças aos Profetas primeiro, com o cristianismo depois" (*Henri Bergson*, p. 187).

44. Epicteto falava do "teatro do mundo".

VJ (falando de Epicteto): "Nesse estóico altivo, couraçado de ataraxia, de analgesia e de apatia, o instante dramático não representa quase nenhum papel" (*Le Pardon*, em *Philosophie morale*, p. 1001).

45. Tolstói preferia, à religião ortodoxa nacional, a religião dos "dissidentes".

Ver também nota 168.

VJ: "É por isso que Bergson, em *As duas fontes da moral e da religião*, se dirige às potências emocionais: o exemplo da vida do herói ou da vida do santo é o único empolgante, o único libertador, o único absolutamente persuasivo; somente ele nos dá vontade de parecer e imitar, e de viver a caridade, não em palavras, mas em atos. Sabe-se que foi esse o sentido da pregação de Tolstói" (*ibid.*, p. 1076).

VJ: "Tolstói aspirava a uma 'vida' cristã e se desesperava por nunca poder alcançá-la ou, se, pelo espaço de um instante, a alcançava, por não poder nela se manter" (*Le Paradoxe de la morale*, p. 10).

VJ: "Como Leon Tolstói, Bergson nos convida à penitência e à austeridade: temos de expiar o luxo nascido das técnicas, nos impor, num espírito de renúncia, o caminho purgativo da pobreza e da sobriedade" (*Henri Bergson*, pp. 237-8).

VJ: "Essa idéia de uma beatitude terrestre ou intramundana não é comum a Bergson e Tolstói?" (*ibid.*, p. 269).

VJ: "Fazer o que se diz e, melhor ainda, fazer sem dizer, foi essa a preocupação constante de Tolstói; o sábio de Iasnaia Poliana, apóstolo e hagiógrafo, acaso não fez questão de viver o evangelismo total que ele professava?" (*ibid.*, p. 291).

VJ: "Mas Tolstói, ao pregar, correndo o risco de se contradizer, a não-resistência à violência, interpreta o *Sermão da montanha* no sentido de uma lógica quietista e grevista, e, afinal, de uma capitulação diante do mal" (*Traité des vertus*, t. 2, vol. 1, p. 282).

46. **O que Fénelon chamava de "mercenarismo da religião".**
Ver nota 33.

47. **Pascal: "Deus existe ou não existe. [...] Aposte portanto sem hesitar."**
VJ: "Primeiro, o objeto da fé não é, para Pascal, unilateralmente absurdo, nem de uma absurdez unívoca: é essencialmente equívoco. Deus não está absolutamente oculto, mas quase oculto, *fere absconditus* (Lettre à Mlle. de Roannez, 1656, Bcg, pp. 214-5; *Pensées*, IV, 288; VIII, 557, 559, 575, 576, 578, 585, 588), semi-oculto e, por conseguinte, velado; ele se mostra duvidosamente, se dissimula sob equívocos reveladores; é provado e improvado. [...] A Escritura, segundo Pascal, não quer nos enganar, ela quer nos provar; e ela se dirige àqueles para quem a inverossimilhança e a contradição nem sempre são objeções, e sim, em certos casos, provas suplementares: 'razões a mais!'" (*Le Pardon*, em *Philosophie morale*, p. 1124).

48. **Harald Höffding: "A vida religiosa é o conservatório do valor", ela salvaguarda o essencial do homem.**
VJ: "Assim, a conservação do valor de que fala Höffding (*Philosophie de la religion*, p. 362) é tão-só um outro nome para a cultura moral; porque, assim como a cultura confia na natureza fiel, na terra laboriosa, nas forças vegetativas, assim também a cultura moral e o culto moral confiam nas virtudes frutificantes e terapêuticas do tempo. O tempo, como o solo nutridor, dá seus frutos espontaneamente" (*Traité des vertus*, t. 2, vol. 1, p. 22).
VJ: "De fato, a fé dogmática dispensa os fiéis de reinventar os valores a cada instante" (*ibid.*, p. 173).

49. Kant: o homem, ao nascer, possui uma dignidade que extrai da substancialidade do seu ser: o ser do homem tem uma vocação para querer.

VJ: "Quando por sua vez o intencionalismo se degenera, o ceticismo de Kant separa o conteúdo e a forma *a priori* por meio de uma análise imanente e funda a verdadeira espiritualidade prática; a boa vontade da *Metafísica dos costumes* tornar-se-á superconsciência no intencionalismo agudo de Vallier" (*Traité des vertus*, t. 1, p. 196).

50. Nietzsche: "Torna-te o que és!"

VJ: "*Torna-te o que és* não significa: 'é inútil tornar-se, já que já és o que poderias tornar-te', mas sim: torna-te indefinidamente, pois o homem nunca é em ato tudo o que poderia ser. Meu ser nunca é adquirido de uma vez por todas, inalienavelmente" (*Le Je-ne-sais-quoi et le presque-rien*, t. 2, p. 24).
Ler também, no capítulo III do *Traité des vertus*, a seção VI intitulada "Devenir ce qu'on est" (t. 2, p. 233).

51. Hesíodo dá conselhos para viver bem.

VJ: "Há igual distância dos doze trabalhos [de Hércules] ao herói infeliz quanto das tarefas ou trabalhos de Hesíodo ao 'esforço' da filosofia moderna! [...] Somente o século XIX descobre, com a especificidade da ação, a relatividade dinamista, militante e laboriosa do dever" (*Traité des vertus*, t. 2, vol. 1, p. 10).

52. Sócrates: "Conhece a ti mesmo!"

VJ: "À introspecção socrática corresponde o império-sobre-si estóico, que é a tomada de posse efetiva sobre si pelo eu" (*Traité des vertus*, t. 2, vol. 1, p. 128; referência a *Conversações*, I, 1, 1-4).

VJ: "O saber pelo qual sabemos nossa liberdade é um caso privilegiado do meio saber pelo qual, em geral, nós nos sabemos nós mesmos. Não sei que não sei nada, diz Sócrates (*Apologia de Sócrates*, 23 b) opondo a consciência da sua nesciência à ciência quiditativa, mas ineficaz e inconsciente dos políticos, poetas e 'quirotécnicos'; por outro lado, a ciência socrática consiste em se saber a si mesmo. [...] Sócrates não sabe como compor poemas nem como fabricar objetos, mas tem consciência da sua nesciência, que é um objeto perfeitamente vazio e negativo; e a coisa sabida é tão pouco um objeto assinalável que ela remete paradoxalmente ao sujeito que a sabe e que, sabendo-a, se sabe *ipso facto* si mesmo" (*Le Je-ne-sais-quoi et le presque-rien*, t. 1, pp. 83-4).

53. A introspecção foi considerada malsã por Platão.

VJ: "Sabe-se que escândalo [...] a ciência ainda representa para o Sócrates do *Cármides*. A consciência se acostuma mais depressa à idéia aristotélica da filáucia do que ao círculo vicioso do '*Gnôthi sautón*' socrático, e o próprio Augusto Comte refutará a introspecção com argumentos dialéticos válidos para toda consciência-de-si. [...] Em suma, o eu prefere se amar a se conhecer! [...] Pascal pensava que o eu não é feito para conhecer a si mesmo" (*Traité des vertus*, t. 3, p. 197).

VJ: "A busca do império-sobre-si segue de perto, nos gregos, a iniciação introspectiva: como não se desejaria a perfeita flexibilidade, maneabilidade e disponibilidade desse si inapreensível que Sócrates conseguiu conhecer? Conhecer-se para se governar, eis [...] o objeto invariável de uma sabedoria para a qual se trata de ter bem controlado o indômito animal que é o eu em seu foro interior" (*ibid.*, t. 3, p. 199).

54. Tolstói: "Que fazer?"

Ver também nota 192.

VJ: "Ora, a Rússia se parece com o conhecimento que, apenas constituído, se pergunta primeiro qual é sua missão, por que ela existe e como ela é possível. Que fazer? e 'por que tudo?' e para quê? Se pergunta Piotr Bezukhov em *Guerra e paz* (II, V, 1). Eslavófilo ou niilista, o homem russo do século XIX é uma esfinge para si mesmo, e sua própria existência, o fato de ele 'estar ali' lhe é um tema inesgotável de espanto e de especulação, um enigma sempre renascente: ele mal começou a filosofar e já se pergunta o que é a Rússia, qual o sentido da vida russa e se ela não manda uma mensagem que o Ocidente não pode transmitir" (*L'Aventure, l'ennui, le sérieux*, em *Philosophie morale*, p. 907).

VJ: "Não sei de onde venho, não seu aonde vou, sei apenas que sou [...] e não sei por que eu sou nem para quê: é esse o sentido da perplexidade metafísica de Piotr Bezukhov em *Guerra e paz*; essa dissimetria do claro e do escuro, esse contraste que é a própria entrevisão de uma clarividência e de uma cegueira, clarividência em relação à quodidade, cegueira em relação às paisagens da retrospecção e da prospecção – eis o próprio mistério da nossa sina" (*Le Je-ne-sais-quoi et le presque-rien*, t. 1, p. 85).

55. **Os publicanos, no Evangelho de são Lucas, perguntam a João Batista: "Que devemos fazer?"**
VJ: "Se fizerdes bem aos que vos fazem bem, continua o Evangelho segundo são Lucas, que 'recompensa' tereis? (Lucas 6, 27-35). A graça começa com o *a mais* (Mateus 5, 43, 47). Se você faz o bem aos que lhe fazem o mal e se você abençoa os que o amaldiçoam sem esperar nada em troca, que ótimo! Nesses quiasmas se manifestam as dissimetrias paradoxais, sobrenaturais e miraculosas da caridade" (*Le Pardon*, em *Philosophie morale*, pp. 1126-7).

56. **Goethe: "Nunca tive consciência de mim: fui esperto."**
VJ: "Charles Du Bos gostava de citar esta afirmação, que conjura de antemão todos os feitiços da autoscopia, da autobiografia e da autolatria: 'Nunca pensei sobre o pensamento. Fui esperto.' Fala-se facilmente da virtude consoladora do saber; compreender seria, de fato, converter a dor em conhecimento, fixar a consciência nas coisas de sorte que se perca nelas e nunca reflua" (*La Mauvaise Conscience*, em *Philosophie morale*, p. 51).
VJ: "Como não opor, por exemplo, o nervosismo romântico à serena objetividade de um Goethe? 'Nunca pensei sobre o pensamento', diz ele, 'fui esperto.' Já Fantasio, embora procure ser 'aquele homem que passa', tornar-se um outro, evadir-se de si, continua sendo triste de morrer; e Arlequim também, apesar do seu casaco multicor, não consegue escorraçar o grande pássaro negro" (*L'Aventure, l'ennui, le sérieux*, em *Philosophie morale*, p. 938).

57. **Platão, no *Cármides*, define a sabedoria como o conhecimento de si.**

VJ: "A relação magistral exige a distância entre discípulo e mestre, assim como o conhecimento, segundo o *Cármides* quer o intervalo entre objeto e sujeito, assim como a cidade antiga exige a transcendência do Estado em relação ao indivíduo. Ora, muito mais que uma situação ética, conjugando as duas perspectivas disjuntas do ator e do espectador, esse regime dialético é comparável ao regime da disjunção ética: o mestre, como criador, dá sem receber, o discípulo, assim como o espectador, recebe sem dar" (*Traité des vertus*, t. 2, vol. 1, p. 49).

VJ: "A consciência moral consiste em 'participar' e, longe de fugir da impureza, faz dela profissão. Como essa consciência é possível, em geral? Sabe-se que Sócrates no *Cármides* contestava que as coisas pudessem 'exercer sobre elas mesmas sua própria virtude' (168e) e atribuía a cada ciência um objeto. Como a vista se exerce sobre as cores, e o ouvido sobre os sons, e a vontade sobre o bem, e o amor sobre a beleza, assim toda ciência é relativa a um *eteron ti* [...]; toda ciência é a ciência intencional de alguma coisa, se exerce sobre outra coisa que não si mesma" (*La Mauvaise Conscience*, em *Philosophie morale*, pp. 61-2).

VJ: "A ciência de Sócrates se limita ao fato formal da nesciência: não sei que não sei. [...] Não está aí toda a matéria da consciência?" (*ibid.*, p. 167).

58. **"Não sei o que sou e não sou o que sei."**

VJ: "O que eu sou, diz Angelus Silesius, eu não sei; e o que eu sei, eu não sou. Onde a consciência não vai se alojar? A dialética de La Rochefoucauld se esforça para levar ao fracasso assim, nos bons movimentos, na humildade e na intenção pura, esse demônio do comprazimento" (*Traité des vertus*, t. 1, pp. 160-1).

VJ: "Aqui começa o paradoxo da tentadora contradição, paradoxo que superaria a alternativa de Angelus Silesius. A inocência citerior ainda está sob o estatuto da alternativa, pois lhe é vedado saber-se inocente: porque se ela soubesse, não seria mais inocente; é preciso escolher! O homem é tentado em geral pela passagem da inocência sem consciência à consciência sem inocência, mas é tentado além disso pelo desejo quimérico de reter a inocência na consciência; ele *quer* saber o que é, mas continuando a *ser* o que sabe, e, inversamente, como nos mostrará a segunda tentação, ser o outro continuando a conhecê-lo" (*Traité des vertus*, t. 3, p. 199).

VJ: "Reconhecemos aqui a insuperável alternativa que o impede de cumular e sincronizar a realidade" (*ibid.*, p. 429).

59. **Rousseau, em *Confissões*, quer conhecer a si mesmo, mas deforma a verdade.**
VJ: "O comprazimento é o prazer com um expoente" (*L'Austérité et la vie morale*, em *Philosophie morale*, p. 433).

60. **O Héracles de Pródicos hesita num cruzamento: que caminho vai seguir?**
VJ: "O mal é importado e nos vem de outro lugar, pelo canal da sugestão ou da persuasão perversora. A neutralidade de um querer que não é 'nem um nem outro' evoca o Héracles da fábula de Pródicos no cruzamento, isto é, na encruzilhada da virtude e do vício" (*Le Mal*, em *Philosophie morale*, p. 360).
VJ: "Como Héracles no apólogo de Pródicos, a vontade hesita na encruzilhada; todo motivo pode inclinar mecanicamente esse '*aequilibrium arbitrii*', todo mau conselho qualificar a indiferença dessa liberdade, toda sugestão se inscrever na tábua rasa dessa inocência e desse zero ético" (*Traité des vertus*, t. 3, p. 325).

61. **"O destino conduz quem se deixa arrastar e quem não se deixa arrastar."**
VJ: "Com seu poder capenga e desemparelhado, nossa meia liberdade está condenada, como o aprendiz de feiticeiro, a querer unilateralmente: a vontade quer, por bem ou por mal (*volens nolens!*), de acordo com a inelutável mão única da futurição. É a vontade que é imanente ao irreversível, portanto; é a vontade que está 'dentro'!" (*L'Irréversible et la nostalgie*, p. 25).

VJ: *"Ducunt fata volentem, nolentem?* Ou seja, em nossa linguagem: o irreversível conduz pela mão os que aceitam a futurição; ele arrasta os que se enrijecem contra ele e tentam loucamente, desesperadamente, ir contra a corrente e voltar à origem. Como quer que seja, o irreversível irresistível dirá a última palavra" (*L'Irréversible et la nostalgie*, p. 30).

62. A aposta de Pascal é uma escolha cega.

VJ: "Do mesmo modo, Pascal, fazendo a defesa da sua indemonstrável fé, dirige-se aos crentes na linguagem utilitária e probabilista da aposta: incapaz de convencê-los por meio de argumentos probatórios, tenta pelo menos persuadi-los pelo cálculo das probabilidades; ele os faz pender para o além usando de um raciocínio arriscado e apenas plausível que, levando-se em conta a margem de incerteza, autoriza somente conjecturas verossímeis" (*Le Pardon*, em *Philosophie morale*, p. 1096).

63. O filósofo Renouvier pensa que a ação está sempre pendente de uma escolha mais ou menos ambígua.

VJ: "Renouvier (*Traité de psychologie rationelle*, I, pp. 252-6 e 277-301) falou profundamente dessa vertigem passional e imaginativa graças à qual deslizamos sem vontade, sem reflexão, da hipótese ao juízo de realidade; a consciência passa furtivamente do possível ao ato, não para trapacear, como a má-fé nos sofismas, mas porque ela própria se deixa enganar por seu desejo" (*Le Je-ne-sais-quoi et le presque-rien*, t. 2, p. 187).

VJ: "*Eu não sei mas adivinho o que vou ter sabido.* [...] O sentimento da liberdade outra coisa não é que esse *saber* mais essa *ignorância*. [...] É o que Renouvier exprime quando diz que a ação 'automotiva' sempre parece determinada *a posteriori* e livre antes do fato. A necessidade dos atos, assim como a finalidade da evolução, nunca é retrospectiva" (*Henri Bergson*, pp. 68-9).

64. O *Filebo* de Platão hesita entre o prazer e a ciência.

VJ: "À dosagem do *Filebo* corresponderá a higiene de Aristóteles. Dir-se-ia que já não é nem mesmo uma questão de princípio: trata-se simplesmente, em Aristóteles, de ter uma sabedoria bem regrada, em que os bens exteriores não são em absoluto desesperados. Aristóteles se revela muito mais conformista do que Platão" (*L'Austérité et la vie morale*, em *Philosophie morale*, p. 461).

65. **Para Descartes, a evidência é unívoca. Há uma só e única evidência.**
VJ: "Tendo sabido por Descartes que a evidência é necessariamente unívoca, Pascal se serve da ambigüidade para quebrar, uma contra a outra, as evidências contraditórias. O desconcerto é o preço de um otimismo que diz sim a todo o mundo. Estamos perdidos! Não há mais que ruínas... Mas não, nem tudo está perdido!" (*Le Je-ne-sais-quoi et le presque-rien*, t. 2, p. 82).

VJ: "O homem não necessita de Deus para se assegurar da evidência do seu pensamento no instante, mas necessita da garantia, como diz Descartes, para se fiar na permanência das verdades, para se assegurar de que as verdades não lhe pregarão uma peça quando ele virar as costas ou quando estiver dormindo; necessito de uma caução sobrenatural para garantir a continuação e superar o instante, para ter certeza sem intuição de que a certeza intuitiva permanecerá" (*L'Austérité et la vie morale*, em *Philosophie morale*, p. 522).

66. **Para Pascal, as duas contradições são evidentes; o homem só pode escolher entre elas pela aposta.**
VJ: "Pascal, desenvolvendo antes de Hegel velhos pensamentos heraclitianos, deliciou-se frisando a anfibologia irônica dos extremos e o vaivém de um conhecimento ambíguo, de um bi-saber que vai e vem no entremeio" (*Traité des vertus*, t. 3, p. 450).

67. **Filebo escolhe uma ciência adicionada de prazer.**
VJ: "Platão, em seus últimos diálogos, está mais interessado do que nunca por pedagogia, ortopedia, eugênica e medicina: o *Filebo* nos propõe uma classificação normativa dos valores e uma ética da sábia e bela mistura" (*Le Pur et l'impur*, em *Philosophie morale*, p. 680).

VJ: "Um pouco de branco puro é mais branco, mais verdadeiro e mais belo do que muito branco misturado [...]. E Nietzsche, como se houvesse lido o *Filebo*: às vezes acontece de uma grande certeza prevalecer sobre uma carrada de possibilidades, de presunções e de aproximações" (*La Mauvaise Conscience*, em *Philosophie morale*, p. 157).

68. **Aristóteles dizia: "Envergonha-te de ti mesmo" e "Exerce a justiça". Essas duas máximas têm um caráter incondicional e imperioso.**
VJ: "A idade da vergonha, quer ponha ou não em jogo valores éticos, é sempre contemporânea da preocupada meia consciência [...] Tenho vergonha, logo existo" (*Traité des vertus*, t. 3, pp. 451, 456).

69. **Bergson e Schopenhauer propõem a intermitência como a própria essência da arte.**
VJ: "À intermitência e à exclusão da vida estética se opõe a continuidade cotidiana de uma vida moral! A arte circunscreve em plena existência seus Jardins fechados e suas Ilhas felizes ou alegres (Gabriel Fauré, *O jardim fechado*; Emmanuel Chabrier, *A ilha feliz*; Claude Debussy, *A ilha alegre*) que são como que oásis mágicos do deleite e do encantamento" (*Traité des vertus*, t. 1, p. 238).
VJ: "Por oposição à intermitência estética, mostramos que a vontade ética, em princípio, deveria querer, não de vez em quando (porque essa descontinuidade já é injuriosa para ela), mas o tempo todo" (*Traité des vertus*, t. 2, vol. 1, p. 17).

70. **O representante perfeito dessa vida não séria é Don Juan: ele desconhece a solidariedade entre o passado e o futuro.**
VJ: "O desejo de atualizar todos os possíveis contidos em potência na experiência sensível, e o desejo do prazer, e a tentação desenfreada ou frenética do plural: eis o *páthos* de Don Juan" (*L'Austérité et la vie morale*, em *Philosophie morale*, p. 423).
VJ: "Don Juan, ao correr de beleza em beleza sem se demorar junto de ninguém, não é sério e faz da sua galante vida um

scherzo: ele também solta rapidamente o pedal para não prolongar em demasia a vibração patética do sentimento" (*L'Aventure, l'ennui, le sérieux*, em *Philosophie morale*, p. 981).

VJ: "Juan, homem moderníssimo, não é ao mesmo tempo *condottiere* e conquistador, condutor da acometida sedutora e conquistador de mulheres?" (*ibid.*, p. 849).

VJ: "Em profundidade, o Sério é a atitude de um homem que procura se totalizar a si mesmo em cada experiência; ele ratifica nisso a vocação do devir, porque o devir a cada instante reúne o passado e o futuro no presente; pelo menos, é essa a imanência de sucessão" (*ibid.*, p. 970).

71. **Leibniz se pretendia essencialmente moral. Deus escolheu um mundo que temos de pegar ou largar globalmente.**
Ver também notas 113 e 122.

VJ: "Em Leibniz, o homem não está metido, nem tampouco embarcado, mas está antes inserido, encastrado num mundo de harmonia; o indivíduo tem seu lugar marcado entre as hierarquias sociais [...]. A própria filosofia é uma *'scopia'* – microscopia, telescopia ou estereoscopia, uma sabedoria contemplacionista e, de certo modo, uma sinopse panorâmica que abarca todo o afresco do mundo: o problema da sabedoria é portanto um problema de ajuste de foco, quase um problema de ótica: trata-se de obter um ponto de vista sinótico sobre o *theatrum mundi*, de ajustar para a totalidade do universo. Miniatura ou jardim cósmico, imagem refletida no espelho de uma gota d'água, como na *Monadologia*, ou arquitetura de um templo universal, como no fim da *Teodicéia*, o mundo leibniziano é, em ambos os casos, um espetáculo" (*Le Pur et l'impur*, em *Philosophie morale*, pp. 695-6).

VJ: "A escolha divina, segundo Leibniz, é a que atualiza o máximo possível de existência. Do mesmo modo, a boa escolha ética é a que, em qualquer circunstância, faz advir o máximo de ser" (*Traité des vertus*, t. 1, p. 6).

VJ: "Temos latitude para transgredir, isto é, para fazer *de outro modo*. Esse *Aliter* mede, em Leibniz, o intervalo que separa Necessidade lógica e Conveniência" (*Traité des vertus*, t. 1, p. 137).

72. Descartes: "A alma sempre pensa."

VJ: "Assim como a alma, segundo Descartes, sempre pensa, sendo o pensamento presente a si uma continuação evidente sobre a qual o gênio maligno do esquecimento nada pode, assim também, segundo Fénelon, um coração amante sempre ama, mesmo que não se sinta amado" (*Traité des vertus*, t. 3, p. 438).

VJ: "Em Descartes também há grãos de evidência e certezas instantâneas: mas à parte o fato de que uma constante e inabalável 'resolução' trata de perenizar as intuições disjuntas, à parte o fato de que uma intelecção continuada, réplica humana da criação continuada (porque a alma sempre pensa), nos dá garantia de que a verdade será permanente, em Descartes é a plenitude pensante que se recorta sobre o fundo de não-ser aberto em torno dela pelo tempo e pelo esquecimento. [...] Não há portanto nenhum interregno de caos" (*Philosophie première*, pp. 74-5; ler também a continuação desse desenvolvimento).

73. Sócrates acreditava na infalibilidade do seu "demônio" (*daímon*) familiar, que o aconselhava nas ocasiões embaraçosas.

VJ: "Quando Platão o chama de *daímon*, demônio, deve-se entender com isso não tanto um ser intermediário quanto um mediador; ou melhor, Intermediário cessa de designar um habitante da zona mediana, semideus ou semi-homem, um híbrido ou um terceiro: esse médium, dizíamos, não é um ser mediano; esse médium não reside no entremeio" (*Le Pur et l'impur*, em *Philosophie morale*, p. 800).

74. O "vigário saboiano" (Rousseau) faz uma longa interpelação à consciência que sempre zela pelo homem.

Ver nota 36 (sobre o *Emílio* de Rousseau).

75. a) Sobre a coragem e o dever.

Ver *Traité des vertus*. Sobre a coragem: *Traité des vertus*, t. 2, vol. 1, cap. 2; sobre o dever: t. 1, cap. 3 e 6.

b) Sobre o instante da coragem, o momento do remorso.

VJ: "É que a deploração deplora antes de mais nada um *estado*, enquanto o remorso se arrepende de um *ato*, ou mais exatamente, da *ação* inexpiável que produz o ato expiável. [...] mas o remorso é a má consciência de um mau uso da nossa liberdade" (*La Mauvaise Conscience*, em *Philosophie morale*, p. 92).

76. **Scarlatti: "A música é feita para o prazer dos ouvidos."**
VJ: "Como diz Domenico Scarlatti, num texto que serve de prefácio a uma coleção de sonatas: 'Não há outra regra digna de um gênio, senão a de agradar, deleitar o sentido cujo aprazimento é o único objeto da música' [Nota de VJ: Comparar com Montesquieu: *Ensaio sobre o gosto*, e Racine: prefácio de *Berenice*]" (*L'Austérité et la vie morale*, em *Philosophie morale*, p. 384, "Introduction").
VJ: "A privação da arte pode ser compreendida, mas a privação em arte não é absurda? Não é confundir a criação estética com a ascese moral?" (*Quelque part dans l'inachevé*, p. 251).

77. **Santo Agostinho: "O passado e o futuro são modos do presente."**
Ler VJ, *Le Je-ne-sais-quoi et le presque-rien*, t. 2, p. 92.
VJ: "Digamos mais: ainda que a terra parasse então de girar no espaço, ainda que a revolução dos astros no universo acabasse (*Confissões*, XI, 23), o tempo continuaria invisivelmente a durar, sobrevivendo ao gênero próprio humano e aos movimentos celestes que ritmam as estações e marcam os anos" (*L'Irréversible et la nostalgie*, p. 98).

78. **Na *Metafísica* de Aristóteles, a metáfora da matéria a trabalhar tem um papel importante: o espírito impõe a forma à matéria amorfa.**
VJ: "O fato de que a *Metafísica* de Aristóteles se apresenta, sob certos aspectos, como um tratado da definição atesta, por outro lado, o real caráter secundário dessa filosofia 'primeira': porque definir não é colocar, mas simplesmente enunciar a *ousía* de um ser que já é" (*Philosophie première*, p. 1).
VJ: "O caráter é, assim, a página em branco, ou, antes, a tábua rasa na qual inscrevemos o que queremos, a argila que o educador amassa ou modela a seu bel-prazer. A própria *Ética nicomaquéia* acaso não fala de uma [...] inscrição nas tábuas?

[...] Será ele Deus, tábua ou cuba? Será o que dele faremos: o bloco amorfo e maciço depende inteiramente da nossa indústria. Porque ele é a absoluta disponibilidade, a indiferença extrema ao bem e ao mal, é, literalmente, *neutrum* – nem um nem outro. Que tarefa apaixonante proposta à onipotência do mestre!" (*Traité des vertus*, t. 2, vol. 1, pp. 42-3).

VJ: "Menos geômetra e mais biólogo, e não tão racionalista quanto realista, Aristóteles se mostra particularmente atento a essa dureza inexorável do dado: não se fará subir o pesado nem descer o leve, não se transformará a madeira em ferro (*Ética nicomaquéia*, 1103a), ou ainda: o fogo arde aqui como na Pérsia" (*ibid.*, p. 57).

79. **Aristóteles, *Ética nicomaquéia*: "O hábito é uma segunda natureza do homem."**
VJ: "Os bons hábitos forjaram uma segunda natureza para mim ou, como diz Pascal, uma prevenção adquirida" (*Le Je-ne-sais-quoi et le presque-rien*, t. 2, p. 74).
VJ: "Ninguém pode se gabar sem rir de ter adquirido bons hábitos morais e possuí-los (porque é esse o sentido da palavra *héxis* ou *habitus*) a título de propriedade, ter ou maneira de ser" (*L'Austérité et la vie morale*, em *Philosophie morale*, p. 514).

80. **Platão cita o *noûs* de Anaxágoras que dava uma ordem ao caos, à mistura de todas as qualidades.**
VJ: "Enquanto o magistério do pensamento permanecer intacto, uma ordem pode regenerar-se na desordem, e o caos, que é a confusão máxima, isto é, o limite metaempírico e o superlativo absoluto da desordem, ainda não tragou tudo: como o *noûs*, em Anaxágoras, não participa de nada, não está misturado com nada, permanece transcendente à mixórdia, o caos pode se tornar cosmos. Assim, para administrar a justiça, é necessário um árbitro ou um juiz 'imparcial', em outras palavras, uma instância transcendente que não seja parte no litígio, que não esteja enrolada no novelo das paixões ou envolvida na barafunda dos interesses" (*Le Pur et l'impur*, em *Philosophie morale*, p. 693).
VJ: "O *noûs* de Anaxágoras é *amiges* segundo Aristóteles (*Física*, VIII, 5, 256b) na medida em que é princípio de movimen-

to mas, ele mesmo, puramente imóvel; *motricidade* sem mistura com *mobilidade*, ele é eferência pura" (*ibid.*, p. 802).

81. **No *Fedro*, Platão usa a metáfora do cocheiro que conduz um carro puxado por uma parelha de cavalos.**
VJ: "Os dois cavalos da parelha, que o *Fedro* descreve e que correm lado a lado, correspondem à dissociação secundária e espacial de um único devir" (*Le Pur et l'impur*, em *Philosophie morale*, p. 772).

82. **Sêneca, numa carta a Lucílio, escreve: "*Velle non discitur*", não se aprende a querer.**
Ver nota 24.

83. **Para Platão, no *Mênon*, a virtude é um dom dos deuses.**
VJ: "O 'dom divino' do *Mênon* atesta muitas hesitações de Platão entre a sabedoria pedagógica e a sabedoria inspirada. [...] Na realidade, é a anamnese que elude a alternativa do adquirido e do inato. Sabe-se como o grande mito escatológico do panfiliense, no livro 10 da *República*, transporta para o inferno essa liberdade de escolha que Platão, em qualquer circunstância, associa ao destino" (*Traité des vertus*, t. 2, vol. 1, p. 47).
VJ: "O inocente que quer deixar de sê-lo, já deixou, pois quer. É esse o círculo! É essa, no *Mênon*, a contradição aporética e paradoxal do aprendizado: o homem se torna o que já é; se já é, não precisa se tornar e, no entanto, não poderia se tornar se já não fosse vagamente" (*Traité des vertus*, t. 3, p. 430).

84. **Dialética do *Banquete* de Platão: Diotima de Mantinéia hierarquiza os diferentes tipos de beleza para alcançar o Bem invisível.**
VJ: "Platão faz Diotima dizer: tendo contemplado as belas coisas, uma depois da outra, o homem perceberá de repente uma beleza maravilhosa" (*La Mauvaise Conscience*, em *Philosophie morale*, p. 159).
VJ: "A função da sacerdotisa Diotima, isto é, da filosofia esotérica no *Banquete*, é revelar as verdades parciais repartidas

entre cinco exoterismos e cinco aparências respectivamente encarnadas pelo retórico, pelo viajante, pelo médico, pelo cômico e pelo trágico" (*Traité des vertus*, t. 3, p. 280).

VJ: "A efetividade encantadora, que nos faz existir, cura por um instante nossa incurável doença metafísica e faz da criatura um criador" (*Le Je-ne-sais-quoi et le presque-rien*, t. 1, p. 110).

85. A idéia da escada moral se encontra também em são João Clímaco, que contava trinta degraus na perfeição.

VJ: "A humildade não se humilha cada vez mais e *gradatim*, ela não é mais ou menos [...]. Ela obedece portanto à lei do tudo ou nada... Ela tampouco ocupa um degrau (o vigésimo quinto, segundo João Clímaco) na *Santa escala para ascender ao Céu*! Assim se explica o caráter verbal e arbitrário das discussões teológicas sobre os 'degraus' da humildade: sabe-se que a Regra beneditina enumera doze; [...] quanto a são Bernardo, ele reproduz pura e simplesmente os *duodecim gradus* de são Bento, que são Tomás, por sua vez, enumera ao revés" (*Traité des vertus*, t. 2, vol. 1, p. 396).

VJ: "A ética não resulta, como a arte, em edifícios, mas antes em torres de babel infinitas. É talvez assim que se deveria compreender a escada anagógica em João Clímaco e mesmo em são Tomás, são Bernardo, são Bento ou são Boaventura" (*L'Austérité et la vie morale*, em *Philosophie morale*, p. 517).

86. São Bento e são Bernardo: a hierarquização dos valores revela uma concepção estetizante da vida moral.

VJ: "São Bernardo, comentando a sétima regra de são Bento (são Bento: *De gradibus humilitatis et superbiae tractatus*, P.L. 182, col. 941), diz que se trata de escalar os degraus e não de contá-los. Do mesmo modo, ser atleta (Epicteto, *Conversações*, I, 4 e I, 29-56) não é raciocinar brilhantemente sobre os recordes, como os atletas de roupão e os leitores dos jornais 'esportivos', mas é levantar os halteres por um esforço laborioso [...], é portanto dar o exemplo" (*Traité des vertus*, t. 1, p. 270).

87. "Carpe diem!"

VJ: "A *Ética nicomaquéia* já dizia, a propósito do prazer: todas as coisas têm em si um não-sei-quê de divino. *Carpe diem!* Como sabemos que é proibido provar os frutos dessa sensibilidade que é, ela mesma, afinal de contas, uma dádiva de Deus?" (*L'Austérité et la vie morale*, em *Philosophie morale*, p. 512).

88. **Bergson recomenda a busca da percepção no estado puro, despido de todo e qualquer preconceito.**

    VJ: "O bergsonismo defende energicamente a idéia de uma polaridade psicológica, e a dualidade da lembrança e da percepção ocupa um lugar central em *Matéria e memória*. A percepção pura, imediatamente solidária da ação para a qual é feita e dos movimentos que a prolongam, e a lembrança pura, desinteressada como o passado de que ela traz a assinatura, se distinguem uma da outra por natureza, não por grau" (*Henri Bergson*, p. 96).

    Ler, em *Henri Bergson* de VJ, todo o capítulo sobre a alma e o corpo, como complemento da leitura de Bergson, *Matéria e memória*.

89. **Desde Poincaré, sabemos que tudo deve ser estabelecido, deve ser construído.**

    VJ: "Como mostraram Henri Poincaré e Le Roy, o 'fato' é menos o dado do que a obra ideal do espírito. Eis-nos pois em condições de separar sem equívoco o efetivo do fictício. O efetivo se opõe ao fictício tal como o real ao símbolo, ou como o 'vivido' ao 'atribuído'" (*Henri Bergson*, p. 31).

90. **Aristóteles, na *Ética nicomaquéia*: o único imperativo categórico de cada homem é o desejo de ser feliz.**

    VJ: "Todos os homens querem ser felizes, a esse respeito há um só grito em todos os sábios antigos [...]. O eudemonismo é muito mais acentuado na *Ética nicomaquéia* do que em Platão, mas é uma idéia comum a Aristóteles e ao filósofo dos *Diálogos*. Ninguém nunca disse, na Antiguidade grega: O homem *quer* ser feliz, mas *tem de* ser infeliz, porque o dever é feito para contradizer e contrariar o querer. O dever da infelicidade, se assim podemos dizer, foi inventado no tempo de Kant para se contrapor à vontade da felicidade" (*L'Austérité et la vie morale*, em *Philosophie morale*, p. 438).

VJ: "É o que o eudemonismo de Aristóteles exprimirá de maneira imanentista (*Ética nicomaquéia*, I, 7, 1097), simplesmente substituindo o soberano bem transcendente pela felicidade. [...] Por isso não surpreende ler no livro 10 da *Ética nicomaquéia* que a felicidade é uma atividade de acordo com a virtude e que a sabedoria torna feliz; que, estando o prazer mesclado à felicidade, a atividade sábia também será mais agradável. Donde a idéia de um bem-aventurado, que aparece no livro 10 da *Ética*" (*ibid.*, p. 440).

Ler as páginas 452 e 453 de *L'Austérité et la vie morale* sobre os gregos e a felicidade.

VJ: "Da geometria do *Górgias*, da metrética do *Político* e do *Filebo* à aritmética de Bentham, a ética razoável não cessou porém de praticar o cálculo dos prazeres e a suputação 'logística' da felicidade" (*Traité des vertus*, t. 1, p. 79).

91. No *Banquete* de Platão, Aristófanes declara num discurso que o Amor comporta em si uma necessidade não formulada de altruísmo. Essa tendência ao altruísmo era personificada, para Platão, pelo próprio tipo do andrógino.

VJ: "Sim, foi sem dúvida a lei alternativa que dividiu entre os dois sexos as vocações complementares, relegando ao andrógino mítico a nostalgia do Humano integral. O gênio do espírito é o demiurgo das coisas belas" (*Traité des vertus*, t. 2, vol. 1, p. 156).

VJ: "Passional nisso é a síntese da alma e do corpo; o casamento dessa alma com o corpo parece esses cônjuges frenéticos que não sabem o que querem, [...] não suportando existir nem sem nem com: *com*, eles se odeiam, e *sem*, o ausente sente falta do seu ausente como a metade separada suspira por sua metade no mito do Andrógino do *Banquete*" (*Le Mal*, em *Philosophie morale*, p. 299).

Ver também nota 158.

92. Na *Ética nicomaquéia*, Aristóteles comparou esse problema à amizade: o amigo, diz ele, é um outro eu mesmo; logo, se eu o amo, é que amo a mim mesmo.

VJ: "O amor do eu por seu próprio eu, isto é, por si mesmo, não é simples amor-próprio, mas, enquanto filáucia, é o princípio de toda amizade: o justo quer seu próprio bem e, por irradiação, o do amigo, já que este último é *állos autós*. [...] Portanto, 'Sê amigo de ti mesmo' não significa nada mais que isto: ratifica essa evidência eudemonista, esse truísmo sensato da afirmação-de-si, manda embora esse espírito de autodenegrimento absurdo e contrário à natureza, esse monstruoso desejo do nada que é para a filáucia e para a *tautosia* como que a contradição da identidade. Daí o vínculo que, para toda a moral grega, unia as duas idéias, de sabedoria e de bastarse a si" (*Traité des vertus*, t. 2, vol. 1, pp. 307-8).

VJ: "Porque sendo o útil, segundo a *Ética nicomaquéia*, essencialmente instável, as amizades com base na utilidade também serão mutáveis" (*ibid.*, p. 169).

VJ: "A amizade adota certo equilíbrio, depois se agarra a ele, sem todos esses *crescendo, accelerando, rinforzando* vertiginosos que fazem a febre do amor. O amigo, mesmo ausente, está sempre à nossa disposição e numa relação invariável conosco. Assim é a doçura imóvel, a doçura sedativa da amizade, doçura que é isenta de embriaguez, mas também de decepções: ela impõe à nossa fome amorosa a disciplina de um ritmo uniforme, aos arroubos da paixão, a familiaridade afetuosa nascida do hábito; ela é paciência, segurança e cotidianidade, ela é a sóbria prosa da continuação cotidiana" (*ibid.*, p. 152).

VJ: "A amizade tem seu tempo próprio, que é o do *Andantino*, e seu ritmo próprio, que é o da *Berceuse!*" (*ibid.*, p. 366).

93. **Sobre a *apátheia* nos estóicos.**
VJ: "A neutralidade apática não é tampouco uma pureza. [...] a apatia é incapaz de fundar uma vida moral concreta, fervorosa e custosa. A austeridade purgativa não recusava francamente: a austeridade apática recusa demais [...]. Na apatia, se ela for verdadeiramente humana, ainda se pode ler a marca das provações sofridas, como Nietzsche e os românticos liam no rosto da serenidade grega aquele vinco imperceptível da angústia no canto da boca" (*L'Austérité et la vie morale*, em *Philosophie morale*, pp. 572-3).

94. **O *Filebo* de Platão tenta uma dosagem dos diversos elementos da vida.**

   VJ: "Platão, no *Filebo*, fala dos prazeres 'puros', não mesclados com dor, e Bergson de uma percepção 'pura' sem nenhuma adição de lembrança" (*Le Pur et l'impur*, em *Philosophie morale*, p. 597).

   VJ: "De sorte que os prazeres 'impuros' não são simplesmente esses falsos prazeres de que fala o *Filebo*, prazeres mistos de sofrimento, prazeres relativos à repleção e à vacuidade, prazeres nascidos da necessidade: parece que todos os prazeres, em qualquer grau que seja, parecem a divindade bicéfala do *Fédon*" (*Traité des vertus*, t. 1, p. 65).

95. **Nos espirituais, como são João da Cruz, o princípio da escolha permanece bem visível: ele manda repelir o sensível, que constitui um obstáculo à felicidade.**

   VJ: "Seria fácil opor aos místicos da noite a grande treva de Dionísio, o Areopagita, a '*noche oscura*' de João da Cruz, as metáforas solares do livro 6 da *República*" (*Le Nocturne*, p. 14).

96. **Embora rejeitando a unidade absoluta da virtude, Crisipo insiste no parentesco existente entre as quatro virtudes. Por exemplo, a temperança regula a impetuosidade das pulsões.**

   VJ: "Galiano, é verdade, critica Crisipo por este voltar, admitindo perfeições múltiplas, ao 'enxame' do *Mênon*. No entanto Crisipo pensa, como os megáricos, que a virtude é uma essência única chamada por vários nomes: as virtudes são ao mesmo tempo inseparáveis e diferentes" (*Traité des vertus*, t. 2, vol. 1, p. 37).

97. **Aristóteles dizia que a justiça não esgota a moralidade.**

   VJ: "Porque uma estabilidade movida pelo útil e a 'ofelimidade' é, ela própria, como Aristóteles compreendeu, aparente, precária e versátil, se nenhuma inspiração benevolente, se nenhum movimento do coração a renovam, pois um pacto sem vontade não passa de um pedaço de papel" (*Traité des vertus*, t. 3, p. 324).

98. **Baltasar Gracián e seu manual *Fineza e arte da distinção*.**
VJ: "Gracián escreveu *Agudeza y arte de ingenio* [...], *agudeza*, isto é, a farpa, a palavra acerada [...]. Dito espirituoso, satírico ou picante, o jogo de palavras é de certo modo o *pizzicato* do discurso" (*Liszt ou la Virtuosité*, pp. 91-2).
VJ: "A *agudeza* de Baltasar Gracián representa de forma notável esse 'conceitismo' espanhol que nada mais é que nosso eterno preciosismo. A consciência cada vez mais desembaraçada decai da dialética ao dito espirituoso e à réplica contundente" (*L'Austérité et la vie morale*, em *Philosophie morale*, p. 398).

99. **Kant nega em bloco o sensível, o que ele chama de "patologia".**
VJ: "É a vontade que, afirmando a unidade contranatural ou sobrenatural, protestando contra o que Kant chamará de patologia e substituindo o vivido (isto é, o desejado, o saboreado, o experimentado) pelo decidido não patológico ou não pático, decretaria a supressão desse plural erótico e a redução à unidade da consciência volátil, se não pela violência, em todo caso pela força" (*L'Austérité et la vie morale*, em *Philosophie morale*, pp. 422-3).
VJ: "Kant havia relegado o humor à esfera 'patológica' do temperamento e à afetividade suspeita do *Gemüt*: porque as oscilações do temperamento são assunto de antropologia, assim como as variações de temperatura são assunto de meteorologia" (*ibid.*, p. 486).
VJ: "Kant, para quem toda inclinação e toda 'patologia' são suspeitas, professa o quiasma em seu rigor mais paradoxal! Que gênio malicioso cruzou assim, para nos pegar, o Bem com a feiúra? [...] 'Ter ares', é esse o hieróglifo a decifrar" (*Traité des vertus*, t. 3, pp. 316-7).

100. **Aristóteles faz distinções, o que implica um mandamento moral condicional, e não categórico, radical.**
VJ: "De resto, não é Platão, é antes Aristóteles que, na *Ética nicomaquéia*, é o verdadeiro fundador da casuística e que leva em conta modalidades circunstanciais" (*Traité des vertus*, t. 2, vol. 2, p. 81).

VJ: "A partir daqui, as distinções de Aristóteles se tornam plausíveis; fazer o mal por ignorância nem sempre é fazer o mal involuntariamente – porque nem toda ignorância é desculpável... Lembremos do axioma da *Ética nicomaquéia*: é o exercício da atividade que fabrica a disposição (III, 5, 17)" (*Traité des vertus*, t. 3, p. 45).

VJ: "Onde Sócrates só reconhecia o nada do não-saber, Aristóteles admitirá os *dégradés* da virtualidade e a penumbra da semiconsciência " (*ibid.*, p. 47).

101. **Santo Agostinho, no *De mendacio* ("Da mentira"), diz que nunca é permitido mentir.**

    VJ: "A verdade profunda segundo o espírito é, muitas vezes, mais verdadeira que a verdade literal e os pseudocasos de consciência da deontologia valem tanto quanto sofismas. [...] É por isso que santo Agostinho conclui, em seu *De mendacio* (*Liber unus*, IV, 5): o que faz o mentiroso é, antes de tudo, a crença" (*Du mensonge*, em *Philosophie morale*, p. 218).

    VJ: "O verista do *De mendacio* exorta-me a manter pura e asséptica a minha preciosa alma imortal, mesmo que todo o gênero humano se infecte em meu lugar" (*Traité des vertus*, t. 2, vol. 1, p. 257).

102. **Kant, respondendo a Benjamin Constant, declara que a verdade é sempre preferível à mentira e que nunca se deve mentir.**

    Ver também nota 36.

    VJ: "Kant critica Benjamin Constant por ter defendido a licitude da mentira: o agente moral seria obrigado a dizer a verdade somente aos que têm direito a essa verdade; e Kant sustenta por sua vez: a veracidade é absoluta e incondicionalmente exigível, qualquer que seja a desvantagem que daí resulte. Os *Fundamentos da metafísica dos costumes* davam a razão disso, e essa razão é que a mentira aniquila a dignidade da pessoa: quando a própria pessoa não crê no que diz a outra, ela tem menos valor do que uma coisa. Assim, Kant, tanto quanto santo Agostinho, não queria saber do *'minus malum'* e da mentira 'patriótica'" (*Traité des vertus*, t. 2, vol. 1, p. 247).

103. **Aristóteles determina o "justo meio" pela razão, a lógica, que corresponde ao "espírito de finura" de Pascal.**

VJ: "Aristóteles, teórico do 'justo meio', Montaigne e Pascal, filosofando sobre o espírito de finura, talvez façam alusão à mira precisa e pontual num alvo, e na 'mosca' desse alvo" (*Ética nicomaquéia*, II, 6, 1106b; Montaigne, *Ensaios*, I, 9; Pascal, *Pensamentos*, 72, 82 (II), 381 e 408; (VI) e 3ª Provincial) (*L'Irréversible et la nostalgie*, p. 205).

VJ: "E, quanto a Aristóteles, ele se esforça, não para dosar o composto, mas para determinar o justo meio; não para seguir o mediador que relaciona os extremos, mas para atribuir a residência do intermediário" (*Traité des vertus*, t. 3, p. 7).

VJ: "Por sua vez, Aristóteles, o conformista, o homem da empiria, instala-se na região mediana e confortável do *justo meio*: Aristóteles reserva a Deus o privilégio do Ato puro e abandona o angelismo pela feliz moderação, isto é, elege domicílio na 'caverna'" (*Traité des vertus*, t. 3, p. 14).

VJ: "Aristóteles, ao definir a virtude como justa média, exprime-se assim: é o justo meio que tem êxito e que é o objeto de todas as louvações" (*Liszt ou la Virtuosité*, p. 46). (Ver também *Ética nicomaquéia*, II, 6, 1106b, 26-27 e II, 9, 1109a, 29-30; referências dadas por VJ).

VJ: "Como se vê, Aristóteles se esfalfa em vão para esclarecer a complexidade dos fatos. O verbalismo de toda essa aritmética moral se explica, primeiro, pelo fato de que nunca há excesso segundo o espírito nem exagero na paixão pela justiça" (*Traité des vertus*, t. 2, vol. 1, p. 295).

VJ: "Aristóteles havia observado antes de Pascal: há inúmeras maneiras de errar; há uma só de acertar [...]; e Aristóteles concluía que, para atingir o justo meio são necessárias várias tentativas e muita sorte. [...] o fracasso é fácil e o êxito, ao contrário, sempre incerto, [...] porque o erro é pletórico, assim como o mal é legião" (*Le Je-ne-sais-quoi et le presque-rien*, t. 1, p. 124).

104. Em sua "dialética natural", Kant ressalta que o prazer pode ser objeto de mentira.

VJ: "Assim como La Rochefoucauld persegue o que Kant chamará de dialética natural, isto é, os sofismas do amor-próprio, assim também Fénelon denuncia as segundas intenções mercenárias – avareza espiritual e ambição espiritual – que tornam tão suspeito o falso movimento do amor puro" (*L'Austérité et la vie morale*, em *Philosophie morale*, p. 541).

VJ: "Antes de tudo, o altruísmo, assim me parece, remete ao egoísmo: é esse pelo menos o sofisma implicado na 'dialética natural' de La Rochefoucauld. [...] não há intenção que não seja má; privada da sua excitante contradição interna, essa 'dialética' é portanto muito superficialmente dialética!" (*Traité des vertus*, t. 1, p. 42).

VJ: "A decepção de La Rochefoucauld diante da impostura e da hipocrisia universais não implica tacitamente um certo ideal unívoco de pureza que é, por assim dizer, o sistema de referência dessa dialética? O próprio fato de que nunca um só exemplo de virtude puramente desinteressado tenha sido observado em toda a história do homem, esse fato não exclui de modo algum, segundo Kant, a idéia de um desinteresse-limite e de uma norma reguladora válida para todos os homens" (*Traité des vertus*, t. 1, p. 46).

105. Espinosa: evidência do *conatus* espinosiano, desejo fundamental que Espinosa chama de "tautosia" e os teólogos de "concupiscência".

VJ: "Espinosa, desconfiando do ascetismo cristão e das suas fobias, explica a ordem dos instintos por um *conatus* fundamental, que é a tendência do ser em perseverar no seu ser e que está no centro da positividade onírica" (*Le Je-ne-sais-quoi et le presque-rien*, t. 2, p. 62).

VJ: "Assim, Kant ousa infirmar o atualismo afirmativo e questiona as evidências do positivismo eudemonista. [...] Aliás, se a palavra *Conatus* indica que o ser preocupado em se conservar é incessantemente ameaçado pela morte, a preocupação com a persistência ôntica e com a preservação já implica que o tropismo fundamental é contrariado e contestado pela sede de abnegação" (*Traité des vertus*, t. 1, p. 13).

106. **Kierkegaard: "Renegar" também é "negar" a despeito do absurdo.**
VJ: "A cristologia inteira, assemelhando-se nisso às tentações de Jó ou ao sacrifício de Abraão, acaso não é, segundo Kierkegaard, uma longa simulação que prova a alma crente para ver se ela será uma amiga fiel? [...] as tentações da dúvida não têm efeito sobre ela e, portanto, não poderiam vencer seu *credo*. Muito pelo contrário, elas fortalecem incompreensivelmente esse *credo*; quem acreditava desesperadamente e contra ventos e marés, isto é, *a despeito* do absurdo, acreditará precisamente (não é o cúmulo?) *porque* é absurdo, '*quia absurdum*', ou *porque* Deus é obscuro" (*Traité des vertus*, t. 2, vol. 1, p. 258; ler também as páginas seguintes. Há nelas uma alusão à célebre fórmula atribuída a Tertuliano: "*Credo quia absurdum*").

107. **O que Pascal chamava de "inversão *do pró ao contra*".**
VJ: "Por outro lado, quem quer se fazer de anjo se faz de besta (*Pensées*, VI, fr. 358-359, ed. Brunschvicg) e a recíproca está talvez subentendida. Essa inversão do Pró em Contra permite que Pascal fale, em linguagem platônica, das 'idas e vindas' que preenchem todo o 'entremeio' (*Pensées*, VI, fr. 353-354, ed. Brunschvicg)" (*L'Aventure, l'ennui, le sérieux*, em *Philosophie morale*, p. 969).
VJ: "A inversão do Pró em Contra, o retorno do Contra ao Pró alternam indefinidamente entre si, assim como alternam processão e conversão. Angelismo e cinismo remetem assim um ao outro a criatura num perpétuo movimento de oscilação que se parece com o vaivém da lançadeira" (*Le Pur et l'impur*, em *Philosophie morale*, p. 751).
VJ: "A inversão *do pró em contra* negava a aparência que a prevenção ingênua havia afirmado; a inversão *do contra em pró renega* essa negação e restaura assim uma prevenção adquirida" (*Le Je-ne-sais-quoi et le presque-rien*, t. 2, p. 54).

108. **Aristipo de Cirene diz admitir um elemento de má consciência no primado do prazer.**

VJ: "Encontraríamos esse duplo ultimato em todas as posições quoditativas da existência: no extremo puro-amor em primeiro lugar, e também na morte. *Mors nulla major aut minor est*, escreve Sêneca (Ep. 66); e Cícero precisa que, como instante eterno do prazer segundo Aristipo, ao excluir qualquer gradação, qualquer perenidade, ela não é melhor quando é longa do que quando é breve (*De finibus*, III, 14)" (*Traité des vertus*, t. 1, pp. 242-3).

109. **Em Platão, os defensores do prazer, como Filebo, aparecem numa posição fraca: eles ficam na defensiva.**

VJ: "E, aliás, quem gostaria de ser feliz sem saber, feliz nesse comprazimento consigo mesmo pelo qual a sensualidade se torna envolvente e frui de si mesma, mede a si mesma em todas as suas dimensões, existe não apenas em si, mas para si? (*Filebo*, 22e e 28a)" (*Traité des vertus*, t. 1, p. 71).

110. **Kant substitui a distinção entre bom e ruim pela distinção entre prazer e dever.**

VJ: "Em Kant, é o próprio fato de desejar que é suspeito, qualquer que seja o objeto do desejo, e é a propensão como tal que é digna de desconfiança; de sorte que o imperativo, ou antes, o proibitivo categórico nos vedaria desejar em geral. Já o problema grego é simplesmente a questão categorial ou circunstancial do *quid*. O que se deve desejar?" (*L'Austérité et la vie morale*, em *Philosophie morale*, p. 441).

111. **Renouvier fala do caráter "pulsátil" da liberdade.**

VJ: "Mas também nascem os escrúpulos e a angústia onde se perde nossa confiança na 'intensividade' contínua e medicadora do tempo [...]; aqui, o que justifica a inquietude é o tempo cartesiano com seus momentos 'pulsáteis', como diria Renouvier, e não o devir por demais tranquilizador de Leibniz com sua evolução contínua" (*Traité des vertus*, t. 2, vol. 1, p. 20).

VJ: "Para nos fazer sentir a solenidade do *Fiat*, Bergson não precisa exagerar, como Renouvier, a descontinuidade das ações livres [...]. O próprio Renouvier não põe um cuidado extremo em diferenciar liberdade e fortuidade? (*La Nouvelle Monadologie*, § 89)" (*Henri Bergson*, p. 75).

VJ: "A liberdade é, portanto, uma certa tonalidade da decisão ou, como diz Renouvier, essa característica do ato humano [...] na qual a consciência coloca estreitamente unidos o motivo e o motor identificados com ela" (*ibid.*, p. 78).

112. **Platão estigmatiza a atitude de uma "medusa na praia" que não se preocupa com nada.**
VJ: "Um prazer sem lembrança, sem previsão, sem cálculo fronético, diz o *Filebo*, é como uma vida de medusa ou de ostra (60d-e e 34b)" (*Traité des vertus*, t. 1, p. 67).

113. **A economia divina concebida por Leibniz.**
Ver também notas 71 e 122.
VJ: "Todo corpo se ressente de tudo o que se faz no universo, lemos na *Monadologia* (§ 61); e Leibniz recorda nessa ocasião o aforismo de Hipócrates: todas as coisas são conspiradoras ou, como dizia Marco Aurélio, encadeadas por uma conexão sagrada. Esse contágio instantâneo tem por corolário a possibilidade de uma purificação instantânea ou [...] a totalização da eternidade na felicidade do sábio: porque a lei do tudo ou nada se aplica tanto à sabedoria total como à mistura total!" (*Le Pur et l'impur*, em *Philosophie morale*, p. 768).

114. **Santo Agostinho: o passado e o futuro são psicologicamente modalidades do presente. Donde se pode concluir que tudo é presente (livro XI, cap. 14).**
Ver nota 77.

115. **Augusto Comte apaixonou-se por Clotilde de Vaux depois da morte desta.**
VJ: "Tão suspeita, tão inquietante é a adaptação da fidelidade fechada ao ausente e ao distante que seríamos tentados a buscar num coração infiel o verdadeiro sentido do presente. Andrômaca em Racine, Candelas em Manuel de Falla são, ambas, intoxicadas pelo filtro do amor bruxo, petrificadas pelo espectro do passado, seduzidas pelo fascínio da lem-

brança: essas esposas fiéis ao esposo falecido são, antes, sonâmbulas, e seu apego póstumo é como uma hipnose. Assim é, sob certos aspectos, o apego que Augusto Comte devota, além da morte, ao fantasma da Princesa distante, Clotilde de Vaux" (*Traité des vertus*, t. 2, vol. 1, pp. 148-9).

116. Maeterlinck e os "mensageiros da preocupação" em sua peça de teatro *Interior*.

VJ: "No pungente drama de Maeterlinck, *Interior*, os dois papéis, o do mensageiro Preocupação, que traz a notícia da morte, e o da família despreocupada reunida para o serão e ainda ignorando a terrível desgraça que já desabara sobre ela, esses dois papéis se juntam e se recompõem para o dramaturgo e para o espectador. Somente o tempo possibilita eludir a disjunção, eludi-la sem superá-la; o mesmo será inocente sem consciência e consciente sem inocência, mas um depois do outro, em duas idades sucessivas da vida" (*Traité des vertus*, t. 3, p. 177).

VJ: "Falando de inocência aquém, lembrávamos como Maeterlinck havia confrontado, num face-a-face angustiante, em *Interior*, o mensageiro da morte que não ousa anunciar a notícia" (*ibid.*, p. 361).

"Debaixo do que Maeterlinck chama de 'trágico cotidiano', há outro trágico, um trágico nuclear que o homem pode deslocar, comprimir, localizar, mas não atenuar, e que se conserva em estado constante" (*ibid.*, p. 81).

VJ: "O símbolo da porta fechada, tão fundamental em Maeterlinck, que exprime que o destino do homem é opaco e que não se pode entrever o futuro através, por transparência ou por esperança" (*Debussy ou le Mystère de l'instant*, p. 296).

VJ: "Toda essa felicidade inocente está à mercê de uma só palavra" (ler toda a página 174 de *Quelque part dans l'inachevé*).

117. O *Filebo* de Platão é consagrado a uma análise minuciosa e dialética da hierarquia dos prazeres.

VJ: "O *Filebo* distingue a Dialética, que se obriga a atravessar as etapas intermediárias, e a Erística, que quer fazer Um ou Vários imediatamente, voa reto e num só bater de asas até o fim e se dispensa de passar *per gradus debitos*" (*Le Je-ne-sais-quoi et le presque-rien*, t. 2, p. 199).

118. Pascal: "O homem não passa de um caniço..."
VJ: "É só confrontar, em Pascal, o fragmento dos *Dois infinitos* e o aforismo do *Caniço pensante* (cf. II, 72 e VI, 347) para compreender o seguinte: a situação da criatura nunca é completamente trágica nem desesperada; sem dúvida ela é submersa pelo oceano do duplo infinito; mas o pensamento é excetuado do naufrágio e emerge, ou bóia, como um destroço supremo e uma invencível esperança: tudo está perdido, fora a consciência que é nossa dignidade; o desastre não é total, portanto, mas quase total, e esse quase é a falha minúscula por onde serão tragadas de novo as grandes certezas" (*Le Pur et l'impur*, em *Philosophie morale*, p. 742).

119. No *Fédon* de Platão, Sócrates medita e especula sobre a morte.
VJ: "Tratando de outro problema que não o perdão, o *Fédon* também nos pede, como se sabe, para comunicar sua demissão ao sensível; mas essa própria negação é prenhe de sentido: o filósofo solta lastro, como um aeronauta, para subir mais ligeiro e elevar-se às Idéias; ele se livra de todos os impedimentos carnais que retardariam sua ascensão" (*Le Pardon*, em *Philosophie morale*, p. 1091).

VJ: "Muito mais: o próprio *Fédon*, que anuncia um encontro 'lá' nas ilhas dos Bem-Aventurados, o *Fédon* já pronuncia as palavras evangélicas da esperança. É a palavra joânica do Porvir" (*La Mauvaise Conscience*, em *Philosophie morale*, p. 107).

VJ: "O *Fédon*, que está na origem de toda uma tradição catártica, é o primeiro a pressentir esse exercício da concentração espiritual, cujo fim se chama Simplicidade ou Pureza" (*Fauré et l'inexprimable*, p. 290).

120. Fénelon pregava o "puro amor", isto é, o amor a Deus levado a seus limites extremos.
VJ: "O movimento no sentido da pureza é a própria pureza: não há, para o homem, outra pureza que não o amor. É o que

o teórico extremista do Puro amor devia mostrar com uma admirável intransigência: o amor puro, tal como Fénelon concebe, não é em grau algum neutralizado pelos retornos do interesse-próprio, nem freado de alguma maneira pela contracorrente da filáucia; o egoísmo aferente que reflui para o altruísmo eferente complica com sua intenção invertida a intenção simples e direta do amor e embaça a transparência límpida" (*Le Pur et l'impur*, em *Philosophie morale*, p. 804).

121. Schopenhauer: quem quer a mulher, quer também os filhos.

VJ: "A consciência mais consciente é sempre, de algum modo, uma marionete do destino, o joguete de um sonho ou de uma sugestão hipnótica; a enganada da espécie, dizia Schopenhauer; ela é ao mesmo tempo englobante e englobada, lado de fora e lado de dentro, transcendente ao seu destino e rebocada por ele" (*Traité des vertus*, t. 3, p. 359).

122. Leibniz: Deus, finalmente, quer o mundo tal como ele é, o melhor mundo possível.

Ver também notas 71 e 113.

VJ: "Leibniz explica: Deus procurava uma solução que permitisse que o maior número possível de possíveis alcançasse a existência; ora, se a criatura houvesse respondido não, nada teria acontecido: tudo estaria terminado desde o começo e antes mesmo de começar; nem guerras, nem massacres, nem acontecimentos de toda sorte. E Schelling, concordando nesse único ponto e por uma vez com Leibniz, confirma: todo o possível deve ocorrer" (*Le Je-ne-sais-quoi et le presque-rien*, t. 2, p. 72; ler pp. 70-2).

VJ: "Um pessimismo que não ousa dizer seu nome está subentendido, em Leibniz, detrás de um otimismo de fachada e se oculta sob a piedosa apologia do 'melhor dos mundos'" (*ibid.*, p. 123).

123. Kant dirigiu toda a sua crítica contra a filosofia dogmática do século XVIII.

VJ: "Para Kant, que desafia o pensamento a pensar fora de toda forma *a priori*, o criacionismo será portanto o ídolo mais característico do dogmatismo absolutista, como será para Comte o ídolo menos defensável da metafísica não positiva [...]. Há no ser do que pensar no infinito" (*Philosophie première*, p. 201).

124. Fénelon: "Há que amar pelo amado, não por amá-lo."

VJ: "Francisco de Sales (*Tratado do amor a Deus*, IX, 9) e Fénelon escrevem, lembremos, que não se ama por amar, mas pelo amado. Porque quem ama, não o bem-amado, mas o amor, quem ama se sentir amado e se compraz no amor, esse não é um amante, mas um amador, e seu drama não passa de uma farsa" (*Traité des vertus*, t. 3, p. 407).

VJ: "Fénelon recomendava ao amante que amasse não *por amar*, mas *pelo amado*: *amare amatum* e não *amorem*, pois o amor não é feito para se amar a si mesmo com um amor abortado e contra a natureza, um amor vergonhoso, um amor negro, mas para amar sua bem-amada com um amor ditoso; o amor que se volta para si, fechando o círculo, é um morno malogro do amor" (*Le Pur et l'impur*, em *Philosophie morale*, p. 808).

VJ: "Quem ama sem pensar em ser amado conhecerá o que o amor encerra de mais divino: o arrebatamento de mão única, o esquecimento de si, o desinteresse. O desinteresse de Fénelon, a boa vontade de Kant, a pureza de coração segundo Kierkegaard são as três maneiras de exprimir essa imperatividade categórica do amor que requer apenas um grau, o máximo, e uma porção, a alma inteira" (*Quelque part dans l'inachevé*, p. 126).

125. Nos romances de Proust, a análise demasiado sutil do amor se torna um comprazimento com o amor.

VJ: "Chamamos de comprazimento o prazer de sentir prazer" (*Traité des vertus*, t. 1, p. 33).

VJ: "Não se pode impedir que o comprazimento adivinhe a bondade consciente dos seus bons movimentos" (*Traité des vertus*, t. 3, p. 388).

VJ: "Lembremos que o amor com expoente, o amor que ama, como se exprime Fénelon, não o amado mas sim o fato de amar

[...] é ou uma farsa, ou uma exaltação vazia" (*Traité des vertus*, t. 1, p. 207).

VJ: "Proust também fala da 'impotência em que estamos de encontrar prazer quando nos contentamos com procurá-lo'. [...] A consciência o afasta ao pretender retê-lo, ou o deixa passar ao querer forçá-lo (in *À la recherche du temps perdu*, IV, *Sodome et Gomorrhe*, p. 146)" (*ibid.*, p. 99).

126. Descartes descobre o pensamento na primeira pessoa: é o *cogito*.

VJ: "Esse saber não é uma noção como as outras noções, como tampouco o Cogito de Descartes é uma verdade entre outras verdades [...]. Esse saber não tem 'acusativo': ele sabe *que*, sem poder dizer *o que* sabe; ele não responde à pergunta *Quid?* E cabe por inteiro no *Quod*. [...] por isso o Conhece a ti mesmo, que é o conhecimento paradoxal do nada da nossa ciência, é uma máxima sibílica; como o demônio de Sócrates, como o dom divino do *Mênon* ou a divina loucura do *Fedro* e do *Íon*, como o delírio dos coribantes, de que fala Alcibíades no *Banquete*, como a intenção iniciática da profetiza Diotima" (*Traité des vertus*, t. 2, vol. 1, p. 48).

VJ: "Por isso Descartes descobre ao mesmo tempo o Cogito e o Esse, e o Esse no Cogito. O pensamento existe, logo pensa" (*Traité des vertus*, t. 1, p. 157).

127. Fénelon afirmava que o ascetismo continha muito egoísmo e concupiscência espiritual.

VJ: "A recusa da fruição seria um logro? [...] Não se trata de aplaudir o pregador, mas de fazer como ele diz [...]. Por isso a razão é obrigada, por uma derrisão singular, a aceitar concursos inconfessáveis; o bom motivo chama em seu socorro o que os teólogos, de são João da Cruz a Fénelon, chamariam de bom grado de mercenarismo espiritual ou concupiscência espiritual, isto é, a avareza, o egoísmo e a ambição a serviço do interesse superior da salvação. Esse egoísmo pneumático não desempenha um pouco o papel da prevenção adquirida?" (*L'Austérité et la vie morale*, em *Philosophie morale*, p. 513).

VJ: "O sensível, como objeto de fruição, é antes de mais nada tentador. Platão, nesse ponto, está de acordo com Bossuet, o *Fédon* e o *Timeu* com o *Tratado da concupiscência*: a carne é o que nos faz 'depender'; princípio das necessidades, das paixões e da volúpia, ela 'perturba', literalmente, a serenidade e a autarcia do sábio, tornando opaca a sua transparência" (*Le Pur et l'impur*, em *Philosophie morale*, p. 637).

VJ: "Antes de João Clímaco e dos hesicastas da filocalia russa, o *Fédon* luta contra a dispersão, a dissipação e a distração sensoriais; antes de Fénelon, ele recomenda o despojamento e a perfeita nudez interior" (*ibid.*, p. 654).

VJ: "São Francisco de Sales denuncia lucidamente o veneno da piedosa concupiscência dos colecionadores de penitências que entesouram as perfeições tendo em vista sua salvação" (*Le Paradoxe de la morale*, p. 29).

128. Aristóteles diz de forma assaz ingênua que "o amigo é um outro eu mesmo, um alter ego".
Ver nota 92.

129. Aristóteles dizia que "a felicidade não é a recompensa da virtude, mas a própria virtude".
VJ: "Ora, como a virtude só tem sentido se a felicidade dela resultar, a felicidade por sua vez só é feliz se for cortada no tecido dos prazeres. [...] Aristóteles, por sua vez, designa por *eutykhía* esse 'complexo' de vida reta e de sucesso, de virtude e de sorte, que é o segredo do eudemonismo" (*Traité des vertus*, t. 1, p. 94).

130. La Rochefoucauld descreve os costumes da sua época num tom severo.
VJ: "La Rochefoucauld, acossando de máxima em máxima os pretextos, escusas e sofismas da hipocrisia, inaugura bem antes de Kant a era da suspeita" (*Le Paradoxe de la morale*, p. 139).

VJ: "A decepção de La Rochefoucauld diante da impostura e da hipocrisia universais não implica tacitamente certo ideal unívoco de paraíso que é, por assim dizer, o sistema de referência dessa dialética?" (*Traité des vertus*, t. 1, p. 46).

131. **Kant preconiza um imperativo categórico e urgente, que tem por fim obter dos homens uma conduta, atos.**

VJ: "Kant, tendo definido as exigências do imperativo categórico, põe-se a duvidar de que uma virtude hiperbolicamente desinteressada nesse sentido seja possível" (*Traité des vertus*, t. 3, p. 183).

VJ: "Diz-se que a austeridade só existirá à custa de uma mutilação cruel: a privação é necessária para refrear a naturalidade desenfreada. Essa severa disciplina é o que Kant chamará de dever. [...] Se pudéssemos alcançar a verdade sem lágrimas e pela alegria, escolheríamos esse caminho florido. Mas cumpre observar que, também em Kant (por mais platônica que essa reserva pareça), foi a decadência da criatura que tornou necessário o rigor da lei" (*L'Austérité et la vie morale*, em *Philosophie morale*, p. 423).

132. **Kant: a decisão moral é "vazia".**

VJ: "Kant, criticando o salto ontológico, dizia que a existência não é um atributo ao lado dos outros, nem um predicado *entre outros*: o não-sei-quê, que abre à nossa intuição a possibilidade dessa travessia ontológica, é ele próprio de uma ordem bem diferente daquela das propriedades nocionais" (*Le Je-ne-sais-quoi et le presque-rien*, t. 1, p. 104).

133. **As lembranças que Proust evoca sobre o sabor da madalena molhada no chá.**

VJ: "O poder nostálgico dos sabores desempenha o mesmo papel em Proust que o poder nostálgico dos perfumes em Baudelaire" (*L'Irréversible et la nostalgie*, p. 177).

134. **Fénelon criticava seus penitentes por se comprazerem em demasia com as sutilezas da introspecção.**

VJ: "Nos nos entediamos por excesso de inteligência, mas também por demasiada vida interior; a prática da introspecção, a *nóesis noéseos* e a conversa consigo mesmo desenvolvem uma tristeza penetrante que não se deve tanto ao monólogo egoísta em que nos confinam quanto à aflição da consciência em geral" (*L'Austérité et la vie morale*, em *Philosophie morale*, p. 886).

VJ: "Não raciocine demais sobre a sua prece" (Fénelon, *Lettres spirituelles*), epígrafe de *La Mauvaise Conscience*.

135. As críticas que Pascal fazia a Montaigne.
Ver notas 162 e 163.

VJ: "Desde o Romantismo, o 'tolo projeto de se retratar' que Pascal injustamente censurava em Montaigne (porque Montaigne reconhece no seu eu a forma inteira da condição humana), esse tolo projeto encontra um incentivo na exaltação lírica da afetividade e da refração sensitiva, assim como na entrega aos furores e inebriamentos da subjetividade; o eu capta com comprazimento os movimentos mais fugidios do seu coração, o mais ínfimo arrepio das suas vísceras" (*L'Austérité et la vie morale*, em *Philosophie morale*, p. 391).

136. Em seu tratado sobre a *Retórica*, Aristóteles escreve que um bom orador deve conhecer as motivações ocultas dos homens.
VJ: "A virtude, diz Aristóteles, consiste em visar o ponto-meio [...] como os virtuosos, os virtuoses são hábeis oradores" (*Ética nicomaquéia*, II, 6, 1106b) (*Liszt ou la Virtuosité*, p. 79).

137. Fénelon e são Francisco de Sales aconselham a seus fiéis a apatia e a ataraxia.
VJ: "Francisco de Sales diz em todos os tons: não responder; não discutir nem muito nem pouco (*Introdução à vida devota*, VI, 7); fingir que nem sequer ouve o inimigo. 'Ele que bata quanto quiser à porta, não há nem mesmo que perguntar: Quem é?' [...] Sales e Fénelon substituem a tática passiva da recusa absoluta, que nem sequer faz ao inexistente a honra indireta de reconhecer sua existência, aceitando medir-se com ele" (*Traité des vertus*, t. 3, p. 335).

138. Platão, no *Fedro*, compara o mal a um corcel arisco e manhoso.
Ver nota 81.

139. Na *Teogonia* de Hesíodo, o caos aparece como pura indeterminação.

VJ: "A *Teogonia* de Hesíodo, apesar do seu título, não é uma gênese do divino (no sentido boehmenista), mas uma gênese divina, ou melhor, uma cosmogonia" (*Philosophie première*, p. 193).

VJ: "O dramatismo temporal do Gênesis distingue-se mesmo assim dos 'acontecimentos eternos' e das monstruosas convulsões anistóricas que a *Teogonia* de Hesíodo conta e que é o contrário de uma processão" (*Henri Bergson*, p. 257).

VJ: "Essa nua temporalidade do trabalho, que Hesíodo e o livro do Gênesis nos apresentam como uma maldição, pode ser comparada com a fatalidade ineludível da mediação discursiva? [...] Os tempos do trabalho podem ser abreviados, o próprio tempo do discurso pode estar suspenso ao instante da intuição, mas a temporalidade não pode ser anulada" (*L'Irréversible*, p. 119).

140. O *Teeteto* de Platão.

VJ: "E mais ainda o sábio do *Teeteto*, que conforma sua conduta a seu ideal e torna, com isso, sua vida impossível, e sofre com a sua inadaptação" (*Traité des vertus*, t. 2, vol. 1, p. 231).

141. Platão, na *República*, parte das aparências sensíveis para alcançar a dialética dos modelos ideais.

VJ: "Está entendido, a aparência não *é* a essência, mas é, partitivamente, algo da essência: há um essencial nela; como o não-ser, segundo o *Sofista*, é outra coisa que não o ser, assim o aparecer é outra coisa, isto é, alguma coisa. Nada apareceria se não houvesse nada!" (*Philosophie première*, p. 14).

VJ: "Não há, nos gregos da Teodicéia, o que justifique a paradoxologia da pérfida suavidade ou do bom amargor; os gregos desconheceram a contradição da aparência que revela ocultando ou exibe para despistar" (*L'Austérité et la vie morale*, em *Philosophie morale*, p. 456).

142. O *Tratado do mal* de Plotino.

VJ: "Sócrates não é o único a pensar que o vício reside numa ignorância, que, se os malvados soubessem, não fariam o mal:

o helenismo, em geral, não conheceu o pecado, que é uma perversão profunda e íntima do querer; falta-lhe o que Kierkegaard chama de sentido do 'desafio'; erro, fracasso, nocividade são sobretudo privações, e são tratados tão facilmente quanto uma doença contraída. Já o pecado põe em causa o eu no eu, o que há de mais central em nós mesmos" (*La Mauvaise Conscience*, em *Philosophie morale*, p. 138).

143. Freud: o eu pode ser obstáculo ao eu?

VJ: "O obstáculo que impede ou retarda a realização dos desejos serve para apaixonar o amor romanesco. A consciência toma gosto por isso" (*Traité des vertus*, t. 3, p. 270).

144. Para Malebranche, o obstáculo era a experiência da consciência e da reflexão.

VJ: "O espírito forte contesta sem convicção, e da boca para fora, o irrecusável testemunho: ele escuta a contragosto essas mudas repreensões da razão de que fala Malebranche (*Entretiens métaphysiques*, 3) e que a própria má-fé continua a ouvir depois" (*Traité des vertus*, t. 1, p. 154).

VJ: "Somente Deus, diz Malebranche (*Traité de morale*, II, 7, Gallimard, col. "Folio", 1994), sonda os rins e os corações" (*Traité des vertus*, t. 1, p. 204).

VJ: "Malebranche sabe que é preciso estar escuro e silencioso para deixar falar o Verbo interior: sua ascese será portanto, de certo modo, uma cultura da 'atenção'" (*L'Aventure, l'ennui, le sérieux*, em *Philosophie morale*, p. 928).

VJ: "A verdadeira hipocrisia é a do angelismo que volatiliza o obstáculo. E, por conseguinte, a simples idéia de que possa haver um 'caso de consciência' já é maquiavélica" (*Quelque part dans l'inachevé*, p. 111).

145. Para Pascal, é a própria existência do eu que constitui um obstáculo: "O eu é odioso."

Ver também nota 135.

VJ: "É o eu inteiro que é 'odioso', ao interceptar a verdade por sua própria existência, para que o raio divino possa passar [...]

seria preciso desaparecer, assim como é preciso, segundo Schopenhauer, aniquilar-se no nada para eludir esse sofrimento ontológico que é o próprio destino do nosso Querer" (*Traité des vertus*, t. 3, p. 129).

146. Schopenhauer afirmará que o obstáculo à verdade é o fato de ter nascido sem ter sido consultado.

Ver também nota 145.

VJ: "Era por considerar o devir como uma maneira de ser imperfeita que Schopenhauer falava da infelicidade de existir: o homem tem residência forçada no devir, o homem é o forçado dos trabalhos forçados da temporalidade; são portanto preconceitos eternitários e ontológicos que explicam nossas nostalgias e nossos langores" (*Henri Bergson*, p. 269).

VJ: "O céu dos valores é um céu dilacerado, e nossa vida esquartejada é à imagem desse céu dilacerado. Schopenhauer havia tocado o dobre fúnebre da harmonia leibniziana" (*Quelque part dans l'inachevé*, p. 119).

VJ: "O homem é o único ser que 'se espanta por existir'; o sentido e o valor da vida, nosso destino, nossa razão de ser, o *em vez de*, em outras palavras, o *Potius quam* leibniziano, nada escapa da sua curiosidade interrogativa. [...] mas basta uma dúvida nos aflorar, e lá vem a 'necessidade metafísica' a que Schopenhauer consagrou páginas inesquecíveis: a felicidade como supremo desejável torna-se problemática" (*La Mauvaise Conscience*, em *Philosophie morale*, p. 43).

147. Para Platão, a essência verdadeira não é o corpo, mas a alma. O egoísmo cria obstáculo à vida moral, não o ego.

VJ: "Estamos dizendo egoísmo mesmo, e não ego: porque o ego é inocente ou, pelo menos, indiferente, e mais amoral ou pré-moral do que imoral" (*Traité des vertus*, t. 1, p. 11).

VJ: "É por isso que Platão já falava de um impulso (*hormé*) ascensional que, apoiando-se no sensível, salta para o céu das idéias. O obstáculo que, na vida moral, projeta a *Hormé* para a frente não poderia ser nem um obstáculo absoluto, nem um obstáculo imaginário, nem um obstáculo relativo e pouco a pouco aplainado" (*ibid.*, p. 16).

VJ: "Numa outra ordem de idéias, o egoísmo, que se contrapõe ao altruísmo, é à sua maneira seu órgão-obstáculo; [...] mas o ego é paradoxalmente órgão-obstáculo porque puxa no sentido oposto" (*ibid.*, pp. 20-1).

VJ: "A conversão à verdade só tem um remédio: fazer parar a cãibra egolátrica que faz voltar-se para si mesmo um ego fascinado com seu umbigo, fazer que a triste mônada volte a ser amorosa do gênero humano. [...] É essa abertura para o outro que permite que o eu mesquinho, murcho, inimigo de si mesmo, dividido de si mesmo, volte a ser, como está magnificamente dito na *República*, amigo de si mesmo, *phílos eautôi*" (*Le Mal*, em *Philosophie morale*, p. 339).

148. Para Plotino, os "seres noturnos" são, na verdade, a fonte da maldade humana.

VJ: "Plotino, num tratado das suas *Enéadas* (I, 8), se obstina curiosamente em conciliar a teoria privativa que lhe vem do otimismo e do intelectualismo socráticos com um maniqueísmo, cuja influência sofreu, que afirma a polaridade substancial do bem e do mal; em seu esforço para sintetizar essas duas tendências, uma puramente helênica, a outra puramente oriental, ele nos propõe entidades verbais e irrepresentáveis, como o mal em si (*autokakón*), que seria a fonte das coisas ruins e dos seres negativos, do mesmo modo que a forma do bem é a causa demiúrgica das excelências particulares; ele imagina, em suma, uma forma às avessas que seria a inversão noturna e, por assim dizer, infernal do bem de Platão; o mundo da Ausência hipostasiada seria o simétrico da *ousía*, assim como a noite é o simétrico do dia, e a lua, do sol. Ao '*smênos aretôn*' do *Mênon*, ao enxame de abelhas benevolentes passam a se opor as borboletas negras da perversidade; mas os vícios são, assim como as virtudes, subsumidos numa categoria única" (*Le Mal*, em *Philosophie morale*, pp. 333-4).

149. Pascal: Prece para pedir a Deus o bom uso das doenças.

VJ: "Se o pensamento é incapaz de penetrar o impensável, meu ser – não a minha inteligência, mas o meu ser sofredor – deixa-se onticamente atravessar em sua carne; talvez ele venha a surpreender um segredo ou não sei que mensagem no decurso dessa provação dolorosa que toma posse da sua ipseidade total e se exerce diretamente sobre a existência pessoal: a dor se torna então uma transformação, uma transfiguração e até uma transubstanciação. É por isso que Pascal fará uma prece pelo bom uso das doenças – porque o paradoxo é que existe efetivamente uma arte de se servir da doença e um bom uso dos tormentos. Para tanto, só se pode orar" (*L'Austérité et la vie morale*, em *Philosophie morale*, p. 471).

150. Rousseau pensa que o homem é primitivamente puro e foi maculado por um mal vindo de fora.

VJ: "À sua maneira, a tentação de civilização exprime em Rousseau o complexo do homem maldito – maldito por ter, como Perséfone, deixado a fortaleza da sua virgindade imemorial [...]. A consciência sem inocência é preferível à inocência sem consciência?" (*Traité des vertus*, t. 3, p. 259).

151. Alain medita sobre "o peso do corpo que se desprende", ao falar de um metafísico que sente o súbito desejo de bocejar.

VJ: "O corpo entregue a si mesmo, vazio de consciência, boceja e se desprende do pensamento atento, e revela assim seu atraso em relação ao tempo acelerado do espírito: o bocejo, protesto de despreocupação da matéria, exprime a seu modo o desemprego de uma consciência em disponibilidade [...]. O tédio é portanto, essencialmente, a doença do homem fissurado e desdobrado" (*L'Aventure, l'ennui, le sérieux*, em *Philosophie morale*, p. 912).

152. La Fontaine falou da ilusão que levou um homem a confundir uma vara boiando com um camelo.

VJ: "A ilusão sobrevive à correção que dela se faz. A vara continua parecendo dobrada na água, mesmo depois que compreendemos que essa ilusão é produzida pelo meio refringente: a correção serve aqui para compensar o erro, mas não faz que a aparência deixe de aparecer" (*L'Austérité et la vie morale*, em *Philosophie morale*, p. 508).

153. Remy de Gourmont oporá às "associações" de palavras ou de idéias "dissociações".

VJ: "Ao caminho fácil porque rentável do procedimento ou das aplicações, o criador prefere o caminho ingrato, o caminho laborioso, arriscado e dificultoso do renegamento perpétuo que desconcerta os epígonos que correm atrás dele. Esse caminho designa o sentido árduo da maior resistência. É uma ruptura com os costumes e as constelações habituais, uma dissociação, como teria dito Remy de Gourmont, e que previne qualquer emburguesamento da criação" (*L'Austérité et la vie morale*, em *Philosophie morale*, p. 533).

154. Malebranche atribuía a causa da frivolidade humana ao pecado original.

VJ: "Em Malebranche, a ordem imutável e a verdade necessária se complementam como as duas faces, uma moral, a outra matemática, de uma mesma Lei eterna, de um mesmo Verbo" (*Philosophie première*, p. 81).

155. A idéia da profundidade no sensível se encontra na psicanálise de Freud: um lapso ou um ato falho são interpretados como reveladores de uma dimensão mais profunda.

VJ: "Assim, o lapso faz rir por ser uma vitória fortuita do peso, uma queda minúscula da atenção vital, porque é, como um bocejo intempestivo, a distração-relâmpago da nossa vigilância e da nossa liberdade" (*Henri Bergson*, p. 170).

VJ: "Uma gota de impureza, dizia a paradoxologia estóica da 'mistura total', bastaria de direito para sujar todo o oceano; [...] uma segunda intenção impalpável bastará. E menos que isso: a segunda intenção de uma segunda intenção, a sombra de uma sombra, um nada de comprazimento, uma imponderável hipocrisia..., a menor reserva mental que vem se trair em algum lapso revelador – e o bom movimento torna-se um mau movimento, e a boa intenção é instantaneamente viciada na sua própria raiz" (*Le Paradoxe de la morale*, p. 109).

156. Hieronymus Bosch fala da gula.

VJ: "Tudo existe com tudo, como na república dos monstros e dos híbridos de Hieronymus Bosch, em que os seres se unem em rapsódias burlescas e esdrúxulas, em que os heteróclitos se acoplam em teratologias bufas" (*Traité des vertus*, t. 3, p. 117).

157. Bergson via na gula um "princípio de frenesi".
VJ: "Cada tendência vai até o extremo de si como se estivesse sozinha e se eterniza sem se preocupar com os outros, e quer todo o espaço para si. Essa inércia própria dos instintos poderia ser chamada tanto de imperialismo como, para fazer pensar em Bergson, de 'frenesi' passional, porque institui entre eles uma concorrência que a seleção não basta para fazer cessar" (*Traité des vertus*, t. 1, p. 75).

158. No *Banquete* de Platão, Aristófanes diz que os amantes que se olham nos olhos "desejam um além".
VJ: "O *Banquete* descreve em termos inesquecíveis esse apetite de imortalidade que faz todo o dinamismo do amor e que se exalta pela própria tribulação" (*Philosophie première*, p. 260).

159. No Gênesis, três personagens entram em jogo para explicar o pecado original.
VJ: "O último personagem desse drama da tentação é a mulher. No mito do *Gênesis*, há dois intermediários entre a empiria e a metaempiria: há a serpente e há a mulher. A serpente persuade a mulher que persuade o homem" (*Le Mal*, em *Philosophie morale*, p. 332).

160. Tolstói: *A morte de Ivan Ilitch*.
Ler o belo texto de VJ, "Tolstoï et la mort" (*Sources*, Seuil, 1988, pp. 23 ss.).

VJ: "Assim Ivan Ilitch, em Tolstói, descobre o nada da dor no dia em que aceita morrer, no dia em que já não é cúmplice do instinto indomável: nesse dia abençoado, a consciência pacificada aceita o sacrifício com um sorriso nos lábios" (*Traité des vertus*, t. 3, p. 342).

VJ: "Ivan Ilitch, ruminando seu mal excepcional e misterioso, também busca um alívio, uma espécie de *solacium* estóico no conceito abstrato que diluirá sua unicidade" (*La Mauvaise Conscience*, em *Philosophie morale*, p. 104).

NOTAS   255

161. Tolstói, *Ana Karenina*: "Todas as felicidades se parecem, mas cada infortúnio tem sua fisionomia particular."
VJ: "A primeira frase de *Ana Karenina*, em Tolstói, opõe a uniformidade da felicidade ao polimorfismo da infelicidade. A felicidade amorfa cessa com a história... A invencível força do destino, diz Tchaikovsky, comentando o primeiro tema da sua *Quarta sinfonia*, zela ciosamente para que a plenitude da nossa felicidade nunca seja perfeita, para que nossa serenidade nunca seja sem nuvens" (*Le Pur et l'impur*, em *Philosophie morale*, p. 616).

162. *As confissões* de santo Agostinho: seus únicos elementos romanescos são a narração da sua vida de prazeres antes da sua conversão.
VJ: "Já o humilde ainda traz em suas têmporas a marca das tempestades que se abateram sobre ele, das tentações que o puseram à prova, das grandezas e triunfos a que renunciou... Assim foi, sem dúvida, santo Agostinho, tão profundamente marcado pelas paixões da vida... Humana, demasiado humana consciência! O humilhado pecou fortemente, gozou e sofreu antes de se converter" (*Traité des vertus*, t. 2, vol. 1, p. 347).
VJ: "Não sei que candura sem relação com essa vida me penetra, diz santo Agostinho no livro X das suas *Confissões*" (*Le Je-ne-sais-quoi et le presque-rien*, t. 1, p. 109).

163. O *Diário* de Maine de Biran.
Ver também nota 135 (sobre Montaigne).
VJ: "Nesse *Diário íntimo* em que Maine de Biran se mostra sem pudor à mercê do vento de fevereiro ou de um perfume de lilás, o espírito aceita ser enganado pela afetividade... Que projeto irrisório pintar-se na dependência do tempo que faz hoje de manhã! – porque Montaigne, aqui, foi indiscutivelmente superado por Maine de Biran" (*L'Austérité et la vie morale*, em *Philosophie morale*, p. 486).

164. Santo Agostinho dá um relevo particular ao seu arrependimento e aos seus remorsos.
Ver nota 162.

165. Michelet fez o passado reviver.

VJ: "Michelet, em *La Bible de l'humanité*, nos mostra em termos magníficos o helenismo civilizado sucedendo à barbárie implacável do talião, domando os monstros da violência e dos bichos-papões, renunciando a toda vingança, abraçando em toda parte a causa do homem" (*Le Pardon*, em *Philosophie morale*, p. 1072).

VJ: "Em algumas páginas magníficas de *La Bible de l'humanité* (pp. 218-9), Michelet, falando de Hércules, comenta o conflito entre a lira e a flauta, a que faz alusão a *Política* de Aristóteles: esse conflito se torna o combate metafísico do sóbrio Apolo de luz, do deus celibatário de Delfos, contra o deus das orgias, da embriaguez bárbara e dos soluços indignos" (*L'Austérité et la vie morale*, em *Philosophie morale*, p. 492).

166. Platão cria um Estado ideal, racional e decididamente futurista, que é a *República*.

VJ: "A conversão de que se trata no sétimo livro da *República* nos desvia dos bens especiosos para o bem substancial: a tendência não se vira no sentido inverso por si mesma. Chegará o dia [...] em que a volúpia parecerá mais próxima da graça do que a felicidade!" (*L'Austérité et la vie morale*, em *Philosophie morale*, p. 453).

167. Rousseau faz a apologia de um paraíso perdido.

VJ: "O lirismo romântico, ao mesmo tempo que sofre com a solidão, foge do que vê como promiscuidades vulgares. Hamon e Port-Royal, Rousseau e Zimmermann, o próprio Kierkegaard, exaltaram essa feliz solidão que, longe de mutilar a consciência, arruma-lhe em vez disso um refúgio contra os suntuosos tédios do século" (*L'Aventure, l'ennui, le sérieux*, em *Philosophie morale*, p. 932).

168. Tolstói se revela, por um lado, o homem dos novos tempos, mas é também o apóstolo fervoroso da inocência primitiva.

Ver nota 45.

169. **O presente imediato, o que Bergson chamava de "fazendo-se", não é o lugar da ação moral, que requer um mínimo de tempo para se realizar.**
VJ: "Quanto mais se faz, menos resta por fazer... Mas a vida moral rebate os truísmos da aritmética, assim como rebate o princípio de conservação e de não-contradição. O que está feito não está de modo algum feito. O que já está feito ainda não está feito! A coisa feita se desfaz progressivamente e é portanto um fazendo-se que é, ao mesmo tempo, um desfazendo-se: irritante paradoxo! Quanto mais se faz, mas resta por fazer..." (*Traité des vertus*, t. 1, p. 128).
VJ: "Mais uma vez, a teoria bergsoniana da intensidade nos dá a chave dessa disparidade humana, desse semiangelismo humano..." (*ibid.*, p. 129).

170. **Aristóteles escrevia que não se pode fazer que a batalha de Salamina não tenha ocorrido.**
VJ: "Aristóteles dizia: delibera-se sobre o futuro e o possível; mas não se delibera sobre o desfecho da batalha de Salamina. Porque o passado não pode não ter havido (VI, 2, 1139b, 6-10). E Platão, *Leis*, IX, 934a" (*L'Irréversible et la nostalgie*, p. 247).

171. ***Platonópolis*, a cidade ideal que Plotino tenta realizar na Campânia.**
VJ: "O mundo da escatologia futurista e o fim dos tempos é uma *Cidade*, Platonópolis, Alphaville, Metrópolis [...] ou Brasília, enquanto o paraíso das origens é um Jardim. Por oposição à Cidade do sufixo, o Jardim do começo é [...] botânico, é antes um parque zoológico, um Éden exótico" (*L'Irréversible et la nostalgie*, pp. 139-40).

172. **Leibniz declara que outros mundos diferentes do nosso teriam sido possíveis, mas Deus repeliu-os para o nada criando o mundo em que vivemos.**
VJ: "A escolha divina, segundo Leibniz, é a que atualiza o máximo possível de existência; e, do mesmo modo, a boa escolha ética é a que, em toda circunstância, faz advir o máximo de ser. [...] Por isso, o utilitarismo democrático, fazendo 'o me-

lhor que pode', busca a maior felicidade *possível* do maior número *possível* de homens" (*Traité des vertus*, t. 1, p. 6).

VJ: "Temos de opor o irenismo diplomático de Leibniz à intransigência purista de Kant: onde a filosofia do imperativo categórico recusa qualquer transação com a mentira, qualquer compromisso com o interesse pessoal, o conciliador manobra e vai navegando entre as confissões opostas para encontrar a 'via oblíqua', isto é, calcular a resultante e a sábia média que seria, neste mundo complexo, a solução de todos os conflitos" (*Le Pur et l'impur*, em *Philosophie morale*, p. 684).

173. Renouvier divertiu-se escrevendo "a história que não aconteceu" e intitulou-a *Ucronia*.

VJ: "Renouvier, racionalista e criticista, descreveu em suas formas mais mágicas essa taumaturgia do instante que o idealismo refuta como se refuta um sofisma... Suspenderemos algum dia o gaguejo do intervalo?" (*Traité des vertus*, t. 3, p. 217).

VJ: "As vertiginosas 'ucronias' de Wells, autor de *The Time Machine*, são a esse respeito vertiginosos absurdos. A própria idéia de que uma máquina possa servir para voltar no tempo é duas vezes absurda: porque o tempo é duas vezes mais impalpável e mais imponderável do que o ar atmosférico [...]. De nenhuma maneira, sob nenhuma forma, nem por violência, nem por uma artimanha qualquer, pode-se inverter o correr desse fluxo sem refluxo" (*L'Irréversible et la nostalgie*, pp. 11-2).

174. Verlaine escrevia: "Qu'il était bleu, le ciel, et grand, l'espoir!"

VJ: "No segundo plano do *Lac* de Lamartine, de *l'Horloge* de Baudelaire e do *Colloque sentimental* de Verlaine não há, em última análise, o trágico da morte?" (*L'Irréversible et la nostalgie*, p. 189).

175. Denis de Rougemont: *O amor e o Ocidente* (1939).

VJ: "É de novo Rougemont que se dá ao trabalho de dizê-lo: o *Por quê* não é um problema, só o *Como* é que está em questão [...]. Em suma, a fidelidade não é um problema, a não ser

para a sordidez utilitária e porque o coração não está nela" (*Traité des vertus*, t. 2, vol. 1, p. 169).
VJ: "Em seu belo livro *L'Amour et l'Occident*, Denis de Rougemont critica o cinismo, o lirismo e o tragicismo românticos, que declamam contra a mesquinha imutabilidade, que opõe ao casamento indissolúvel e à micropsiquia do homem fiel os direitos imprescritíveis da paixão e da vida" (*Traité des vertus*, t. 2, vol. 1, p. 147).

176. Os antigos diziam: *"Mors certa, hora incerta."*
VJ: "Do Evangelho a são Bernardo e da *Imitação* aos *Ensaios de moral* de Nicole, essa antítese forneceu à meditação sobre a morte não apenas argumentos de retórica, mas um tema quase inesgotável de recolhimento e perplexidade" (*La Mort*, p. 125; ler também a continuação desse capítulo até a p. 142). (Ver cap. 1, § 3, de *Le Je-ne-sais-quoi et le presque-rien*, t. 2, p. 20, inteiramente consagrado a esse tema.)
VJ: "Platão conta como Zeus, tendo retirado dos homens o dom da imortalidade e, apesar disso, desejando lhes tornar a punição mais suportável, decidiu que eles morreriam, mas não teriam a presciência nem do dia nem da hora: assim, pois, o suplício contrário à natureza do condenado à morte lhes foi poupado" (*Le Je-ne-sais-quoi et le presque-rien*, t. 2, p. 23 [seção inteira sobre esse tema, pp. 20 a 28]).

177. A forma primitiva do dever seria, pois, a dívida devida ao devedor. Foi o que exprimiram filósofos como Nietzsche ou Simmel.
VJ: "... porque assim como não se vai da estima ao amor ou do *lógos* ao sacrifício por um progresso contínuo, tampouco há medida comum entre o encerramento da dívida e a abertura do dever, entre o jurídico e o ético. Continuemos portanto a falar de devedor, mas por metáfora, já que é um devedor sem dívida, por ser a dívida – se é que há dívida – ou inextinguível, como a dos filhos para com os pais [...], ou imaterial..." (*Traité des vertus*, t. 1, p. 16).
VJ: "Sem cessar, a justiça, pelo contrato comutativo, restabelece o nivelamento das pessoas, de sorte que nenhuma deva

mais nada à outra, que todas as dívidas sejam saldadas, todas as infringências reparadas; mas o desnivelamento se restabelece sem cessar, sem cessar a desigualação recarrega a energia potencial do escândalo [...]. Contra essa reversibilidade vindicativa, todas as cóleras de Nietzsche são justificadas! Na realidade, o escândalo não está em que este ou aquele seja o primeiro, mas em que haja, em geral, primeiros e últimos. [...] Não, não valeria a pena denunciarmos a pobreza da riqueza e a estéril indigência do luxo e depois nos tornarmos, por nossa vez, o triste bilionário que denunciávamos" (*Traité des vertus*, t. 2, vol. 1, pp. 392-3).

VJ: "Todo o mundo tem direitos, menos eu" (*Traité des vertus*, t. 2, vol. 2, p. 67).

178. Nietzsche definia a paz como "uma dança nas correntes".

VJ: "Do mesmo modo que a poesia e a música, dançando nas correntes, como diz Nietzsche, necessitam da rigorosa estreiteza para serem poéticas e musicais, assim também a consciência necessita arrastar essa bola de chumbo para ser leve. Mas enquanto a arte busca o obstáculo arbitrariamente e como que de brincadeira, pelo prazer de superá-lo, a vontade encontra-o inocentemente e com a única intenção de assegurar a felicidade alheia" (*Traité des vertus*, t. 1, p. 19).

VJ: "A música, por sua vez, é imobilizada unicamente pelas correntes mais ou menos arbitrárias e convencionais que ela forjou para si mesma" (*Quelque part dans l'inachevé*, p. 213).

179. Leibniz justificava sua teologia moralmente baseando-se em dois postulados.

VJ: "A escolha divina, segundo Leibniz, é a que atualiza o máximo de existência possível; do mesmo modo, a boa escolha ética é a que, em toda circunstância, faz advir o máximo de ser" (*Traité des vertus*, t. 1, p. 6).

VJ: "Uma 'sabedoria' resignativa demasiado pronta a aceitar o partido da guerra, da injustiça e dos abusos, a se resignar diante do escândalo que depende da liberdade do homem, essa sabedoria 'suspeita' muitas vezes é a máscara hipócrita da má vontade e desconfiamos bastante que a sabedoria de

Leibniz foi essa sabedoria um pouco pronta demais" (*Traité des vertus*, t. 3, p. 79).

VJ: "Temos latitude para transgredir, isto é, para fazer *de outro modo*. Esse *Aliter* mede, em Leibniz, o intervalo que separa Necessidade lógica e Conveniência" (*Traité des vertus*, t. 1, p. 137).

VJ: "Mas nisso mesmo o *potius quam* pode ser discutido e ninguém poderá impedir Schopenhauer de se dizer (como se houvessem pedido a opinião da criatura): melhor seria que não houvesse nada! [...] A *Teodicéia* reconstitui portanto a motivação divina, a qual é sempre uma escolha *ex ratione* [...]. A moral da física, que Leibniz se considera capaz de encontrar, e a própria idéia da escolha excelente supõem que relações inteligíveis preexistam a essa escolha. [...] Todo o possível lhe é possível" (*Philosophie première*, p. 41).

VJ: "O princípio de finalidade permite que Leibniz fale em física a linguagem da moral" (*Le Paradoxe de la morale*, p. 16).

180. Schopenhauer: o mito de Sísifo.

VJ: "O trabalho forçado de Sísifo, o tonel das Danáides, que foram para Schopenhauer o símbolo do desespero, exprimem essa fatalidade do eterno recomeço: uma lei de bronze privou o homem condenado do poder de conservar o que havia adquirido; o axioma 'o que está feito, feito está', que autorizava todas as esperanças e nos prometia um futuro luminoso, radiante, esse axioma não é mais que um miserável non-sense! [...] O plano inclinado que Sísifo sobe, embora seja uma simples ladeira, não tem nada em comum com a dialética escarpada de Diotima, nem com a escada de Jacó, nem com a montanha mística de são João da Cruz: cada nova ascensão é cada vez neutralizada por uma nova queda" (*L'Austérité et la vie morale*, em *Philosophie morale*, pp. 530-1).

181. Spencer afirmava que viria o dia em que os homens teriam cumprido com todos os seus deveres (*Princípios de psicologia*).

VJ: "Quem quantifica o dever, como Spencer, isto é, concebe a tarefa moral como um *quantum*, em vez de vivê-la como uma qualidade, se escandaliza com a paradoxologia aritmética que ele próprio forjou. Cumprir com o seu dever não é uma 'tarefa' útil, como cavar uma vala ou furar um túnel: a inutilidade desse 'trabalho' decorre do seu caráter qualitativo" (*L'Austérité et la vie morale*, em *Philosophie morale*, p. 529).

182. É interessante estudar a evolução da obra de Henri Bergson.
1. O *Essai sur les données immédiates de la conscience*, publicado em 1888 (PUF, col. "Quadrige", 2003), quer surpreender o "fazendo-se".

2. Em seu segundo livro, *Matière et mémoire. Essai su la relation du corps à l'esprit*, publicado em 1896, Bergson aprofunda seu pensamento no mesmo sentido. "Mas a verdade é que nunca alcançamos o passado se não nos situarmos nele logo de saída. Essencialmente virtual, o passado só pode ser apreendido por nós como passado, se seguirmos e adotarmos o movimento pelo qual ele se desabrocha em imagem presente, emergindo das trevas para a luz do dia" (pp. 150-1).

Bergson explicita: "É no passado que nós nos situamos de saída. Partimos de um 'estado virtual', que conduzimos pouco a pouco, através de uma série de *planos de consciência* diferentes, até o termo em que ele se materializa numa percepção atual, isto é, até o ponto em que se torna um estado presente e ativo, isto é, até esse plano extremo da nossa consciência em que se desenha nosso corpo" (pp. 269-70).

Comentários de VJ: "Embora o *Essai* date do fim do século, isto é, de uma época particularmente nostálgica, Bergson nunca diz: o momento em que falo já está longe de mim; a impossibilidade de reviver 'o que nunca veremos duas vezes' não lhe inspira nenhum desespero. *Matéria e memória* frisa sem cessar a *diáfora* qualitativa que diferencia passado e presente, lembrança e percepção, mas passa pudicamente por cima do irreparável e do não-mais. [...] Melhor ainda: em *Matéria e memória*, a percepção moldada com lembranças é essencialmente voltada para a modelagem do real e a edificação do futuro, isto é, para a ação e a luta pela existência" (*L'Irréversible et la nostalgie*, pp. 188-9).

VJ: "No futuro anterior tudo se esclarece, e é portanto com razão que Bergson fala de uma ação retrógrada do presente" (*L'Aventure, l'ennui, le sérieux*, em *Philosophie morale*, p. 951).
3. Em seu último livro, *Les Deux Sources de la morale et de la religion*, publicado em 1932 (PUF, col. "Quadrige", 2003), Bergson postula um futuro escatológico e elabora uma moral da inspiração.

VJ: "Dito isso, se a inspiração já existe um pouco, existirá muito graças à consistência declarada, proferida, manifesta que as obras lhe propõem. A liberdade, diz Bergson, acaba de se definir na natureza e, definindo-se, ainda existe um pouco mais como livre" (*Traité des vertus*, t. 1, p. 199).

VJ: "É o homem, o ser moral que moraliza as leis, 'como se a natureza tivesse em toda parte olhos que ela volta para o homem' (*Les Deux Sources*, p. 186)" (*La Mauvaise Conscience*, em *Philosophie morale*, p. 74).

VJ: "A única coisa empolgante é uma consciência 'inteira' ou, segundo a expressão de Fénelon, 'não compartilhada'. Bergson, em *Les Deux Sources de la morale et de la religion*, nos mostra como o herói e o santo dão pessoalmente o exemplo [...] porque a 'lição' é, ela própria, um exemplo, um gesto eloqüente e um ato corajoso" (*Traité des vertus*, t. 1, p. 237).

183. Considerações de Baltasar Gracián sobre o que ele chama de *Mora*, isto é, dilação, poder de adiamento prospectivo que permite que o homem crie estratagemas.

Sobre o homem precavido, temporizador, ver VJ, *Traité des vertus*, t. 1, pp. 256-7.

VJ: "[Gracián] leu Maquiavel e compreendeu o 'poder de maquinação'" (*Traité des vertus*, t. 3, p. 28).

VJ: "... é preciso para tanto aceitar o princípio dilatório e moratório da expectativa, aquele que Baltasar Gracián chama de *Mora* ou Dilação" (*Traité des vertus*, t. 3, p. 28).

VJ: "À precipitação, geradora de abortos, Baltasar Gracián opõe a fecunda lentidão da 'temporização' (*A arte da prudência*, máxima 55, *O discreto*, cap. III)" (*Le Pardon*, em *Philosophie morale*, p. 1021).

VJ cita Gracián: "'Há que atravessar a vasta pedreira do tempo para chegar ao centro da ocasião. Uma temporização racional amadurece os segredos e as resoluções. A muleta do tempo faz melhor trabalho que a maça de ferro de Hércules. [...] A própria fortuna recompensa com juros os que têm a paciência de esperá-la' (*Oráculo manual*, máxima 55, 'Saber esperar')" (*Le Paradoxe de la morale*, p. 99).

184. O Evangelho nos ensina que é preciso "estar pronto para morrer".

VJ: "A esse respeito, o discurso conceitual, desviando nossa atenção da morte para a mortalidade, é antes de mais nada um discurso frívolo e só é tranqüilizador ao preço dessa própria superficialidade. Os monges de certas comunidades, parece, dizem uns aos outros à guisa de cumprimento cotidiano: Irmão, é preciso morrer... Pode-se supor que eles às vezes recitam essa fórmula mecanicamente e, de certo modo, da boca para fora; à sua maneira, que é ascética, eles não fazem muito caso da morte" (*Le Je-ne-sais-quoi et le presque-rien*, t. 2, p. 25).

185. Uma lenda russa nos descreve a Cidade invisível situada no céu (cf. a ópera de Rimsky-Korsakov *A lenda da cidade invisível de Kitej*).

VJ: "Essa cidade de luz, assim como a cidade invisível de Kitej, é como a Sião da nossa esperança" (*L'Aventure, l'ennui, le sérieux*, em *Philosophie morale*, p. 841).

VJ: "Não há homem, por mais indiferente, mais corrupto que seja, que não tenha entrevisto pelo menos uma vez na vida, por um divino instante, a Cidade invisível de Kitej – diríamos melhor: a cidade *quase* invisível, a cidade apenas *visível* e às vezes misteriosamente audível, cujos sinos tocam na imensidão da noite, a cidade cândida em que o sol do meio-dia já não projeta sombra nas coisas e em que a virgem Fevrônia, vestida de luz e de linho imaculado, faz sua entrada em meio às flores e às auriflamas. 'Subo... tudo é branco' (*O martírio de são Sebastião*, V, 2). Essa Kitej de luz está no fundo dos nossos corações; todo homem pode encontrá-la, no espaço de uma ocorrência, na simplicidade de um coração virginal, e reviver assim a primeira manhã do mundo: ele se torna novamente, então, por um minuto, *aquele que vai* e que avança no dia claro como para um passeio nos campos" (*Le Pur et l'impur*, em *Philosophie morale*, p. 813).

VJ: "... a audição nos proporciona a entrevisão da inefável Kitej, dessa cidade invisível mas audível que é a Kitej esotérica do encanto" (*Le Je-ne-sais-quoi et le presque-rien*, t. 1, p. 96).

VJ: "Existe portanto em Kitej uma espécie de dialética transcendente" (*La Musique et l'ineffable*, pp. 185-6).

186. No *Fédon* (69c), Platão nos diz que, nas bacanais, há muita gente levando um tirso ou muitos nartecóforos, mas poucos bacantes de verdade.

VJ: "Ai! Os que levam o tirso percorrem as ruas e poucos homens podem se dizer que a caridade deles não se tornou comprazimento e amor-amado. De modo que a palavra do *Fédon* continua tão verdadeira quanto antes. Há muitos nartecóforos e poucos bacantes de verdade" (*Le Mal*, em *Philosophie morale*, p. 371).

187. Leibniz: "Tudo vai bem no melhor dos mundos".

VJ: "Há em Leibniz um pessimismo do otimismo (otimismo para o conjunto e pessimismo para as partes)" (*Le Mal*, em *Philosophie morale*, p. 349).

VJ: "Deus tem suas razões. Deus sabe o que faz... etc. Quanto ao homem sem razão, acomodado na ótica unilateral e parcial do egocentrismo, ele enxerga um só lado das coisas. Reconhece-se nessas excelentes razões a alegação tradicional que a filosofia da Harmonia sempre utilizou para atenuar a inquietude e desarmar a indignação. Um pessimismo que não ousa dizer seu nome está subentendido, em Leibniz, detrás de um otimismo de fachada e se oculta sob a piedosa apologia do 'melhor dos mundos'" (*Le Je-ne-sais-quoi et le presque-rien*, t. 2, pp. 122-3).

188. No *Fedro* de Platão, Sócrates dirige uma prece ao deus Pã.

VJ: "No fim do *Fedro*, Sócrates invoca Pã, 'deus do vento de verão', e lhe pede a harmonia do interior e do exterior. Explicávamos por que a feliz consonância, por que a bendita consonância desabrocha como o acorde maior perfeito do aparecer e do ser e torna a anagogia imediata" (*Le Je-ne-sais-quoi et le presque-rien*, t. 2, p. 55).

VJ: "A aparência não é tão desconcertante assim, já que nos põe no bom caminho; ela é apenas superficial, ela não passa de um começo, ela simplesmente põe em movimento. Há assim uma amizade entre o lado de fora e o lado de dentro, e a prece do sábio que serve de epílogo ao *Fedro* é atendida na bela feiúra de Sócrates, tal como o Alcibíades do *Banquete* a descreveu" (*Traité des vertus*, t. 3, p. 281).

189. Kierkegaard e Pascal colocam no centro do seu cristianismo um Deus que não parece ser Deus.

VJ: "Sabe-se que a cristologia de Pascal e de Kierkegaard e a ironia romântica salientaram particularmente o momento do incógnito, do quiasma desconcertante e da vontade distorcida; o momento da obliqüidade e da paradoxia. Um deus que se camufla de maltrapilho para pôr à prova e desorientar o crente, um demônio astuto que, para melhor perder os ingênuos, se disfarça de filantropo, um príncipe do mundo e anjo serviçal, tais são as duas simulações inversas, tal como duas moedas falsas amalgamadas para nos confundir" (*Traité des vertus*, t. 3, p. 283).

VJ: "Dizíamos, falando do Messias segundo Pascal e Kierkegaard: reconhece-se o original, paradoxalmente, pelo fato de que se pode não reconhecê-lo; [...] seria mais prudente dizer: reconhece-se o original pelo fato de que se pode ora reconhecê-lo, ora não o reconhecer! Esse ora... ora nos deixa sem dúvida no indeterminado, mas tem o mérito de orientar nossa atenção para os caprichos imprevisíveis da alternância e da sucessão temporal" (*Le Je-ne-sais-quoi et le presque-rien*, t. 2, p. 173).

VJ: "É por vivermos e respirarmos no divino que pressentimos, segundo Pascal, a existência de um Deus oculto sem conhecer seus atributos; da mesma maneira adivinhamos que há um infinito sem saber o que ele é" (*L'Austérité et la vie morale*, em *Philosophie morale*, p. 744).

190. Os cínicos haviam escolhido Héracles como herói.

VJ: "Talvez pudéssemos fazer nosso, nesse caso, o ideal ascético e atlético que a escola cínica resumia com a palavra 'esforço' e de que o herói Héracles foi para ela o símbolo" (*Traité des vertus*, t. 3, p. 267).

191. Em suas *Confissões*, Rousseau afeta uma sinceridade completa.

VJ: "Mas é sobretudo nos teocratas da época romântica e, em parte, por reação contra o pedagogismo de Rousseau que se consuma a degradação da relação didática" (*Traité des vertus*, t. 2, vol. 1, p. 59).

192. Numa passagem de *Guerra e paz*, Tolstói nos pinta a atmosfera das vanguardas russas na batalha de Austerlitz.

Ver também nota 54.

VJ: "Mas eu acho que os mistérios em plena luz, os mistérios de *Guerra e paz*, os mistérios do príncipe Andrei nos campos de batalha de Austerlitz, olhando para o céu em que as nuvens se perseguem e refletindo sobre o sentido da vida e da morte, dizendo-se que tudo aquilo é insignificante comparado com aquele céu. [...] O mistério na luz me interessa e me atrai mais do que o subsolo de Dostoiévski" ("Entretien avec Françoise Reiss", *Le Monde*, 1977).

193. Fénelon fala de um "esmiuçamento do pretérito".

VJ: "Fénelon viveu num século em que o pudor dos sentimentos era a regra mais importante da vida social, em que se excluía com horror a liberdade excessiva das confidências sem limites. As críticas de Malebranche contra a experiência de consciência, as de Pascal contra o eu 'odioso' e contra o indiscreto projeto de se retratar em Montaigne exprimem de diferentes formas um mesmo objetivismo clássico, uma mesma fobia da introspecção. [...] Como confessor, Fénelon teve, podemos dizer, uma experiência profissional e cotidiana da sinceridade; ele sabia tudo o que há de comprazimento e de exibicionismo nesses penitentes inesgotáveis [...] que passam o tempo [...] a esmiuçar suas lembranças com medo de ter feito demais ou muito pouco" (*La Mauvaise Conscience*, em *Philosophie morale*, p. 186).

VJ: "Fénelon condenou esse esmiuçamento maníaco que é uma caricatura do exame de consciência e que se aparenta muito mais à confidência indiscreta do que à penitência" (*L'Austérité et la vie morale*, em *Philosophie morale*, p. 523).

VJ: "O amor desdenha o esmiuçamento e a enumeração dos solecismos; ele vê esses detalhes de cima! '*De minimis non curat veritas*' (*Cadernos*, pp. 215-6), nota Samuel Butler, que por pouco não considera essa indulgência da lei como o princípio de toda combinação e de toda dissolução" (*Traité des vertus*, t. 2, vol. 1, p. 260).

194. Descartes ataca a "memória prevenida", isto é, uma memória voltada para o passado.

VJ: "Fénelon situava aquém da 'solicitude' e além dos escrúpulos concebidos *a posteriori* essa fina ponta de um presente captado no instante do fato [...] assim como Descartes situava sua certeza entre 'precipitação' e 'prevenção': Não olhar para trás, escreve ele à condessa de Montberon (11 de setembro de 1708)... mas ir em frente no reto caminho; seguir a *via recta* tanto segundo o tempo como segundo o espaço, tanto pela futurição como pelo movimento" (*Traité des vertus*, t. 3, p. 419).

195. A renúncia a ter é a condição da ação moral (exemplo: são Francisco de Assis).

Ver em especial a seção "Pauvreté et mendicité" no capítulo IV do *Traité des vertus*, t. 2, vol. 1.

VJ: "Em vez da insular pobreza, que repousa na atomização do indivíduo, o cristianismo honra a mendicidade, que é relação obrigada com o outro e que institui uma relação de troca entre o pobre e o mundo. É o que são Francisco de Assis chama de *commercium* [...]. O monge franciscano anda descalço como o Eros descalço e vagabundo de Diotima" (*Traité des vertus*, t. 2, vol. 1, p. 312).

VJ: "'*Domina sancta paupertas*', exclama são Francisco de Assis" (*ibid.*, p. 402).

196. Pascal dizia que "o que interessa o caçador não é tanto o animal caçado quanto a própria caçada".

VJ: "Assim se verifica um pensamento célebre de Pascal: se a busca importa mais que a presa, o prazer de despojar ou de rebaixar, por sua vez, relega ao segundo plano a esperança de uma vantagem que não quereríamos, se nos fosse oferecida" (*Traité des vertus*, t. 3, p. 123).

VJ: "Pascal teria dito, em vez disso: desde sempre encontraste, fingindo porém procurar; ou melhor, não fazes questão de encontrar, porque sabes muito bem onde está a luz. [...] É o caso de dizer com Platão (*Rep.*, IV, 432c-d): muitas vezes os caçadores procuram o que têm na mão" (*Le Pur et l'impur*, em *Philosophie morale*, p. 738).

BIBLIOGRAFIA COMPLETA DAS OBRAS
DE JANKÉLÉVITCH

Filosofia

1931 *Henri Bergson*, Alcan (última ed. PUF, 1989).
1933 *L'Odyssée de la conscience dans la dernière philosophie de Schelling*, Alcan (reed. L'Harmattan, 2005).
1933 *Valeur et signification de la mauvaise conscience*, Alcan, 1966 (reeditado com o título *La Mauvaise Conscience*, Aubier-Montaigne).
1936 *L'Ironie ou la Bonne Conscience*, Alcan (reeditado com o título *L'Ironie*, Flammarion, 1979).
1938 *L'Alternative*, Alcan.
1942 *Du mensonge*, Lyon, Conflueneces; 2.ª ed. 1945 (publicado no *Traité des vertus*, cap. IX, Bordas, 1972).
1947 *Le Mal*, Cahiers du Collège philosophique, Arthaud (publicado no *Traité des vertus*, caps. XIII-XIV, Bordas, 1968-1972).
1949 *Traité des vertus*, Bordas.
1954 *Philosophie première. Introduction à une philosophie du presque*, PUF.
1956 *L'Austérité et la vie morale*, Flammarion.
1957 *Le Je-ne-sais-quoi et le presque-rien*, PUF.
1960 *Le Pur et l'impur*, Flammarion.
1963 *L'Aventure, l'ennui, le sérieux*, Aubier-Montaigne.

1966 *La Mort*, Flammarion.
1967 *Le Pardon*, Aubier-Montaigne.
1968 *Traité des vertus*, reedição completa: t. 1: *Le Sérieux de l'intention*, Bordas.
1970 *Traité des vertus*, reedição completa; t. 2: *Les Vertus et l'amour*, Bordas.
1971 *Pardonner?*, Le Pavillon, Roger Maria (reeditado com o título *L'Imprescriptible*, Seuil, 1986).
1972 *Traité des vertus*, reedição completa; t. 3 : *L'Innocence et la méchanceté*, Bordas.
1974 *L'Irréversible et la nostalgie*, Flammarion.
1978 *Quelque part dans l'inachevé*, em colaboração com B. Berlowitz, Gallimard.
1980 *Le Je-ne-sais-quoi et le presque-rien*, nova edição; t. 1: *La Manière et l'occasion*, t. 2: *La Méconnaissance, le malentendu*, t. 3: *La Volonté de vouloir*, Seuil.
1981 *Le Paradoxe de la morale*, Seuil.
1984 *Sources (1. Tolstoï, Rachmaninov. 2. Ressembler, dissembler. 3. Hommages: Xavier León, León Brunschvicg, Jean Wahl)*, coletânea estabelecida por F. Schwab, Seuil.

Obras Póstumas

1986 *L'Imprescriptible. Pardonne? Dans l'honneur et la dignité*, Seuil.
1994 *Premières et dernières pages*, coletânea estabelecida por F. Schwab, Seuil. [Trad. bras. *Primeiras e últimas páginas*, Papirus, 1995]
1994 *Penser la mort?* (entrevistas), coletânea estabelecida por F. Schwab, Liana Levi; reedição Liana Levi, col. "Piccolo", 2003.
1995 *Une vie en toutes lettres. Correspondance*, edição estabelecida por F. Schwab, Liana Levi.
1998 *Philosophie morale*, col. "Mille et une pages", Flammarion, edição estabelecida e prefaciada por F. Schwab. – Este título não é de Vladimir Jankélévitch. Esta obra reúne os seguintes títulos: *La Mauvaise Conscience; Du mensonge; Le Mal; L'Austérité et la vie morale; Le Pur et l'impur; L'Aventure, l'ennui, le sérieux; Le Pardon*.

1998 Plotin, *Ennéades I, 3, "Sur la dialectique"* org. J. Lagrée e F. Schwab, prefácio de L. Jerphagnon, Le Cerf.

Música

1938 *Gabriel Fauré et ses mélodies*, Plon (reeditado com o título *Fauré et l'inexprimable*, t. 1 de *De la musique au silence*, Plon, 1974).
1939 *Ravel*, Rieder (reeditado em 1995, Seuil).
1942 *Le Nocturne*, Lyon, Marius Audin (reeditado em 1957, Albin Michel).
1949 *Debussy et le mystère*, Neuchâtel, La Baconnière (reeditado com o título *La Vie et la mort dans la musique de Debussy*, Neuchâtel, La Baconnière, 1968, e com o título *Debussy et le mystère de l'instant*, t. 2 de *De la musique au silence*, Plon, 1976).
1955 *La Rhapsodie. Verve et improvisation musicales*, Flammarion.
1961 *La Musique et l'ineffable*, Armand Colin (reeditado em 1983, Seuil).
1968 *La Vie et la mort dans musique de Debussy*, Neuchâtel, La Baconnière.
1979 *Liszt et la rhapsodie. Essai sur la virtuosité*, t. 3 de *De la musique au silence*, Plon.
1983 *La Présence lointaine. Albeniz, Séverac, Mompou*, Seuil.

Obras Póstumas

1988 *La Musique et les heures* ("Satie et le matin", "Rimski-Korsakov et le plein midi", "Joie et tristesse dans la musique russe d'aujourd'hui", "Chopin et la nuit" "Le nocturne"), coletânea estabelecida por F. Schwab, Seuil.
1998 *Liszt, rhapsodie et improvisation*, org. et prefácio F. Schwab, Flammarion.

Fone: (11) 6522-6368